ÁGEIS E INOVADORAS

ADAM BRYANT

ÁGEIS E INOVADORAS

CEOs ENSINAM COMO CRIAR EMPRESAS DE SUCESSO

Tradução de Fernando Santos

SÃO PAULO 2015

Esta obra foi publicada originalmente em inglês com o título
*QUICK AND NIMBLE: lessons from leading CEOs on how to create
a culture of innovation* por Times Books, Henry Holt and Company.
Copyright © 2014, Adam Bryant

Todos os direitos reservados. Este livro não pode ser reproduzido, no todo ou em parte, armazenado em sistemas eletrônicos recuperáveis nem transmitido por nenhuma forma ou meio eletrônico, mecânico ou outros, sem a prévia autorização por escrito do editor.

Copyright © 2015, Editora WMF Martins Fontes Ltda.,
São Paulo, para a presente edição.

1ª edição 2015

Tradução
Fernando Santos
Acompanhamento editorial
Sorel Silva
Revisões gráficas
Solange Martins
Samanta Lopes
Produção gráfica
Geraldo Alves
Paginação
Studio 3 Desenvolvimento Editorial

Dados Internacionais de Catalogação na Publicação (CIP)
(Câmara Brasileira do Livro, SP, Brasil)

Bryant, Adam
  Ágeis e inovadoras : CEOs ensinam como criar empresas de sucesso / Adam Bryant ; tradução de Fernando Santos. – São Paulo : Editora WMF Martins Fontes, 2015.

  Título original: Quick and nimble : lessons from leading CEOs on how to create a culture of innovation.
  ISBN 978-85-7827-981-3

  1. Cultura corporativa 2. Difusão de inovações 3. Habilidade criativa em negócios 4. Inovações tecnológicas I. Título.

15-07197   CDD-658.409

Índices para catálogo sistemático:
1. Líderes e gestores : Executivos : Sucesso :
Administração de empresas   658.409

Todos os direitos desta edição reservados à
Editora WMF Martins Fontes Ltda.
Rua Prof. Laerte Ramos de Carvalho, 133   01325-030   São Paulo SP Brasil
Tel. (11) 3293.8150   Fax (11) 3101.1042
e-mail: info@wmfmartinsfontes.com.br   http://www.wmfmartinsfontes.com.br

Aos meus pais

Sumário

Lista dos entrevistados IX
Nota do autor XV
Introdução 1

Primeira parte Defina os fundamentos 7

1. Por que a cultura é importante 9
2. Um projeto simples 20
3. Regras básicas 36
4. Um pouco de respeito 60
5. O importante é a equipe 78
6. Conversas de adulto 97
7. Os perigos do *e-mail* 115

Segunda parte Como levar a liderança ao patamar seguinte 125

8. Repita quantas vezes for necessário 127

9. Forme dirigentes mais eficientes 136
10. Traga os problemas à baila 157
11. A gente nunca para de aprender 176
12. A arte de fazer reuniões mais inteligentes 190
13. Acabe com as panelinhas 208
14. O brilho da inovação 225
15. Que tal um pouco de diversão? 266
16. Sozinho no topo 276

Conclusão 293
Agradecimentos 299
Índice remissivo 303

Lista dos entrevistados

Jeremy Allaire, CEO da Brightcove
Nancy Aossey, CEO do International Medical Corps
Shellye Archambeau, CEO da MetricStream
Amy Astley, editora-chefe da *Teen Vogue*
Joel Babbit, CEO da Mother Nature Network
Romil Bahl, CEO da PRGX
Chris Barbin, CEO da Appirio
David Barger, CEO da JetBlue
Carl Bass, CEO da Autodesk
Mario Batali, *chef*
Charlotte Beers, ex-CEO da Ogilvy & Mather Worldwide
Seth Besmertnik, CEO da Conductor
Lars Björk, CEO da QlikTech
Lynn Blodgett, CEO da ACS
Laszlo Bock, vice-presidente sênior de gestão de pessoal do Google
Bob Brennan, ex-CEO da Iron Mountain

Linda Lausell Bryant, diretora executiva da Inwood House
Tim Bucher, ex-CEO da TastingRoom.com
Richard R. Buery Jr., CEO da Children's Aid Society
Geoffrey Canada, diretor executivo da Harlem Children's Zone
Steve Case, CEO da Revolution
Annette Catino, CEO da QualCare
Laura Ching, responsável pelo setor de *merchandising* da TinyPrints.com
Cathy Choi, presidente da Bulbrite
Andrew Cosslett, ex-CEO do International Hotels Group
Susan Credle, responsável pelo setor de criação da Leo Burnett USA
Dennis Crowley, CEO da Foursquare
Chris Cunningham, CEO da Appssavvy
Barbara DeBuono, CEO da Orbis International
Tracy Dolgin, CEO da YES Network
Robin Domeniconi, ex-responsável pela imagem de marca do Grupo Elle
John Donahoe, CEO da eBay
John Donovan, vice-CEO sênior de tecnologia e operações de rede da AT&T
John Duffy, CEO da 3Cinterative
Kris Duggan, responsável pelo planejamento estratégico da Badgeville
Liz Elting, coCEO da TransPerfect
Richard D. Fain, CEO da Royal Caribbean Cruises
Deborah Farrington, sócia-proprietária da StarVest Partners
Kenneth Feld, CEO da Feld Entertainment
Pamela Fields, CEO da Stetson
Kathleen Flanagan, CEO da Abt Associates
Bill Flemming, presidente da Skanska USA Building

Christine Fruechte, CEO da Colle + McVoy
Mark Fuller, CEO da WET Design
Russell Goldsmith, CEO do City National Bank
Ilene Gordon, CEO da Ingredion
William D. Green, ex-CEO da Accenture
Julie Greenwald, diretora geral de operações do Atlantic Records Group
F. Mark Gumz, ex-CEO da Olympus Corporation of the Americas
Amy Gutmann, reitora da Universidade da Pensilvânia
Jen Guzman, CEO da Stella & Chewy's
Ori Hadomi, CEO da Mazor Robotics
Katherine Hays, CEO da GenArts
Linda Heasley, ex-CEO da The Limited
Daniel T. Hendrix, CEO da Interface
Angie Hicks, responsável pelo departamento de *marketing* da Angie's List
Tony Hsieh, CEO da Zappos.com
Jen-Hsun Huang, CEO da Nvidia
Joseph Jimenez, CEO da Novartis
Robert L. Johnson, presidente do conselho de administração da RLJ Companies
Lily Kanter, cofundadora da Serena & Lily
Marjorie Kaplan, presidente das redes de TV a cabo Animal Planet e Science
Jeffrey Katzenberg, CEO da DreamWorks Animation
Ivar Kroghrud, estrategista-chefe da QuestBack
Barbara J. Krumsiek, CEO da Calvert Investments
Arkadi Kuhlmann, ex-CEO da ING Direct
Andy Lansing, CEO da Levy Restaurants

Sir Terry Leahy, ex-CEO da Tesco

Michael Lebowitz, CEO da Big Spaceship

Niki Leondakis, presidente e diretor de operações da Kimpton Hotels and Restaurants

Dawn Lepore, ex-CEO da Drugstore.com

Bem Lerer, CEO da Thrillist Media Group

Aaron Levie, CEO da Box

Phil Libin, CEO da Evernote

Selina Lo, CEO da Ruckus Wireless

Robert LoCascio, CEO da LivePerson

Doreen Lorenzo, presidente da Frog Design

Peter Löscher, CEO da Siemens

Susan Lyne, vice-presidente do conselho de administração do Gilt Groupe

Gregory B. Maffei, CEO da Liberty Media

Sheila Lirio Marcelo, CEO da Care.com

Paul Maritz, ex-CEO da VMware

Michael Mathieu, ex-CEO da YuMe

Tracey Matura, gerente geral da Smart Car

Karen May, vice-presidente de desenvolvimento pessoal do Google

Chauncey C. Mayfield, CEO da MayfieldGentry Realty Advisors

Andy Mill, presidente da Medline Industries

Jenny Ming, CEO da Charlotte Russe

Jarrod Moses, CEO do United Entertainment Group

Robert J. Murray, CEO da iProspect

Christopher J. Nassetta, CEO do Hilton Worldwide

Vineet Nayar, CEO da HCL Technologies

John Nottingham, copresidente da Nottingham Spirk

David C. Novak, CEO da Yum Brands
Jacqueline Novogratz, CEO do Acumen Fund
Dominic Orr, CEO da Aruba Networks
Dinesh C. Paliwal, CEO da Harman International Industries
Victoria Ransom, CEO da Wildfire
Abbe Raven, CEO da A&E Television Networks
Ken Rees, CEO da Think Finance
John Riccitiello, ex-CEO da Electronic Arts
Laurel J. Richie, presidente da WNBA
David Rock, diretor do NeuroLeadership Institute
Dan Rosensweig, CEO da Chegg
Marcus Ryu, CEO da Guidewire
David Sacks, CEO da Yammer
Stephen I. Sadove, CEO da Saks
Enrique Salem, ex-CEO da Symantec
Martha S. Samuelson, CEO do Analysis Group
Brent Saunders, ex-CEO da Bausch & Lomb
Kathy Savitt, ex-CEO da Lockerz
Dan Schneider, CEO da SIB Development and Consulting
Amy Schulman, vice-CEO e conselheira geral da Pfizer
Niraj Shah, CEO da Wayfair.com
Ronald M. Shaich, presidente do conselho de administração e CEO da Panera Bread
Kevin Sharer, ex-CEO da Amgen
Mike Sheehan, CEO da Hill Holliday
Irwin D. Simon, CEO do Hain Celestial Group
Ryan Smith, CEO da Qualtrics
John Spirk, copresidente da Nottingham Spirk

Caryl M. Stern, CEO do Fundo Americano para o Unicef
Steve Stoute, CEO da Translation LLC; presidente do conselho de administração da Carol's Daughter
Tracy Streckenbach, CEO da Hillview Consulting
Shivan S. Subramaniam, CEO da FM Global
Mark B. Templeton, CEO da Citrix
Andrew M. Thompson, CEO da Proteus Digital Health
Terry Tietzen, CEO da Edatanetworks
Kip Tindell, CEO da The Container Store
Tony Tjan, CEO da Cue Ball
Alan Trefler, CEO da Pegasystems
Geoff Vuleta, CEO da Farenheit 212
Jeff Weiner, CEO da LinkedIn
Harry West, CEO da Continuum
Jim Whitehurst, CEO da Red Hat
Shawn H. Wilson, presidente da Usher's New Look Foundation
Catherine Winder, ex-presidente da Rainmaker Entertainment
Will Wright, criador de *videogame*
Laura Yecies, ex-CEO da SugarSync
Kyle Zimmer, CEO da First Book

Nota do autor

O conteúdo deste livro foi extraído em parte de entrevistas feitas pelo autor com mais de duzentos CEOs e altos dirigentes – embora nem todas estejam reproduzidas no livro – de empresas cujo porte vai de pequenas *start-ups* a grandes corporações multinacionais, bem como de organizações sem fins lucrativos. As respostas dos executivos foram gravadas, transcritas e resumidas para publicação. Os cargos refletem a posição que os executivos ocupavam na ocasião em que foram entrevistados. As conversas ocorreram entre março de 2009 e maio de 2013.

Introdução

Nosso sonho é ser a maior pequena empresa do nosso setor.

Quando Dominic Orr, CEO da empresa de tecnologia sem fio Aruba Networks, disse essas palavras, ele sintetizou algo que ouvi muitos líderes dizerem durante as mais de duzentas entrevistas que realizei para a coluna "Corner Office" do *New York Times*. Em última análise, essa ideia ajudou a formular a pergunta que guia este livro: como pode uma empresa promover uma cultura ágil e inovadora – com as qualidades invejáveis de muitas *start-ups* – enquanto continua crescendo?

Todos os líderes e administradores enfrentam esse desafio, independentemente do porte de suas empresas. Até mesmo os fundadores do Google têm demonstrado preocupação, com medo de perder a magia inicial que ajudou a impulsionar o crescimento fenomenal da ferramenta de busca. Quando anunciou, em janeiro de 2011, que estava assumindo o papel de CEO no lugar de Eric Schmidt, Larry Page explicou aos repórteres que a empresa precisava avançar mais rapidamente e retomar a agilidade inicial, antes que se transformasse em um mastodonte.

"Um dos meus principais objetivos", disse ele à época, "é fazer com que o Google seja uma grande empresa que tenha a agilidade e a alma, a paixão e a velocidade de uma *start-up*."

Discussões a respeito de cultura corporativa podem facilmente acabar caindo em banalidades, teorias, truísmos e generalidades. Abordagens genéricas também não funcionam, pela simples razão de que cada organização tem uma cultura única, assim como cada país é diferente do outro. Tendo isso em mente, parti em busca de dicas práticas e *insights* que fossem úteis e relevantes para qualquer organização – os tipos de abordagem que ajudassem a desenvolver a cultura que Jenny Ming imprimiu na Old Navy, onde ela transformou a marca na locomotiva do varejo.

"Eu estava presente desde o começo", disse Ming, atualmente CEO da rede de vestuário Charlotte Russe. "Mas, mesmo mais tarde, eu ainda a considerava uma *start-up*. Acho que, quando nós éramos uma empresa que faturava três bilhões de dólares, alguém me disse: 'Jenny, nós não somos uma *start-up*.' E eu respondi: 'Penso que precisamos ter aquela mentalidade de *start-up*, pois creio que é extremamente saudável pensar assim: 'Os recursos estão escassos, o que devemos fazer?' Aprendi que é preciso ter sempre um pouquinho disso. É um estado de espírito. Creio que isso te deixa faminto, sentindo-se em desvantagem. E você quer provar que pode se superar."

Se você percorrer a lista de CEOs no começo do livro, perceberá que muitos deles estão à frente de empresas de tecnologia. Isso não é por acaso. Empresas de tecnologia bem-sucedidas tendem a crescer rapidamente, dando a seus líderes uma percepção aguda dos desafios culturais que aparecem à medida que contratam mais funcionários e aumentam os níveis de gerência.

CEOs de empresas de tecnologia também costumam aplicar à cultura da empresa o mesmo raciocínio inovador que utilizam para desenvolver seus produtos. Por exemplo, Phil Libin, CEO da empresa de *software* Evernote, certa vez perguntou a sua mulher o que ela achava que ele poderia fazer para provocar um grande impacto na vida dos seus funcionários. Resposta: faxina da casa grátis duas vezes por mês para todos os membros da equipe. Libin aceitou o conselho e também aboliu a política formal de férias da empresa, mas, para compensar a pressão que alguns funcionários poderiam sentir na falta de um período de descanso, ele dá a cada membro da equipe 1 000 dólares para gastar em férias de verdade. (Visitar os parentes não conta.)

Os dirigentes das empresas de tecnologia têm de pensar bastante em cultura, porque eles estão em guerra por talento – não é simplesmente atrair funcionários, mas mantê-los. Afinal, qualquer engenheiro de *software* razoável recebe *e-mails*, todos os dias, de *headhunters* oferecendo salário maior e outras vantagens para mudar de emprego. Portanto, os CEOs precisam criar um ambiente agradável em que os funcionários desejem permanecer.

À medida que desaparece o modelo conservador de liderança baseado no comando e no controle, é inevitável que as empresas, em todos os setores, sigam o mesmo caminho dessas empresas de tecnologia e procurem aproveitar melhor o entusiasmo dos funcionários.

"Penso que estamos passando por um momento de transformação nos negócios no qual as pessoas são o centro de tudo", disse Lily Kanter, uma ex-diretora da Microsoft que participou da criação da empresa de móveis Serena & Lily. "E temos de aceitar isso, temos de aceitar os objetivos das pessoas e suas almas para sermos bem-sucedidos nos negócios. Porque, se apenas o corpo vem para o trabalho, e se fazem algo penoso o dia todo, se você não se importar com o que é realmente significativo para elas, você não terá um ambiente feliz."

Converse com alguns líderes, e você ouvirá muitos deles se vangloriar de que em suas empresas não existe política. É claro que isso não é real, porque toda empresa, toda organização, toda equipe, tem política. Uma abordagem mais realista é admitir que política é um fato da vida e que o objetivo não deve ser eliminá-la, mas estimular o tipo bom de política e desestimular o ruim – e é verdade que existem paralelos com o colesterol. Com isso em mente, cada capítulo do livro traz como foco um importante propulsor de cultura, com *insights* dos principais executivos sobre como evitar algumas das armadilhas habituais e transformar a cultura numa vantagem competitiva. O livro está dividido em duas partes. A primeira identifica os elementos essenciais da cultura corporativa eficaz, e a segunda explora estratégias de liderança que ampliem essa base e promovam a inovação.

Empreguei a mesma abordagem que muitos leitores disseram ter apreciado em meu primeiro livro, *The Corner Office: Indispensable and Unexpected Lessons from CEOs on How to Lead and Succeed*. Cada capítulo é estruturado como se fosse uma conversa num jantar festivo, no qual eu faço o papel do anfitrião e conduzo a conversa com um grande grupo de CEOs. Apresento os temas, faço algumas análises mais gerais para direcionar a discussão e, em seguida, deixo os CEOs compartilharem seus *insights*, suas lições e suas histórias, em suas próprias palavras.

Naturalmente, dado o inquietante e criativo universo corporativo americano, alguns desses líderes já não ocupam os cargos que ocupavam quando eu os entrevistei, por razões previsíveis: sua *start-up* não decolou como eles esperavam; eles queriam mudar; ou talvez seu desempenho tenha ficado abaixo daquilo que o conselho de administração esperava. Será que isso diminui o valor de seus *insights*? Não creio. Os CEOs que eu entrevistei não são perfeitos. Como qualquer um de nós, eles têm pontos fortes e pontos fracos, às vezes estão no auge da carreira, às vezes não. Mas seus comentários sobre a cultura empresarial, fruto de um trabalho diário como líderes de equipes, transcendem os altos e baixos das ações, dos balanços e das mudanças de emprego, tendo se tornado ainda mais valiosos à medida que as pressões para inovar aumentam.

Os leitores perceberão que alguns *insights* neste livro impactam mais que outros. Isso é de se esperar, já que cada cultura empresarial é diferente, com seus desafios e pontos fortes específicos. Assim como acontece com a liderança, todos temos de compreender a cultura empresarial por nós mesmos, de um modo que pareça autêntico para a nossa organização. Os líderes entrevistados por mim possuem centenas de anos de experiência e conhecimento. Estou certo de que seus inteligentes *insights* ajudarão os leitores a tornar suas próprias empresas mais ágeis e inovadoras, para que possam prosperar em uma economia global implacavelmente desafiadora.

PRIMEIRA PARTE

DEFINA OS FUNDAMENTOS

1.

POR QUE A CULTURA É IMPORTANTE

A cultura engole a estratégia no café da manhã.

É difícil precisar a origem dessa expressão tão repetida. Embora Peter Drucker, o célebre teórico da administração, seja frequentemente citado como seu autor, segundo o Drucker Institute não existe registro de que ele tenha escrito ou proferido essas palavras. Independentemente de quem tenha criado essa frase, o ditado sintetiza muito bem a ideia de que, embora uma estratégia inteligente seja fundamental para alcançar o sucesso, o elemento crucial que irá determinar quem será o vencedor no longo prazo é a cultura.

Esse conceito está na essência da forma de liderar de Stephen I. Sadove, CEO das lojas de departamento Saks. Conforme ele explicou, sua abordagem é o oposto do modo como Wall Street analisa as empresas.

"Eu tenho um modelo bastante simples para administrar uma empresa", disse ele. "Isso começa com a liderança no escalão mais alto, o qual leva a uma cultura. Cultura leva à inovação e a tudo mais que você esteja tentando realizar dentro da empresa. E isso, por sua vez, leva aos resultados. Quando converso com Wall Street, o que as pessoas realmente querem é conhecer os seus resultados, quais são suas estratégias, quais os problemas, o que você está fazendo para dirigir seu negócio. Para elas o que importa são os números finais. Ninguém jamais pergunta a respeito da cultura, da liderança e dos funcionários da organização. No entanto, o contrário é que é importante, porque são as pessoas, a liderança, a cultura e as ideias que, em última análise, produzem os números e os resultados."

Uma lição que Joseph Jimenez, CEO da empresa farmacêutica Novartis, aprendeu quando era diretor de divisão em outra empresa, no início de sua carreira:

"Fui enviado para a divisão dar a volta por cima, após quatro anos de desempenho abaixo das expectativas. O negócio estava definhando. No entanto, quando cheguei, fiz um diagnóstico completamente errado do problema. Eu disse: 'Vejam bem. Todo mês ficamos abaixo da previsão. Onde está o erro?' Chamei uma empresa de consultoria para ver o que estava errado. A resposta foi que o processo de planejamento de vendas e operações fora malfeito – nesse processo, o pessoal de vendas, de *marketing* e de operações deveria se reunir, planejar os próximos dezoito meses e depois fazer uma previsão. Então eu disse: 'Tudo bem. Vamos dar um jeito nisso. Vamos pedir aos consultores que nos ajudem a aperfeiçoar e a tornar mais realista o processo, submetendo-o a um volume maior de análise.'

"E o que se constatou foi que o problema não tinha nada a ver com análise, pois, quando fizemos as análises e pusemos em prática o novo procedimento, continuamos a ficar abaixo das previsões. Então eu pensei: 'Tem algo muito errado aqui.' Chamei uma psicóloga comportamental e disse: 'Olhe, ou o meu diagnóstico do problema está equivocado ou existe algo profundamente errado nesta organização. Venha e me ajude a decifrar isso.' Ela veio com sua equipe. Cerca de quatro semanas mais tarde, ela me procurou e disse: 'Isso não tem a ver nem com competência nem com procedimento. Existe um problema básico de comportamento na organização. As pessoas não dizem a verdade. Portanto, em todos os níveis da organização, elas se reúnem e dizem: 'Esta é a previsão do mês.' Mas elas não confiam na previsão. Elas sabem que não vão cumpri-la quando dizem isso.'

"O que ela me ensinou – e isso parece óbvio – é que o comportamento depende da consequência. Tínhamos de mudar o comportamento na organização para que as pessoas se sentissem seguras em trazer más notícias. Então eu olhei para o espelho e percebi que era parte do problema. Eu também não queria ouvir notícias ruins. Portanto, tinha de mudar meu comportamento e fazer com que essas discussões se tornassem mais uma oportunidade de dizer: 'Puxa, obrigado por me trazer essa informação. Sabe por quê? Como ainda faltam nove meses para terminar o ano, a gente ainda tem tempo de tomar alguma atitude a respeito disso. Vamos arregaçar as mangas e pensar numa solução.' Nós mudamos completamente nosso modo de agir. Portanto, após essa experiência, eu sempre pergunto aos funcionários – e sempre penso comigo mesmo: 'Estamos realmente tratando da causa principal deste problema, se é que existe um problema? Ou estamos tratando dos sintomas?'"

É por isso que a cultura é importante. Uma cultura favorável é como uma estufa na qual as pessoas e as ideias podem florescer – na qual todos os integrantes da organização, independentemente do nível ou do cargo, se sentem estimulados a se manifestar de maneira franca e aberta, sendo recompensados por compartilhar ideias sobre novos produtos, procedimentos mais eficazes e formas mais adequadas de satisfazer os clientes.

Sem esse tipo de cultura, sem uma compreensão dos valores comuns e de algumas regras básicas para trabalhar em conjunto, as pessoas podem se esquecer facilmente de que fazem parte de uma equipe e começar a proteger e perseguir seus próprios interesses. Tony Hsieh, CEO da loja de varejo eletrônico Zappos.com, disse que suas primeiras experiências numa *start-up* lhe mostraram como era perigoso deixar que a cultura simplesmente evoluísse sozinha.

"Em 1996, após ter me formado, eu e um colega de quarto fundamos uma empresa chamada LinkExchange", disse ele. "Ela cresceu até chegar a ter cerca de cem funcionários, quando então a vendemos para a Microsoft, em 1998. Olhando de fora, parecia um ganho importante – duzentos e sessenta e cinco milhões de dólares –, mas a maioria das pessoas não sabia realmente por que tínhamos vendido a empresa.

"O motivo é que a cultura da empresa havia degringolado completamente. No início, quando não passávamos de cinco ou dez pessoas, ela era uma típica ponto-com. Estávamos realmente entusiasmados, varávamos a noite trabalhando, dormíamos debaixo da mesa e não tínhamos a menor ideia de que dia da semana era. Mas a gente não tinha experiência e não deu atenção à cultura da empresa. Quando chegamos a cem funcionários, e embora contratássemos pessoas com um conjunto adequado de habilidades e experiências, eu simplesmente tinha medo de sair da cama de manhã e ficava apertando sem parar o botão do despertador. Não tinha o menor interesse em ir trabalhar. A paixão e o entusiasmo haviam acabado. Era um tipo de sensação estranha para mim, porque eu tinha sido um dos fundadores da empresa; e se eu estava me sentindo assim, como será que os outros funcionários deveriam estar se sentindo? É por isso que acabamos vendendo a empresa.

"Em termos financeiros, o significado da venda foi que eu não precisava mais trabalhar. Portanto, essa era a lente através da qual eu estava encarando as coisas. É como perguntar: 'O que você gostaria de fazer se ganhasse na loteria?' Quanto a mim, não queria fazer parte de uma empresa na qual eu tinha medo de ir trabalhar de manhã. Assim, quando entrei na Zappos cerca de um ano mais tarde, quis me certificar de que não cometeria o mesmo erro que tinha cometido na LinkExchange, ou seja, permitir que a cultura degringolasse. Portanto, nós realmente encaramos a cultura como a prioridade número um. Chegamos à conclusão de que, se ajustarmos a cultura, a maioria das coisas – por exemplo, ficar conhecido por oferecer o melhor serviço de atendimento ao cliente – acontecerá naturalmente."

A importância decisiva da cultura é uma lição que Steve Case, cofundador da AOL e CEO da firma de investimentos Revolution, aprendeu na esteira da malograda fusão da AOL e a Time Warner.

"Ambas são empresas extraordinárias. Creio que todos achavam que era uma grande ideia juntá-las, pois isso ajudaria a Time Warner a entrar na era digital e ajudaria a AOL a entrar na era da banda larga. Bem, não foi o que aconteceu. Isso se deveu, basicamente, à implementação deficiente do que, para mim, era uma boa ideia, e isso foi em grande parte atribuído às pessoas, aos relacionamentos, ressentimentos, orgulho e egos. Houve alguns debates estratégicos importantes, mas a questão seria focar nas pessoas, na confiança e nos relacionamentos. Eu já vi esse foco dar resultados. Ele consegue estimular e inspirar a empresa a realizar coisas que ninguém acreditaria que fossem possíveis.

"Em última análise, penso que a lição principal é compreender que o mais importante são as pessoas, e você deve se concentrar nisso para compreender o que está acontecendo, qual é o contexto e se certificar de que as pessoas estão alinhadas em torno das prioridades certas. Se você fizer isso bem, pode acontecer muita coisa. Se não fizer isso bem, não vai acontecer muita coisa."

A maioria das pessoas – exceto as cínicas de nascença ou as que estão extremamente cansadas – começa em um novo emprego com uma sensação de otimismo e vitalidade, ansiosas para aproveitar ao máximo a nova oportunidade. Elas querem causar boa impressão, conhecer os colegas e engrenar rapidamente no trabalho. Querem se integrar na equipe, opinar nas reuniões e pensar numa forma de ajudar o chefe e os colegas. Querem dar contribuições importantes que confirmem a opinião favorável de quem as contratou.

O desafio dos líderes é criar uma cultura que preserve essa energia e afaste as forças que levam as pessoas a se fechar e a ficar sonhando em mudar de emprego.

Marjorie Kaplan, presidente das redes de TV a cabo Animal Planet e Science, costuma conversar com os seus assistentes acerca da necessidade de manter vivo o fluxo de energia que as pessoas trazem quando começam em um novo emprego – o que ela chama de "melhor de si".

"Quero que sejamos um lugar onde, quando você vem trabalhar, sinta que pode trazer o melhor de si, e você também é desafiado a trazer o melhor de si. E eu sou muito clara a esse respeito. Temos esse tipo de conversa regularmente. Para uma equipe externa eu enviei uma nota dizendo: 'Precisamos ter a mesma vibração que tínhamos no começo, e ser tão corajosos como quando não tínhamos nada a perder.' E esse foi o tema do dia.

"Penso que uma parte da atividade gerencial é aproximar as pessoas. Quero que elas tenham a coragem de expor suas ideias. Na verdade, é como se eu dissesse: 'Traga o melhor de si.' Traga o melhor de si todo dia quando vier trabalhar. Traga o melhor de si para as conversas. Traga o melhor de si para as apresentações. E nós lhe daremos algo em troca. Estamos investindo em você. Você está investindo em nós, e nós estamos investindo em você."

Laurel J. Richie, presidente da WNBA, também concorda com um modelo de liderança que usa o "melhor de si":

"Quero que as pessoas cheguem todo dia pensando que este é um lugar para o qual elas podem trazer o que têm de melhor; e acredito que, se elas se sentirem assim, realmente o farão. Eu simplesmente não acredito em aterrorizar, intimidar e testar as pessoas, nem em pegá-las desprevenidas. Eu não faço esse jogo. A vida é curta demais, e a gente tem muita coisa para realizar. Quero que as pessoas se concentrem no trabalho, não em como manipular relacionamentos conflituosos na empresa. Cabe a mim criar um ambiente para o qual elas possam trazer o melhor de si; e os resultados positivos virão naturalmente."

Infelizmente, muitas pessoas experimentam dinâmicas muito diferentes. Arrogância, abuso de poder e menosprezo podem esfriar o entusiasmo inicial, até que as pessoas começam a reprimir o melhor de si no trabalho.

Talvez alguns destes cenários pareçam familiares: um colega rejeita uma ideia não convencional numa reunião com um gesto de mão. Um gerente ignora um *e-mail* enviado por um dos funcionários cheio de sugestões para resolver novos desafios. Um alto executivo jamais cumpre a promessa de voltar a conversar sobre um assunto importante. Tolera-se o comportamento inadequado de algumas pessoas, de outras não. Reuniões pequenas acontecem antes ou depois de reuniões maiores e programadas, fazendo com que os participantes se espantem com a falta de conexão entre as discussões públicas e os cochichos privados.

Ou estes: pessoas com baixo desempenho são mantidas no emprego porque ninguém tem coragem de despedi-las, obrigando os colegas a trabalhar como se elas não existissem. Uma gerente que só faz comentários sinceros uma vez por ano, durante a avaliação de desempenho, desenterra nesse dia um mal-entendido ocorrido há oito meses e que não foi discutido naquele momento. Como a estratégia global e os objetivos da organização não estão claros, os funcionários se dedicam a proteger seus respectivos espaços.

Ou, que tal estes: Os colegas se comunicam sobretudo por *e-mail*, passando o dia inteiro fechados em cubículos e escritórios na frente do monitor, em vez de se comunicar pessoalmente. Quando se encontram nas reuniões, prestam mais atenção nos smartphones e iPads do que nos colegas. A percepção das possibilidades que outrora incendiava sua imaginação cede lugar a gestos e expressões de indiferença. Eles começam a pensar como seria melhor estar em outro lugar. As pessoas chegam tarde, saem mais cedo sempre que podem e ficam sonhando com as férias.

Mesmo um gerente bem-intencionado pode ser tragado pela areia movediça dessas culturas, até que fica tão atolado que começa a racionalizar os limites de sua capacidade de moldar a cultura. "Você não pode esperar que todos sejam amigos." "Não é à toa que o nome disso é trabalho." "As pessoas não mudam, elas são o que são." Ele começa fazer suposições sobre por que certos funcionários se comportam da maneira que se comportam – não passam de preguiçosos ou estão com raiva porque foram passados para trás numa promoção –, evitando enfrentá-los a respeito de seu desempenho abaixo da média. O gerente começa a desejar que houvesse uma maneira de chacoalhar a equipe, de lhe dar uma descarga de adrenalina.

Não surpreende, portanto, que a cultura de *"start-up"* seja tão atraente. Na verdade, a experiência inicial de Tony Hsieh com a LinkExchange é um bom lembrete de que uma cultura de *start-up* pode ser tão imperfeita como a de uma empresa grande. Ainda assim, é fácil imaginar uma *start-up* no auge. A equipe toda rema na mesma direção. Não existem paredes nem panelinhas dividindo os departamentos. Ao assumir novas responsabilidades, todos aprendem rapidamente e executam várias funções. Problemas de relacionamento e de burocracia são mantidos num nível mínimo. Todos se comprometem a fazer o que for preciso para terminar o trabalho. Os egos são deixados do lado de fora, e as pessoas dão um *feedback* sincero, porque alcançar o objetivo comum é mais importante do que os sentimentos individuais. Os funcionários ficam entusiasmados com as novas possibilidades e oportunidades, dedicando-se ao trabalho não porque são obrigados, mas porque querem.

Por que é tão difícil, então, manter esse brilho da *start-up*? Por uma simples razão: o crescimento entra em choque com ela, e uma equipe maior requer mais procedimentos e estruturas organizacionais. E, à medida que os empregos se tornam mais estáveis e seguros, as pessoas acabam inevitavelmente se acomodando. Como as funções se tornam especializadas e limitadas, os funcionários passam a executar apenas o trabalho que lhes foi designado, em vez de adquirir novas competências. O papo de corredor morre quando as pessoas se fecham em suas salas e em seus cubículos. Como a aversão ao risco substitui o desejo de correr risco, desestimula-se a inovação.

No momento em que, numa economia difícil e ferozmente competitiva, as empresas competem para ser mais inovadoras e estimular o crescimento, os CEOs sabem que, para fazer o que é preciso, não basta nomear um responsável pelo processo de inovação ou promover mais sessões de *brainstorming*. A verdadeira inovação acontece quando todos os funcionários trazem, diariamente, o melhor de si para o ambiente de trabalho e compartilham livremente novas ideias que ajudam a equipe, sabendo que serão estimulados e recompensados por estar agindo assim.

É uma fórmula simples, porém difícil: a inovação é o subproduto de uma cultura eficaz.

"Se você realmente deseja construir algo que dure bastante, que seja estável e que cresça, a cultura tem de ser primordial", diz Robert L. Johnson, presidente do conselho de administração da RLJ Companies, uma firma de investimento.

"As pessoas precisam saber como sua cultura funciona e atua. Uma vez feito isso, elas adotam a cultura e se habituam com o fato de que certas coisas não se fazem na empresa. E esse, para mim, é um dos atributos das empresas realmente grandes. A cultura é quase como uma religião. As pessoas adotam e acreditam nela. E você pode tolerar um pouquinho de heresia, mas não muito.

"É por isso que eu penso que é mais fácil introduzir, nesse tipo de cultura, novos produtos, novas tecnologias ou novos serviços. Quando a cultura se rompe, é realmente difícil ser inovador porque você tem barreiras que atrapalham a comunicação entre as pessoas. E se tem barreiras à comunicação entre as pessoas, certamente tem barreiras para novas ideias, porque entra em campo aquela mentalidade do jogo de soma zero em que alguém pode pensar: 'Bem, se é assim que vocês vão comercializar o produto, minha cadeia de distribuição vai perder importância. Então, tenho de proteger meu setor. E, aliás, eu não gosto mesmo de vocês.' Dessa forma, o ritmo de inovação cai, as mudanças não acontecem tão rapidamente como deveriam, e a empresa perde flexibilidade.

"No final das contas, as empresas são construídas pelas pessoas. E se a cultura da empresa permitir que haja uma grande interação entre elas e a livre circulação de ideias que não sejam consideradas ameaçadoras para ninguém, então essa empresa será mais inovadora."

2.

UM PROJETO SIMPLES

Não daria um centavo pela simplicidade que há deste lado da complexidade, mas daria minha vida pela simplicidade que existe do outro lado da complexidade.

– Oliver Wendell Holmes Jr.

Essa elegante homenagem à simplicidade como conquista – uma citação favorita de David Barger, CEO da JetBlue – trata de um dos papéis mais importantes do líder: resumir as inúmeras prioridades e estratégias da organização numa proposta simples, de modo que os funcionários possam se lembrar dela, interiorizá-la e agir de acordo com ela. Barger fez um exercício exatamente igual a esse com seus diretores.

"Há vários anos, reunimos o conselho para discutir práticas e estratégias mais eficazes", lembra ele. "Como resultado, acabamos elencando vinte e três objetivos e quatro atalhos. Um salto à frente no tempo e os vinte e três passam a ser catorze no Segundo Ano, dez no Terceiro Ano, e são, em seguida, condensados em dois – cultura e oferta. Naturalmente, é preciso ser um pouco mais específico quando se fala de cultura, como manter uma relação direta com a tripulação ou formar talentos dentro da organização. Esses costumavam ser objetivos independentes. Mas hoje ficou muito mais fácil transmitir os dois e depois ser mais específico, se necessário. Tem sido muito útil. Como as pessoas que estão em contato direto com o público sabem o que queremos que elas façam, fica mais fácil definir as expectativas.

"Você tem de ser capaz de simplificar as coisas complexas. No final das contas, se as treze mil pessoas que estão em contato direto com o público não entenderem o que você está tentando fazer, esqueça. Você não tem chance de fazer com que a coisa funcione."

Naturalmente, não existe nenhuma fórmula que resuma as estratégias e prioridades. Toda empresa é única, e cada líder tem de descobrir um punhado de objetivos e de parâmetros que façam com que todos remem na mesma direção, sabendo claramente como seu trabalho contribui para alcançar os objetivos. Como em inúmeros aspectos da vida, é difícil simplificar as coisas. Porém, elaborar uma proposta simples pode trazer uma enorme recompensa, e interpretá-la mal, com as pessoas se concentrando em objetivos que não fazem a organização avançar, pode ter um impacto descomunal. Como Peter Drucker disse certa vez: "O que dá para avaliar, dá para administrar."

Missão *versus* projeto

A elaboração de uma declaração de missão pode apresentar inúmeras vantagens. Na verdade, muitas declarações de missão são prolixas e parecem forçadas. Contudo, representados corretamente, esses objetivos ambiciosos e arrebatadores podem fazer todos se sentirem participantes de uma aventura grandiosa, além de inspirá-los a realizar coisas que eles talvez não considerassem possíveis. A importância das declarações de missão como um instrumento de liderança está resumida em um comentário atribuído ao escritor francês Antoine de Saint-Exupéry: "Se você quer construir um navio, não junte homens para recolher madeira, dividir as tarefas e dar ordens. Em vez disso, ensine-os a ansiar pelo vasto e infinito mar."

Para empresas de tecnologia que disputam engenheiros de talento, as declarações de missão podem ser importantes do ponto de vista de um possível funcionário que esteja analisando diferentes ofertas de emprego, diz David Sacks, fundador, presidente do conselho de administração e CEO da Yammer, rede social que presta serviços às empresas.

"Hoje em dia, no Vale do Silício, provavelmente o que mais ajuda a recrutar pessoas – além do pacote de benefícios oferecidos por um grande número de empresas – é a missão", diz ele. "Tais pessoas têm de estar comprometidas com a missão da empresa. Para mim, uma declaração de missão adequada é a que pode ser resumida numa frase bem curta – no nosso caso, queremos revolucionar o modo como as pessoas trabalham trazendo as redes sociais para dentro da empresa. E as pessoas podem absorver isso e pensar no impacto que as redes sociais tiveram em suas vidas e, então, pensar no impacto que elas terão no ambiente de trabalho. Um monte de gente pode ser inspirada por isso. Penso que toda boa empresa tem uma declaração de missão muito impactante."

Entretanto, apesar de todas as vantagens que a declaração de missão eficaz proporciona, sua utilidade em produzir resultados – e para manter os funcionários concentrados o tempo todo – só resolve parte do problema. O que também é preciso, e que é ainda mais importante, é que exista um projeto simples que todos compreendam, de modo que possam perceber claramente a relação entre o trabalho que fazem e o modo como esse trabalho leva àqueles objetivos.

Tracy Streckenbach foi consultora da Ernst & Young e atualmente é CEO da Hillview Consulting. Ela ajuda as empresas a desenvolver e implementar projetos de mudança. Diferentemente dos consultores cujo trabalho se limita à elaboração de um relatório, ela costuma se juntar às empresas como uma alta executiva para pô-las no caminho certo. Ela constatou, por experiência própria, a importância de ter um projeto simples; para ela, esse projeto é mais importante que uma ardorosa declaração de missão.

"Honestamente, creio que a declaração de missão é menos importante do que cada funcionário compreender qual é o posicionamento da empresa", diz Streckenbach. "Para mim, a missão pode ser algo pouco prático. Eu preciso realizar a mudança rapidamente e gerar resultados. Quando chego numa empresa e pergunto a dez altos executivos o que eles consideram único na empresa, as respostas são muito diferentes, às vezes até mesmo conflitantes. Portanto, o simples fato de todos terem a mesma percepção do posicionamento da empresa é mais importante do que a missão. A cultura está relacionada com o desempenho e com a sensação de bem-estar que as pessoas têm em decorrência do modo como contribuem para o todo.

"É preciso criar um ambiente no qual as pessoas gostem de trabalhar. Eu consegui sobreviver à onda da internet, quando a gente não dava conta de preencher as vagas. Naquela época, quando se pensava em cultura, se pensava em mesas de pingue-pongue e globos de luz estroboscópica. Atualmente, acho que o grande foco da cultura, particularmente numa economia em declínio, está na forma de capacitar as pessoas para que possam se importar com o que fazem e sentir que estão envolvidas com as coisas. A única maneira de fazer isso é ter objetivos claramente definidos e mensuráveis. Em seguida, certificar-se de que todos os departamentos tomem conhecimento deles e do modo como o trabalho deles irá favorecer os objetivos gerais.

"Isso parece simples e fácil, mas não é. Houve uma empresa na qual devo ter demorado cerca de seis meses para definir claramente os objetivos certos e a maneira de avaliá-los. Além disso, se você escolhe os objetivos errados, é um desastre, porque então você acaba estimulando comportamentos inadequados. Porém, se acerta, a transformação das pessoas é visível. Elas querem ver o trabalho concluído e não apenas passar o tempo."

Poucos *versus* muitos

Qual é o número correto de objetivos mensuráveis que um projeto simples e eficaz deve ter? Não existe nenhuma regra obrigatória, mas é claramente vantajoso não passar de três, pois assim as pessoas se lembram facilmente deles. Quem já precisou dar uma passada rápida na mercearia para fazer compras conhece essa regra por experiência própria – se tiver de comprar mais de três coisas, provavelmente será melhor anotar num pedaço de papel ou descobrir um jeito de memorizá-las.

Shivan S. Subramaniam, CEO da FM Global, uma seguradora de bens comerciais e industriais, desenvolveu uma estrutura operacional simples com apenas três formas de avaliação. A empresa surgiu como resultado de uma fusão ocorrida em 1999, e os novos chefes de equipes sentiram que todos tinham de falar a mesma língua.

"Uma grande lição que eu aprendi é que é preciso estar extremamente seguro de que todos os funcionários têm o mesmo objetivo em mente", diz ele. "É menos importante o que as pessoas fazem ou como fazem, mas temos todos os mesmos objetivos? Ao longo dos anos, isso fez com que tivéssemos objetivos muito simples na empresa. Nós os chamamos de áreas de resultados-chave (ARCs). Nós temos três ARCs, nada muito extravagante, e todos se concentram nelas. Uma é a lucratividade. Outra é a manutenção dos clientes existentes. E a terceira é a atração de novos clientes. É isso.

"Você pode conversar com nossos funcionários de São Francisco, Sydney ou Cingapura: todos sabem quais são as três ARCs. Todos os nossos planos de incentivo são concebidos tendo em vista as ARCs, e todas elas são muito transparentes. Nossos funcionários estão a par do desempenho da empresa. E, o que é mais importante, eles compreendem esses objetivos, sejam administradores do mais alto escalão ou auxiliares administrativos. Assim, eles sabem que, 'se eu faço isto, ajudo esta ARC deste modo'.

"Havia pessoas que, antes da fusão, tinham trabalhado em empresas de pequeno a médio porte, e agora trabalhavam numa empresa maior. Elas queriam continuar a ser tratadas como eram quando estavam numa empresa pequena. O tipo de sistema de comunicação que nós desenvolvemos ajudou enormemente."

Joseph Jimenez descreveu como aplicou uma importante lição de liderança, que aprendeu durante seus anos de faculdade, no seu papel de CEO da Novartis:

"Quando estava em Stanford, participava da equipe de natação, tendo chegado a capitão no último ano. A primeira coisa que aprendi quando virei capitão é que, numa equipe, existe um monte de gente com prioridades e objetivos diferentes. Como tínhamos de manter todos unidos em torno de um objetivo comum, definimos que o objetivo seria fazer parte dos cinco primeiros da NCAA (National Collegiate Athletic Association) [Associação Atlética Universitária Nacional]. No ano em que eu era calouro, ocupávamos o 21º lugar na classificação nacional. Em meu último ano, terminamos em terceiro.

"Assim que me tornei CEO da Novartis, eu disse: 'Temos cento e vinte mil funcionários. É um bocado de gente para tentar coordenar. A primeira coisa que eu tenho de fazer é permitir que as pessoas saibam para onde quero conduzir a empresa. Isso tem de ser algo claro como cristal. E não apenas claro como cristal, mas todos na organização têm de compreender isso e ter uma linha de visão para esse objetivo; além disso, têm de compreender como o que eles fazem vai nos ajudar a avançar em direção ao futuro.'

"Ao longo da minha carreira, todas as avaliações de desempenho pelas quais passei tiveram uma coisa em comum, quer os resultados fossem bons ou maus. Todos diziam que eu tenho a capacidade de examinar situações altamente complexas e torná-las simples. Eu, pessoalmente, acredito que, se você não for capaz de reter algo na cabeça, então não será capaz de interiorizá-lo nem de agir com base naquilo. O ramo de atividade da Novartis é muito complicado. Mas é preciso refinar a estratégia até chegar a sua essência, para saber como alcançaremos o sucesso e o que realmente estamos buscando, de modo que as pessoas possam reter isso em suas mentes – para que o sujeito do chão de fábrica, que é quem realmente fabrica os medicamentos, compreenda as três prioridades da empresa.

"Nosso êxito virá por meio da inovação científica – essa é uma espécie de tema dominante. As três prioridades, portanto, são, em primeiro lugar, ampliar nossa liderança em termos de inovação. Nós avaliamos isso em todas as divisões por meio da quantidade de compostos que conseguimos aprovar. A segunda chama-se crescimento acelerado, que significa traduzir essa inovação em crescimento de vendas e de lucro. Medimos isso da seguinte maneira: que percentual do nosso portfólio, em qualquer divisão, é encabeçado por produtos introduzidos nos três últimos anos? Isso representa vinte e cinco por cento do faturamento. Para uma empresa com um faturamento de cinquenta e cinco bilhões de dólares, este é um número enorme. A terceira prioridade é estimular a produtividade. Isso quer dizer gastar o dinheiro de maneira mais inteligente. Assim, conversamos sobre esses três assuntos todo trimestre. Como ampliamos nossa liderança em inovação? Como aceleramos o crescimento? E como estimulamos a produtividade?"

No grupo *versus* fora do grupo

Uma vez definidos os objetivos da organização, muitas empresas pedem aos funcionários de todos os níveis que desenvolvam e compartilhem seus planos pessoais para atingir tais objetivos. David Sacks, da Yammer, por exemplo, criou um sistema que ele chama de "MORPC". Ele explica o acrônimo a seguir, bem como o pensamento por trás dele:

"MORPC significa Missão, Objetivos, Resultados, Pessoas, e o C significa 'Como' – por exemplo, 'Como você se saiu no final do trimestre?'

"'Missão' nada mais é que a descrição em uma palavra de 'Qual é sua missão na empresa? Qual é a sua especialidade?' E isso realmente faz com que as pessoas comecem a pensar: 'Muito bem, em termos gerais, qual é minha missão aqui?' 'Objetivos' são as três – no máximo cinco – coisas principais que você pretende realizar no trimestre. 'Resultados' têm a ver com os parâmetros que você vai utilizar para avaliar esses objetivos. 'Como saber se os objetivos foram alcançados?' 'Pessoas' referem-se a 'Que mudanças precisamos fazer na organização para alcançar isso? Precisamos contratar gente? Precisamos criar novas equipes? Precisamos modificar o modo de definir uma equipe?' E então, quando o trimestre termina, nós apenas perguntamos 'Como você se saiu?'

"Então, eu faço isso primeiro. Depois apresento aos meus subordinados imediatos. Eles apresentam depois aos subordinados deles. E isso deve ir descendo através de toda a organização. Trata-se, portanto, de um exercício de alinhamento. E isso tudo cabe numa página. Para mim, se não dá para pôr numa página, então não funciona. O nome é MORPC porque eu juntei as letras para que elas compusessem um sinônimo de mudança [MORPH, em inglês], pois queria transmitir às pessoas a noção de que administrar não significa pôr uma tampa nas coisas. Significa evoluir, transformar as coisas.

"Estamos sempre ajustando os objetivos, as metas e às vezes até os parâmetros. Assim, no final do trimestre o MORPC poderá ter mudado, e a expectativa é que o novo MORPC não seja uma operação que comece inteiramente do zero. Ele será apenas a continuação do que já estávamos fazendo. Creio, porém, que é útil fazer uma pausa uma vez no trimestre, dar um passo atrás por um segundo e dizer: 'O que estamos tentando fazer agora?' É preciso estar centralizado no que diz respeito à direção, e descentralizado no que diz respeito à execução."

Na empresa de consultoria Fahrenheit 212, o CEO Geoff Vuleta gosta de avaliar o trabalho executado em períodos de cem dias. Ele descreveu a filosofia que está por trás desse método, bem como seu funcionamento, intercalando a explicação com algumas observações criteriosas sobre a natureza humana.

"Uma das características do verdadeiro líder é a capacidade de gerar lealdade sem um motivo aparente e fazer com que as pessoas acreditem piamente que algo é possível", disse ele. "E eu sempre acreditei – e isso é fundamental para liderar um grupo de pessoas – que todos querem ser liderados. As pessoas querem saber duas coisas: o que devem fazer e que aquilo que estão fazendo é importante. Consequentemente, você precisa criar um ambiente no qual elas possam acreditar inteiramente nisso.

"Desse modo, o comportamento coerente é a coisa mais importante quando se quer conduzir um grupo de pessoas. A cada cem dias nós reunimos o grupo e fazemos uma lista das coisas que queremos realizar nos próximos cem dias. E você vai embora da reunião e volta, individualmente, com o compromisso de mostrar como será a sua contribuição para a tal lista. Então você se senta comigo e o nosso presidente para discutir o seu plano individual. Nossa tarefa é justamente assegurar que a soma dos compromissos individuais faça parte da lista da empresa.

"Além do mais, a lista da empresa é feita de coisas bem simples. Quais foram as coisas que deram errado nos últimos cem dias? Vamos nos livrar delas. Você tem de definir as dificuldades e dizer: 'Muito bem, o que é preciso fazer para ter certeza de que isso não vai se repetir?' Então, isso é parte do processo. E o que você quer fazer a respeito da marca? Como vai desenvolver uma 'liderança inteligente'? Nem todos os projetos nascem iguais – alguns são mais ambiciosos que outros. O que você vai fazer para investir neles? Quem será responsável por eles?

"E depois tem aquela história toda de crescimento pessoal, que todo mundo inclui na lista. Você quer progredir, quer crescer como pessoa. Existem coisas que você quer fazer melhor. Mas o que a lista tem de fundamental é que a empresa concordou que aquilo tudo é importante. Nas primeiras vezes a coisa é um pouco ridícula, porque as pessoas ficam completamente obcecadas com o modo de fazer algo ou com aquilo que vão fazer. Não se trata disso. A única coisa que importa é o resultado. A única coisa que importa é o que terá sido alcançado após os cem dias ou em algum momento durante os cem dias. Esse sistema funciona muito bem porque nenhuma empresa pode se equivocar por mais de cem dias. É preciso dar tempo para que as pessoas se sintam angustiadas por terem feito uma avaliação errada. E quando se cria um ambiente competitivo totalmente transparente como o nosso, não se comete esse erro duas vezes. Não mesmo.

"Portanto, as reuniões sobre o planejamento dos cem dias começam com alguém fazendo um relatório pessoal. A pessoa se levanta com seu planejamento dos cem dias, que não traz nenhuma margem de manobra. O que ele traz são resultados. Ou eles aconteceram ou não. A pessoa fica extremamente exposta porque, como se propôs a alcançá-los, vai ter de fazê-lo. A Fahrenheit só precisou despedir três pessoas, porque o planejamento dos cem dias resolve isso de antemão. Não existe nada que eu esteja fazendo que alguém não possa compreender ou avaliar, porque tudo está à vista de todos. Todos podem ver o que os outros estão fazendo. Se acontece algo que o impede de realizar um dos seus compromissos, você mais que depressa o tira da lista ou o substitui por outra coisa. Em nenhum momento alguém na empresa desconhece o que os demais estão fazendo com o que eles se comprometeram e o que a empresa considera importante."

Dennis Crowley, CEO do *site* Foursquare, prefere um método semanal de compartilhamento das prioridades dos funcionários, incluindo as dele. Dennis criou um método baseado nos "fragmentos" que ele conheceu quando trabalhava no Google.

"Toda segunda-feira você entrega uma relação dos itens com os quais está trabalhando, e o *software* monta uma lista e a envia por *e-mail* para toda a empresa", explicou ele. "Dessa forma, é possível examinar rapidamente essas listas para descobrir o *status* de um projeto ou com o que alguém está trabalhando. Isso lhe oferece uma visão geral precisa da empresa. Desse modo você acompanha as pessoas de quem deseja receber informações atualizadas; não obstante, asseguramos que todos as recebam automaticamente de mim, do diretor de operações, do diretor de engenharia e do diretor de produto.

"Quando envio as minhas, o primeiro tópico é 'Coisas que me deixam entusiasmado'; em seguida vem 'Coisas que não me deixam muito entusiasmado' ou 'Coisas que me deixam estressado'. Em seguida geralmente vem uma frase da semana – algo que eu ouvi de um dos investidores ou ouvi por acaso de um funcionário –, seguida então dos meus fragmentos. O sistema funciona de forma magnífica. Eu recebo bastante *feedback* dos funcionários. Eles leem em poucos minutos, e é como se tivessem uma visão panorâmica do que eu penso que está indo bem na empresa e dos setores em que acho que poderíamos melhorar. É também uma boa forma de iniciar uma conversa. Eu posso escrever: 'Ei, ouvi isso de alguém; portanto, gostaria de dizer por que estamos encarando esse assunto dessa maneira.'"

Kris Duggan, diretor de estratégia da Badgeville, que projeta programas baseados em *games* para as empresas, desenvolveu um método que ele chama de entrosamento.

"Penso que as organizações encontram dificuldade para se fazer ouvir nos diferentes níveis da cadeia de comando e mobilizar a todos para que se concentrem nos mesmos objetivos", disse ele. "Senti isso na própria pele – seja qual for sua tarefa ou esfera de trabalho, você não sabe como aquilo se relaciona com seu gerente e com o gerente do seu gerente, e quais são os tipos de ligação.

"Portanto, nosso foco mais importante é o conceito de 'entrosamento'. Entrosamento é o fenômeno que leva todos os departamentos a ficar ligados em suas metas – do CEO à pessoa que está em contato com o cliente –, de tal maneira que todas as metas e instrumentos de controle sejam transparentes. Todos devem conhecer as metas e os instrumentos de controle de todos, e todos devem reconhecer suas metas individuais com relação às do seu departamento, bem como as metas do departamento com relação às da empresa.

"Para alcançar isso, divulgamos as metas e os instrumentos de controle da empresa. Temos seis metas importantes este ano, e deve haver três ou quatro parâmetros de avaliação para cada uma dessas metas; e nós divulgamos isso mensalmente para toda a empresa. Também conversamos mensalmente com os funcionários para saber se, no que diz respeito a qualquer um desses assuntos, a luz está verde, amarela ou vermelha. E, quanto a isso, somos extremamente transparentes; não escondemos as más notícias."

Essa transparência absoluta tem muitas vantagens. Ela não somente deixa claros os objetivos da organização como também ajuda os funcionários a perceber como o seu trabalho e o dos colegas contribuem para alcançar os objetivos. Esse conhecimento reduz a incerteza, que pode ser um elemento de distração. E também ajuda os funcionários a visualizar o todo da empresa; assim, eles podem atuar mais como proprietários – e pensar no que é melhor para a organização como um todo – e menos como quem apenas desempenha um papel.

Ryan Smith, CEO da empresa de *software* Qualtrics, fez da transparência absoluta a marca registrada da cultura de sua empresa.

"Não somos uma cultura transparente porque é 'legal' ser assim", disse ele, "e isso não tem nada a ver com ambiente liberal, porque não é isso que torna uma empresa transparente. Tem a ver mais com o fato de que todos precisam saber para onde vamos e como vamos chegar lá. Portanto, queremos que todos compreendam nossos objetivos e disponibilizamos isso para todos conforme vamos evoluindo, para que as pessoas não fiquem imaginando coisas nem se concentrem nos procedimentos internos, porque esse é um dos obstáculos que muitas empresas enfrentam.

"Queremos ser transparentes porque queremos estimular nossos funcionários a ter todas as informações, para mantê-los concentrados no que realmente importa: nossos objetivos e como eles vão contribuir. Por isso, chamamos nosso maior especialista em produto e alguns dos nossos engenheiros mais capazes e construímos um sistema interno para ajudar a avaliar a organização por meio da identificação dos objetivos de cada um dentro da empresa. A empresa tem cinco objetivos anuais; trimestralmente todos entram no sistema e introduzem os objetivos seus que contribuem para alcançar os objetivos maiores.

"Temos outro sistema que às segundas-feiras envia a todos o seguinte *e-mail*: 'O que você vai realizar esta semana? E o que você realizou na semana passada que disse que realizaria?' Isso então vira um único *e-mail* que a empresa inteira recebe. Assim, se alguém tem uma dúvida, pode procurar a resposta ali. O que eu descobri é que quando todos estão remando juntos, buscando o mesmo objetivo, a eficácia é incrível. Estamos buscando um altíssimo nível de desempenho; para alcançá-lo, precisamos assegurar que todos saibam para onde estamos indo."

As vantagens dessa abordagem também podem ser explicadas pela neurociência. David Rock, que inventou a expressão "neuroliderança" e é diretor do NeuroLeadership Institute, descobriu estratégias de liderança eficazes pesquisando o cérebro. Ele explicou como objetivos comuns que criam um sentimento de trabalho de equipe – em comparação com os funcionários que tentam simplesmente proteger seu espaço – podem mudar profundamente o modo como as pessoas veem os colegas.

"A decisão que tomamos a respeito de cada uma das pessoas com quem interagimos provoca um impacto nos processos básicos e em muitas outras coisas", diz Rock. "E a decisão que tomamos sobre todos é: 'Você faz parte ou não do meu grupo?' Ora, se você decide que eu faço parte do seu grupo, então você processa o que eu digo usando as mesmas redes cerebrais que usa para compor seus próprios pensamentos. Se decide que eu não faço parte do seu grupo, você usa uma rede cerebral totalmente diferente. Portanto, o próprio nível de percepção inconsciente tem um impacto enorme, com base na decisão decorrente das perguntas: 'Essa pessoa se parece comigo? Eles fazem parte da minha equipe? Nós temos objetivos comuns, ou eles estão fora do meu grupo?'

"Em certo sentido, estamos falando de uma neurobiologia da confiança, mas também do trabalho em equipe e da colaboração. Se você for capaz de reunir as pessoas em torno de objetivos comuns, conseguirá criar um grupo unido muito rapidamente. Quando consegue descobrir uma meta comum, você transforma um grupo desunido num grupo unido. A menos que o líder crie objetivos comuns a toda a organização, ela será uma série de grupos isolados. Isso é inerente ao modo como vivemos. Naturalmente, pensamos em pequenos grupos."

Um projeto claro que crie objetivos comuns faz com que todos caminhem na mesma direção e estimula o senso do trabalho em equipe, permitindo assim que a empresa execute o projeto com rapidez e, mais tarde, mude de direção quando surgir a necessidade. Líderes eficazes reconhecem que sua tarefa é oferecer aos funcionários uma resposta simples a uma pergunta simples: "Para onde vamos e como vamos chegar lá?" Eles também sabem que fazer isso direito é mais difícil do que parece.

3.

REGRAS BÁSICAS

Quando você é claro sobre valores, capacita as pessoas e cria um espírito empreendedor que dá a elas espaço e estímulo, em vez de estarem sujeitas a um ambiente de comando e controle.

– MARK B. TEMPLETON, CEO DA CITRIX

Como a Citrix é uma empresa de tecnologia, não surpreende nem um pouco que Mark Templeton recorra a uma metáfora de computador para explicar seus pontos de vista sobre cultura empresarial:

"Em termos gerais, definimos cultura como 'o modo pelo qual as empresas fazem as coisas'. Se você tem uma fábrica, você faz um monte de coisas por meio do maquinário. A maioria das empresas de *software* faz as coisas por meio das pessoas. Portanto, nosso maquinário são as pessoas; traduzindo em termos tecnológicos, as pessoas são o *hardware*, e nossos valores são o sistema operacional.

"Desse modo, a cultura começa com pessoas que têm um mesmo sistema operacional construído em torno de valores. Uma vez que se disponha disso, é possível desenvolver processos sobre como fazer realmente as coisas a partir daí. Para mim, porém, a clareza quanto ao *hardware* e ao sistema operacional vem antes de tudo."

Segundo Templeton, a cultura da Citrix baseia-se em três valores: respeito, integridade e humildade.

"Penso que as pessoas geralmente querem fazer parte de algo que tenha um propósito maior, que vá além daquilo que elas são. Elas só esperam que surja algo assim para participar. E creio que uma cultura construída em torno de valores é parte disso. As pessoas dizem: 'Quero fazer parte daquela equipe, daquele clube, porque eles acreditam em algo em que eu também acredito; por isso, quero me juntar a eles.'

"Todos se sentem parte do mesmo grupo por causa dos valores comuns. Temos clareza a respeito de para onde vamos, então nós, os funcionários, podemos dizer como vamos chegar lá – com o tipo certo de conduta e de liderança, naturalmente, e o tipo certo de procedimentos e de parâmetros. Não obstante, a empresa é vista, em grande medida, como uma gigantesca *start-up*."

Templeton defende de maneira convincente a importância de sistematizar os valores. Quando os funcionários são informados das normas de comportamento – as regras básicas –, eles podem se concentrar mais no trabalho, em vez de se perderem em meio a disputas estressantes que naturalmente acontecem quando se tolera todo tipo de comportamento inadequado.

"Penso que existem dois tipos de cultura, que podem posteriormente ser subdivididas", diz Mike Sheehan, CEO da agência de publicidade Hill Holliday. "Um se baseia no princípio da insegurança, do medo e do caos; a outra se baseia em princípios sólidos segundo os quais as pessoas vêm trabalhar e se preocupam com o trabalho. Elas não estão preocupadas com as coisas sem importância que acontecem em volta. Se a gerência não der espaço para bobagens desse tipo, elas desaparecem rapidamente; as pessoas se esquecem delas e se concentram simplesmente no trabalho."

Criar valores para uma organização pode parecer uma empreitada arriscada; é fácil imaginar como pode dar a impressão de que a prática foi extraída diretamente de um episódio de *The Office*. Não obstante, muitos líderes consideram que os valores são um componente essencial do negócio – para atrair e reter os talentos e para ajudar as pessoas a se concentrar no trabalho.

Em minhas entrevistas com centenas de CEOs duas regras gerais emergiram:

N° 1: Não existe um jeito "certo" de criar valores. Os valores podem vir dos próprios líderes ou podem ser criados por meio de contribuições de todos os funcionários da empresa (ou uma mistura dos dois). O que importa na verdade é...

N° 2: A empresa tem de viver de acordo com os valores anunciados, reforçá-los diariamente e não tolerar comportamentos que sejam contrários a eles.

Eis o porquê: se os funcionários começarem a perceber que existe uma incoerência entre os valores proclamados e os comportamentos tolerados, então o esforço todo de criar valores claros irá prejudicar a organização, pois fará com que as pessoas se desinteressem, façam um olhar de desânimo e se perguntem por que cargas d'água esperavam que dessa vez seria diferente.

"Em muitas empresas, penso que é fácil as pessoas se tornarem cínicas, o que, então, leva a conflitos internos, os quais, por sua vez, podem gerar um tumor capaz de destruir até as empresas mais importantes", disse Kathy Savitt, ex-CEO do *site* de comércio eletrônico Lockerz. "Eu sinceramente acho que o cinismo é aquela primeira célula, por assim dizer, que pode provocar uma metástase na organização quando você percebe que, na verdade, a empresa não está se conduzindo de acordo com seus valores fundamentais. Um bom exemplo é quando um membro da equipe tem uma grande ideia ou enfrenta um problema difícil com um cliente e ninguém diz nada, ninguém nem ao menos demonstra que está a par do assunto, ninguém dá ouvidos. Como é que essa pessoa não vai se tornar cínica? Essa é uma receita de cinismo."

Os valores podem levar os administradores a tomar decisões difíceis, principalmente quando o comportamento de um funcionário excepcional compromete os valores defendidos pela empresa. Não obstante, inúmeros líderes disseram que é preciso haver uma política de tolerância zero com quem despreza, de forma inequívoca e constante, as regras básicas.

"Você tem de implantar um conjunto de princípios na organização", diz Steve Stoute, CEO da agência de publicidade Translation LLC e presidente do conselho administrativo da empresa de produtos de beleza Carol's Daughter. "Uma vez feito isso, se houver pessoas que não se comprometem com a filosofia, você tem de identificá-las e demiti-las rapidamente. Isso é para o benefício delas e para o seu. Se você perguntar para a maioria dos executivos, eles dirão que são capazes de prever se a pessoa vai dar certo nos primeiros trinta ou sessenta dias, mas precisam de sete meses a um ano para afastá-la da organização. É uma perda de tempo.

"Penso que é extremamente importante, independentemente do tamanho da empresa, ter um sistema de controle para saber quando alguém não está comprometido com a cultura. Isso porque em algum momento em sua organização algo vai dar errado e algo vai deixar de ser feito porque alguém não estava prestando atenção. Os princípios da organização não serão passados adiante porque existem pessoas que nem mesmo se comprometeram com o conjunto de princípios. E o maior problema é este: mau comportamento é contagioso. E quando ele começa a afetar a empresa – seja ela grande ou pequena –, é o início do fim de qualquer organização importante.

"Mau comportamento é a atitude ostensiva de ignorar o conjunto de princípios da empresa – significa não se preocupar com o plano estratégico da empresa e não aderir aos objetivos da organização. Portanto, quando alguém não se compromete com os princípios, isso se torna extremamente contagioso, vira um câncer dentro da organização, especialmente quando se trata de uma pessoa do escalão médio dotada de talento. Porque nenhuma organização vai para frente se os gerentes de nível médio não estimulam os jovens talentosos a se aperfeiçoar. E, se isso não acontecer, então você realmente vai perder talentos."

Robert Johnson, da RLJ Companies, também é inflexível no que diz respeito a ter pouca tolerância diante de comportamentos que não estão de acordo com os valores declarados da organização.

"A cultura é como um círculo, e as grandes empresas não toleram que um superastro saia fora do círculo", diz ele. "Posso ter o maior vendedor do mundo, ou o maior gerente de *marketing*. Se saírem do círculo, eles têm de ir embora, porque isso é uma ameaça direta à confiança na cultura que você está procurando desenvolver. E é impossível realizar um projeto ou partir numa cruzada sem contar com a confiança total de todos que estão participando dessa missão com você."

Moldar valores

Enquanto cada líder descreve os valores de sua organização – e o processo para alcançá-los –, é importante observar as diferentes formas que as empresas utilizam para criá-los e depois reforçá-los.

A seguir, Steve Stoute descreve o método utilizado por ele na Translation LLC e na Carol's Daughter:

"Fazer o que se diz é um valor importante. Não é possível haver gente na empresa que diz coisas mas que não tem a intenção de agir de acordo com o que diz. Elas podem estar bem-intencionadas quando falam, mas a coisa morre ali. Você precisa descobrir imediatamente quem são essas pessoas, porque isso prejudica o crescimento da organização. Portanto, eu faço com que as pessoas aceitem a ideia de que não se pode simplesmente sair por aí dizendo coisas que não se pretende cumprir; temos de realmente fazer o que dizemos que vamos fazer.

"Outro valor importante é que as pessoas têm de ter uma área de interesse principal e uma secundária. Não quero que a pessoa utilize apenas sua formação acadêmica junto aos colegas de trabalho. Se ela é fotógrafa, DJ ou blogueira, quero que essas habilidades façam parte do trabalho que a pessoa realiza dentro da empresa. Como diretor de uma empresa cujo foco é a cultura e a compreensão da cultura, preciso que todos os membros da organização tenham uma área de interesse principal e uma secundária. Elas estão unidas entre si, e ambas fazem parte do processo criativo.

"Assim, na Carol's Daughter alguém podia trabalhar no atendimento ao cliente e seu interesse secundário ser fotografia. Quero ouvir sua opinião quando formos examinar a questão da embalagem ou a maneira de colocar o produto no mercado. Penso que isso é extremamente importante. Se existe gente em sua organização que se mantém ligada com a cultura, você tem de recompensá-la por trazer isso para o local de trabalho. A maioria das empresas não quer saber o que seus funcionários fazem 'nas horas vagas'. Eu quero que aquilo que você faz nas horas vagas seja parte do crescimento da organização. Isso desenvolve a camaradagem dentro da empresa.

"Além do mais, as ideias podem surgir de qualquer lugar, e nenhuma delas traz uma etiqueta. Embora, como CEO, eu seja o editor-chefe da empresa, quero que as ideias venham de qualquer um. Na verdade, burocratizar uma ideia é matar a organização. Eu sempre digo a todos: se você tem uma grande ideia, se está entusiasmado com ela e se ela é razoável, e se não consegue fazer com que seu chefe a ouça, então deve pedir demissão. Esta não é uma organização que lhe permitirá prosperar. Você sabe por que tantas empresas deixam escapar pessoas extremamente talentosas? Porque, como não existe um espaço no qual elas possam ser ouvidas, elas ficam frustradas e vão embora."

Lars Björk, CEO da empresa de *software* QlikTech, explica os cinco valores de sua empresa e como ela recompensa as pessoas que melhor reproduzem o comportamento esperado:

"O primeiro é 'Desafio', porque nós somos uma empresa transgressora. Sempre desafie o convencional, porque, se você acompanhar os outros, na melhor das hipóteses será o número dois. E, se quiser vencer, você vai ter de descobrir seu próprio caminho até o topo. Na QlikTech nós desafiamos um ao outro, porque, se você for uma pessoa acomodada, não vai sobreviver.

"O segundo é 'Aja rápido', porque estamos construindo uma empresa de crescimento ultrarrápido. Tudo bem cometer erros, só não cometa os mesmos erros sempre. Aprenda com eles. O terceiro é 'Seja franco e direto'. Isso significa simplesmente ser franco quando achar que algo está errado. Nós escutamos todo mundo. É importante colocar as cartas na mesa, porque alguém pode ter algo brilhante a dizer. Porém, quando deixamos a sala com uma decisão tomada e seu ponto de vista não foi incorporado na decisão, ainda assim você tem de respeitá-la.

"O quarto é 'Trabalho de equipe em prol de resultados'. O indivíduo não importa. O que importa é a equipe, a força da equipe. Quando seu círculo de relacionamentos aumenta e você conversa com pessoas de todas as origens, você aprende bastante, porque existem muito mais semelhanças entre as culturas do que se imagina.

"O quinto é 'Assuma a responsabilidade'. Você foi autorizado a participar de algo muito maior que um simples cargo, mas com isso vem também uma certa dose de responsabilidade. E, se quiser crescer rápido, você tem de incutir no DNA das pessoas a ideia de consciência de custos. É por isso que nós ainda viajamos de ônibus.

"Todo ano, na conferência anual da empresa, nós atribuímos prêmios a cada uma das cinco categorias. Os funcionários indicam pessoas em cada categoria, e elas então se tornam embaixadoras daquele valor durante o ano seguinte. Pode ser um indivíduo ou uma equipe. Se a gente não vive isso dia e noite, ele desaparece."

Robert LoCascio, CEO da empresa de *software* LivePerson, conta por que sentiu a necessidade de sistematizar os valores em sua empresa e como teve de abrir mão do processo para desenvolvê-los. Vale a pena observar que a empresa conseguiu reduzir seus valores a apenas dois, e que muitos funcionários saíram da empresa depois que os valores foram definidos.

"Os dois últimos anos representaram uma verdadeira mudança", disse LoCascio. "Nós temos um faturamento de cerca de cento e sessenta milhões, mas quando ele bateu na casa dos cem milhões e nós tínhamos uma equipe de quinhentos funcionários, percebi que estavam acontecendo coisas na empresa que poderiam nos prejudicar seriamente ao longo prazo. Nós havíamos começado a ficar um pouquinho burocráticos. Você começa a acrescentar níveis intermediários de gerência. Daí esse peso morto se instala, com o único objetivo de assegurar que todos façam seu trabalho. O que acontece então é que vão surgindo panelinhas, e os gerentes querem ter controle da situação. As brigas internas começam, e as pessoas passam a se preocupar mais com salas e cargos. Porque elas perguntam: 'Como tudo aqui é muito hierarquizado, como é que eu subo na empresa?'

"Eu me lembro de um momento em particular. As baias ficavam no meio, e as salas do lado de fora. Eu passei por uma sala e percebi que nela havia duas pessoas que antes ficavam nas baias. Então eu perguntei: 'Por que vocês foram trazidos para uma sala? Vocês estavam nas baias fora daqui.' E eles responderam: 'Bem, agora nós somos diretores, e diretores têm direito a salas.'

"Até aquele momento, eu nunca acreditara em cultura nem em valores fundamentais. No entanto, comecei a refletir bastante, porque não estava muito satisfeito com o que acontecia na empresa. Eu vira coisas que me fizeram perceber que estávamos ficando extremamente conservadores. Comecei a passar mais tempo em algumas outras empresas; isso me fez perceber, como fundador, que se eu saísse da empresa ela poderia se transformar num lugar totalmente diferente por causa do novo grupo de dirigentes. E é isso que acaba com as empresas. Então eu pensei que os valores eram a única maneira de manter a empresa sustentável a longo prazo. Finalmente eu disse: 'Está na hora de começar a mudar a empresa.' Cheguei um dia e pedi a todos os diretores que deixassem suas salas – foi o início de um doloroso processo de mudança.

"Convidei todos a participar do processo e passei as coordenadas gerais. Lembro que convoquei a empresa e disse: 'Sabem de uma coisa? Nós realizamos coisas incríveis. Em cinco anos passamos de vinte milhões de dólares de faturamento para cem milhões de dólares. Deveríamos estar orgulhosos e nos dar os parabéns. E agora, para seguir em frente, precisamos criar um ambiente novo, uma empresa nova. Reconheçamos que devemos fazer isso como uma equipe, como uma empresa.'

"De modo que acabamos indo para Israel, onde fica nosso centro de pesquisa. Todos os funcionários vieram, mais de trezentos. Eu me lembro que algumas pessoas disseram: 'Não quero ir. Isso é chato.' Houve muita discordância. No entanto, todos compareceram, e assim passamos três dias fazendo uma avaliação da cultura da empresa. Dividimo-nos em grupinhos de vinte e sentamos em círculo. No primeiro dia as pessoas comentavam: 'Não sei o que está rolando aqui; é um pouco estranho. Parece que a gente está num acampamento de escoteiro.' Naquela altura, nós tínhamos quarenta valores fundamentais – inovação, cliente em primeiro lugar, todos os previsíveis e, além deles, mais uma penca. No segundo dia, então, começamos a refletir um pouco mais sobre o significado daquilo tudo. Acabamos chegando a dois valores fundamentais:

'Aja como se fosse o dono' e 'Ajude os outros'. 'Aja como se fosse o dono' significa agir individualmente como proprietários que estejam dirigindo a empresa; e 'Ajude os outros' significa que é preciso refletir e entender que somos uma comunidade. Não podemos ser egoístas. E foi assim que acabamos chegando aos nossos valores fundamentais. Foi um processo realmente fascinante.

"Ao longo de um ano e meio, cerca de cento e vinte funcionários saíram da empresa, e, no final, eu acabei trocando aproximadamente três quartos da gerência. Metade foi demitida, e metade pediu demissão. O interessante é que, quando a gente se reunia, alguém dizia: 'Você não está permitindo que eu aja como se fosse o dono.' Ou um funcionário chegava para mim e dizia: 'Vou sair da empresa porque não gosto disso. Não consigo assumir o lugar do dono. Gosto que me digam o que fazer.'"

Enquanto LoCascio envolveu sua equipe no processo, Kip Tindell, fundador e CEO da The Container Store, criou ele mesmo os valores nas etapas iniciais da empresa.

"Estudei muito filosofia na Escola Secundária Jesuíta de Dallas", disse ele. "Uma coisa que realmente me surpreendeu foi que a maioria das pessoas parece achar que o código de conduta nos negócios é diferente do código de conduta na vida pessoal. Sempre acreditei que não deveria haver diferença. Temos, então, o que chamamos de princípios básicos. Conversamos bastante sobre eles e enfatizamos sempre sua importância. Embora sejam meio cafonas, um pouco parecidos com a Regra de Ouro, esses princípios provocam duas coisas. A primeira é que eles fazem com que as pessoas atuem como se fossem uma só. Muito embora tenhamos dado uma espécie de carta branca para as pessoas escolherem os recursos que vão utilizar para alcançar os objetivos, estamos todos de acordo quanto aos objetivos. E são os princípios básicos que produzem isso. Como resultado, as pessoas se sentem livres para escolher o recurso que quiserem para alcançar os objetivos; no entanto, não vira bagunça, porque nossos princípios básicos nos mantêm unidos. Quando você começa um negócio, você tem muita coisa a seu favor e tem a oportunidade de moldar o seu negócio à sua filosofia.

"O modo como criamos um lugar em que as pessoas façam questão de trabalhar leva em conta primeiramente dois aspectos fundamentais. Um dos princípios básicos é que liderança e comunicação são a mesma coisa. Comunicação é liderança. Assim, nós acreditamos que se deve procurar comunicar incansavelmente tudo a todos os funcionários o tempo todo. Nós somos muito abertos. Compartilhamos tudo. Acreditamos na completa transparência. Não há razão, acreditamos, para sonegar informação aos funcionários, exceto quanto ao salário de cada um.

"Um dos outros princípios básicos é que um funcionário excepcional pode facilmente ser tão produtivo quanto três bons funcionários. Um profissional excepcional equivale a três bons profissionais. Se você realmente acreditar nisso, muita coisa acontece. Procuramos pagar de cinquenta a cem por cento acima da média do setor. Isso é bom para o funcionário e é bom para o cliente, mas é bom para a empresa, também, porque obtemos o triplo de produtividade com somente o dobro do custo da mão de obra.

"Outro princípio está relacionado à intuição. Nós pedimos, imploramos e procuramos fazer com que os funcionários acreditem que existe de fato um lugar para a intuição na força de trabalho. Afinal, a intuição nada mais é que a soma das experiências de vida de alguém. Portanto, por que deixá-la em casa quando sai de manhã para trabalhar? Talvez o princípio mais importante seja este: dê tudo aquilo de que a pessoa precisa e você verá como fica fácil ganhar dinheiro. É mais ou menos o oposto do jogo de soma zero; significa criar um relacionamento mutuamente vantajoso com todos aqueles com quem trabalhamos."

Embora, obviamente, seja muito mais fácil começar do zero, novos líderes também podem introduzir valores explícitos em empresas com uma longa história. Cathy Choi, presidente da fabricante e distribuidora de produtos de iluminação Bulbrite, resolveu formalizar os valores do negócio da família que seus pais haviam dirigido durante décadas.

"Uma das primeiras coisas que eu fiz quando me tornei presidente foi desenvolver uma cultura planejada. A empresa era pequena, e eu respondia ao meu pai. Porém, durante o processo de transição, fiz, de comum acordo com ele, um esforço para que a líder fosse a empresa, não eu nem ele. Trouxemos um consultor para apresentar uma oficina para toda a empresa sobre nosso sistema de valores.

"A oficina começou com o conceito de que os valores são realmente pessoais. Perguntamos: 'O que você adora fazer quando não está trabalhando?' Se alguém respondia 'cozinhar', então perguntávamos por quê. Talvez elas apreciassem a criatividade da coisa, ou o excelente resultado. Escrevemos os diversos valores no quadro e começamos a perceber que havia alguns padrões.

"Um monte de gente considerou integridade importante. O mesmo aconteceu com espírito de equipe – eles realmente gostavam de confiar uns nos outros e de se dedicar aos outros. Assim, conseguimos extrair dez expressões ou valores daquele exercício; em seguida fomos cortando, até reduzi-las a um acrônimo: BE BRITE [SEJA BRILHANTE]. Cada uma das letras representa um valor importante para nós. De modo que, quando vamos contratar alguém, procuramos gente que esteja alinhada com aquele sistema de valores. As pessoas que não estavam alinhadas acabaram saindo.

"O 'B' é de Bulbrite [nome da empresa]. O 'E' é de excelência em tudo que fazemos. O segundo 'B' [better] é a melhor maneira de fazer as coisas – ou 'Be innovative' [Seja inovador]. O 'R' é de relacionamento, e o 'I' é de integridade. O 'T' é de Team [equipe]. E o 'E' é de educar a si próprio e os outros. Procuro pessoas que queiram aprender e crescer. Chegamos então a uma lista dos comportamentos aceitos que servem de suporte ao sistema de valores, escrita por cada membro da equipe.

"Uma vez por mês homenageamos o funcionário que mais se pauta pelos valores. Quem indica são os próprios funcionários. No final do mês, damos uma olhada em todas as indicações. E no final do ano, dentre todos os doze vencedores, escolhemos o vencedor do ano. Todos escrevem algo dizendo por que acham que a pessoa merece vencer. No dia da festa, o ganhador tem de ficar ali de pé e ouvir todas as coisas que os colegas disseram a seu respeito. Não se pode obrigar ninguém a dizer coisas sobre outras pessoas. Isso vem simplesmente do fato de elas viverem os valores."

Victoria Ransom, CEO da Wildfire, empresa de *software* de *marketing* para mídias sociais, disse que precisou fazer algumas experiências antes de decidir quais seriam os valores da empresa.

"Bem no começo da empresa, quando tínhamos cerca de vinte funcionários, tentamos sistematizar esses valores, mas não conseguimos ir muito longe porque parecia forçado", disse ela. "Porém, quando a empresa cresceu, passamos a esperar muito dos funcionários – que eles chegariam e descobririam por osmose quais eram nossos valores. Mas não seria melhor se a gente simplesmente contasse para eles? Os valores já existem, mas vamos deixar claro o que eles significam, particularmente porque é preciso que os novos funcionários – que também são responsáveis pela contratação de outras pessoas – realmente conheçam esses valores.

"Outro motivo foi que tivemos de demitir alguns funcionários porque eles não se importavam com os valores. Se é para agir assim, é muito importante deixar claro o significado dos valores. Penso que uma das formas mais importantes de demonstrar que dávamos importância aos nossos valores foi quando tivemos de tomar decisões com relação às pessoas, especialmente quando um funcionário excepcional por algum motivo transgrediu realmente nossos valores e nós tivemos de tomar uma atitude. Acho que isso fez os funcionários sentirem que a empresa era de fato coerente. Como nós também queríamos introduzir um procedimento de avaliação mais formal, era preciso deixar claro o que estávamos avaliando quando fôssemos analisar se eles estavam respeitando a cultura da empresa.

"Alain Chuard, cofundador da empresa, e eu passamos o fim de semana pondo no papel o que valorizamos na equipe da Wildfire. Então eu literalmente sentei com cada um dos funcionários da empresa, em pequenos grupos, e obtive o *feedback* deles – do que você gosta, do que não gosta, vamos fazer um pequeno ajuste aqui ou ali. Os valores de algumas empresas realmente estão relacionados àquilo que elas representam. Nossa abordagem tinha mais a ver com aquilo que procuramos nas pessoas. Paixão foi um valor muito importante. Espírito de equipe. Humildade e integridade. Coragem, no sentido de defender o que se pensa – se você tem uma grande ideia, conte pra gente, e, se discorda de alguém na sala, manifeste-se. Curiosidade também foi um deles. Nós realmente estimulamos as pessoas a questionar o tempo todo, a se manter informadas sobre o que está acontecendo no nosso negócio e tomar conhecimento do que os outros estão fazendo na empresa. Além disso, esperávamos derrubar os muros que põem 'eles contra nós'. Impacto – foi realmente a tentativa de obter um valor que temos na empresa, que é o de medir se a pessoa está tendo impacto. E o último valor, embora mais voltado para fora, foi: 'Faça o bem e aja corretamente com os outros.'

"No final, o processo foi muitíssimo mais difícil do que eu tinha imaginado. Quando me reuni com as pessoas para obter seu *feedback*, a maioria estava muito entusiasmada. As que não estavam certamente vinham de grandes empresas que já haviam passado por esse processo, por isso elas eram extremamente céticas. Penso que a melhor forma de corroer os valores de uma empresa é pôr em cargos de liderança pessoas que não seguem esses valores. Então tudo começa a desmoronar até que você toma uma atitude e afasta essas pessoas, o que faz com que os demais voltem a confiar nos valores e na cultura da empresa. Você vê que as pessoas ficam mais felizes."

Chris Barbin, CEO da empresa de computação nas nuvens Appirio, costuma fazer perguntas a seus funcionários a respeito de um dos principais valores da empresa para ressaltar sua importância:

"Existem três valores que buscamos quando contratamos alguém e três valores que compete a nós", disse ele. "Os valores que buscamos são: confiança, profissionalismo e massa cinzenta – como na pergunta: 'Quão inteligente é você?' Os outros três são clientes, equipe e diversão. Este último é realmente fundamental – se você não está se divertindo regularmente em oito de cada dez dias, você precisa dizer alguma coisa. Não pode simplesmente esperar que seu gerente adivinhe que você não está se divertindo.

"Eu me disponho a ajudar um grande número de funcionários. Uma das primeiras perguntas que faço é: 'Você está se divertindo?' Eu consigo ver isso em seus olhos, ouvir isso em suas vozes. Eu simplesmente pergunto: 'Neste exato momento, qual sua proporção de dias divertidos? Seis, oito, nove, quatro em cada dez? Se a reposta for quatro, qual o motivo?' Isso me ajuda a chegar às origem das causas, já que é uma coisa bem fácil de ser lembrada pelas pessoas."

Símbolos e histórias também são formas eficazes de reforçar os valores. Andrew M. Thompson, CEO da empresa de biomedicina Proteus Digital Health, utiliza ambos.

"Em nossa empresa, a cultura é algo realmente importante", disse ele, "e temos um sistema de valores baseado na qualidade, no trabalho em equipe e na liderança. Uma das atividades decorrentes desse modelo cultural é a ideia de que os funcionários podem demonstrar aprovação uns pelos outros – grupos ou equipes podem aprovar outros funcionários, ou ser por eles aprovados, por fazerem coisas que revelem explicitamente esses valores.

"Funciona assim. Os empregados indicam seus colegas; se a indicação é aceita – e geralmente é –, então, numa reunião da empresa, quem fez a indicação se levanta e conta uma história que revela o comportamento incrível do colega ou da equipe de colegas (e relata o feito extraordinário), um exemplo de um excelente trabalho em equipe ou de capacidade de liderança.

"As pessoas homenageadas recebem uma medalha de ouro de cerca de sete gramas, que elas podem guardar como troféu ou vender por alguns dólares. Além disso, as pessoas responsáveis pela indicação são convidadas para jantar fora. O que me agrada nas indicações é o fato de elas serem feitas pelos próprios funcionários, não pela direção. Elas promovem o que eu chamaria de reciprocidade. As pessoas passam um tempo enorme nas organizações preocupadas com a hierarquia. As organizações melhores, mais fortes e mais funcionais são aquelas em que os relacionamentos horizontais são realmente eficazes e em que as pessoas confiam umas nas outras, trabalham umas com as outras, apoiam umas às outras, ajudam umas às outras, se dão as mãos e seguem em frente juntas. É preciso criar um nível bastante alto de confiança, e uma organização em que os funcionários se respeitem, em que as pessoas trabalhem umas com as outras e em que o reconhecimento do valor dos funcionários seja feito por eles próprios, não pela diretoria."

Russell Goldsmith, o ex-executivo da indústria cinematográfica que é o CEO do City National Bank de Los Angeles, implantou um programa de recompensas, inspirado no *American Idol*, que usa histórias para reforçar os valores do banco.

"A gente fala muito em histórias. Elas são um elemento realmente importante do modo como transmitimos e consolidamos a cultura, e do modo como recompensamos o comportamento", observa Goldsmith. "Talvez seja porque eu venha da indústria do entretenimento. Se você tivesse me falado de um projeto quando eu estava na Republic Pictures, eu teria dito que o importante era a história. No cinema, se o roteiro não é bom, esqueça. Uma das coisas que eu percebi no City National é que aqui existe uma grande quantidade de histórias a serem contadas. Se você for pesquisar no City National, uma das histórias que encontrará é a do sequestro do filho do Frank Sinatra. Al Hart, o primeiro CEO, que era um grande amigo de Frank Sinatra, ficou célebre por ter aberto o cofre num sábado e retirado o dinheiro do resgate. Embora isso tenha acontecido no início dos anos 60, até hoje ainda se fala da história. É um motivo de orgulho.

"Contratamos consultores para ensinar às pessoas como compartilhar de forma mais organizada histórias que destaquem a cultura. Inventamos uma coisa chamada 'História de um Ídolo', e todo trimestre acontece uma disputa entre as setenta e nove filiais. Além de ser uma forma de estimular os colegas e de deixá-los em destaque por seu bom desempenho, isso democratiza e descentraliza o reforço positivo. Depois, numa grande reunião com as trezentas pessoas mais importantes da empresa, tem lugar a disputa anual da História de um Ídolo. As pessoas contam histórias que mostram o que elas fizeram para estimular o trabalho de equipe ou aquele algo a mais para ajudar um cliente. É como contar histórias em volta de uma fogueira de acampamento, só que fazem isso em volta de uma mesa de reunião.

"A História de um Ídolo é toda *online*, pela intranet. As pessoas inscrevem as histórias – são entre cinquenta e cem por trimestre. É uma participação livre, e as pessoas votam na melhor. Todos os que inscreveram as histórias ganham iPads. Os vencedores – os colegas escolhidos por terem feito um esforço extra para ajudar os clientes – são recompensados com uma significativa soma em dinheiro. Mas o que mais importa é o reconhecimento e o respeito de seus pares quando você está no palco diante de trezentas pessoas."

Para reforçar os valores, Mark Templeton estimula os funcionários da Citrix a utilizá-los para fazer a triagem dos candidatos durante o processo de contratação e para chamar a atenção dos colegas a respeito de um comportamento que esteja em desacordo com tais valores.

"Transmita os valores", disse ele, "torne-os simples e inteligíveis; depois, sempre que perceber uma transgressão, seja ela qual for, dê destaque ao ocorrido. Peça a todos que ajam assim se presenciarem uma transgressão, e faça com que todos se responsabilizem por isso, incluindo seu gerente e seus colegas. Além disso, eu também mostro às pessoas que a participação de todos é necessária porque todos fazem parte da equipe de seleção. Desse modo, elas têm de compreender os valores porque os candidatos passarão pelo filtro com um grande currículo e todas as habilidades, mas será que eles demonstraram que possuem as características culturais adequadas?"

Inúmeros líderes adotaram expressões inteligentes que são assimiladas e repetidas pelos funcionários. Dentre as inúmeras outras vantagens, essa forma de comunicação rápida reforça continuamente um valor importante da empresa.

"Na LinkedIn, por exemplo, "próximo lance" virou o mantra não oficial da empresa, diz o CEO Jeff Weiner. "Eu tomei-o emprestado do Treinador K [Mike Krzyzewski] do Duke Blue Devils", recorda-se. "Toda vez que o time de basquete evolui pela quadra e completa uma sequência – ofensiva ou defensiva –, seu treinador grita sempre a mesmíssima coisa: 'Próximo lance!' Isso porque ele não quer que o time fique ligado muito tempo no que acabou de acontecer. Ele não quer que eles fiquem comemorando a incrível ponte aérea seguida de uma enterrada, nem que fiquem se lamentando porque o time adversário roubou a bola, deu um rápido contra-ataque e fez um arremesso fácil usando a tabela. Você pode, e provavelmente deve, refletir um pouco sobre o que aconteceu, mas não deve se demorar demais, e sim pensar no próximo lance."

Ben Lerer, CEO da Thrillist Media Group, que administra *sites* de estilo de vida e de produtos masculinos, disse que uma frase repetida frequentemente em sua empresa é "Não espere".

"O que isso significa é: não espere que alguém faça algo por você", disse ele. "Não faça algo noventa por cento bem na esperança de que no fim tudo vai dar certo. Não dependa da sorte. Você tem de promover sua própria sorte. A única coisa que você pode fazer é tentar dar o máximo de si para fazer a coisa certa. Então, se não funcionar, você saberá que não existe mais nada que possa fazer. O único momento em que você pode se arrepender de verdade é quando não fez tudo que podia. Eu pretendo nunca esperar, embora o faça como todo mundo. Simplesmente é importante saber que você está dando o máximo de si para chegar aos cem por cento, dedicação total, e que está completamente atento a isso.

"A expressão provavelmente surgiu há cerca de cinco anos, quando alguém me perguntou: 'Qual o melhor conselho que você daria a um empreendedor?' A primeira ocasião em que a empreguei foi quando o negócio estava bem no começo, quando não havia ninguém em quem botar a culpa, quando a equipe inteira era composta de quatro ou cinco pessoas e eu tinha de resolver tudo sozinho."

Na distribuidora de produtos de saúde Medline Industries, os funcionários costumam ouvir o presidente, Andy Mills, dizer às pessoas que elas "têm de beijar um monte de sapos".

"Isso quer dizer que às vezes pensamos que vamos chegar a um beco sem saída, mas você nunca sabe", disse ele. "Pode ser que o sapo acabe virando príncipe. Vamos imaginar que estamos numa reunião quando vem alguém e me pergunta: 'O que você acha disso?' E eu respondo: 'Você tem de beijar um monte de sapos.' Se eu não usei essa expressão, eu provavelmente diria que isso é um tiro no escuro, mas quem sabe? Não quero que as pessoas se sintam mal por tentarem algo que não funcione. Portanto, esse é o meu jeito de dizer que nem tudo vai funcionar."

Chris Cunningham, CEO da empresa de *marketing* em mídia social Appssavvy, começou a usar a palavra "arraso" nos escritórios, que foi logo adotada pelos outros.

"É só uma palavra que eu usei – Nós vamos arrasar. Este ano vamos arrasar", disse ele. "Penso que não existem tantas palavras assim que incorporem a sensação de confiança, de que vamos partir com tudo. Além do mais, esse é o tipo de coisa que as pessoas gostam de ouvir. Penso que liderar significa, em parte, dizer: 'Vou para a luta com você.' Seja qual for o motivo, 'arraso' parece representar a essência do que vamos fazer. Vamos arrasar a concorrência. Não passa muito tempo e você ouve alguém dizer 'arraso'. Daí as pessoas passam a assinar o *e-mail* com a palavra 'arraso'. Mais um pouco, você vai a uma reunião e ouve três pessoas dizendo que vão arrasar. Hoje já faz parte da nossa cultura. É curioso como uma única palavra está presente em tudo que fazemos. As pessoas querem essa energia."

Marcus Ryu, CEO da Guidewire, empresa que desenvolve *softwares* para o setor de seguros, diz que procura implantar a cultura da aceitação da adversidade:

"Foi muito difícil chegar aqui, e deveríamos nos alegrar por ter sido difícil. Nossos produtos são difíceis de criar. Tudo é difícil", disse ele. "Assim, a expressão que eu criei para isso é 'cavamos túneis no granito'. Digo que para chegar até aqui cavamos granito, e ainda há muito granito para cavar. Isso nunca vai ter fim. Então, você tem de decidir: você aprecia, verdadeiramente, cavar granito ou não quer fazer parte disso? Porque tudo que eu posso lhe oferecer é uma quantidade infinita de granito. As pessoas têm dito, você sabe, isso é meio triste. É como se você dissesse que só existe sangue, suor e lágrimas para sempre, para toda a eternidade. De modo que eu procurei esclarecer um pouco as coisas."

Como demonstram todos esses exemplos, não existe um conjunto "certo" de valores para uma organização, nada que se sobressaia como o melhor método. Os valores têm de surgir de uma forma que não pareça forçada, para que reflitam as personalidades e as crenças da equipe dirigente e a cultura coletiva da organização. Não devem ser impostos à empresa, ou provavelmente serão rejeitados como um transplante de órgão que não deu certo. Devem ser usados como motivo para demitir as pessoas que os transgridam claramente. Além disso, os dirigentes devem se certificar de que suas próprias atitudes reflitam os valores, ou eles estarão correndo o risco de criar uma profunda sensação de cinismo entre seus trabalhadores.

Valores são provavelmente a manifestação mais explícita da cultura, um código de conduta com o qual todos podem concordar. Sem eles, as empresas perderão o rumo, disse Charlotte Beers, ex-CEO da Ogilvy & Matter Worldwide.

"Cultura tem a ver com a forma como fazemos as coisas por aqui", disse ela. "Descobri que na maior parte do tempo a cultura é informal e interpretada de maneira instintiva. A coisa mais perigosa é uma empresa sem cultura, quando um sujeito se refere a ela de um jeito e uma mulher se refere a ela de outro. Então, o que você tem é uma empresa sem direção."

4.

UM POUCO DE RESPEITO

> *É realmente difícil trabalhar em organizações nas quais quem ocupa o poder tem uma postura ditatorial. Isso cria um ambiente inseguro e deixa os colaboradores na defensiva.*
>
> – Bob Brennan, ex-CEO da Iron Mountain

A menos que você seja um dos poucos afortunados que existem, você teve pelo menos um chefe desagradável ao longo dos anos, alguém que criticava seu trabalho de forma exagerada e injusta, e que possivelmente até o humilhou diante dos colegas. Todos nos lembramos desses momentos como se fossem hoje. Muitos CEOs trabalharam com um chefe antipático quando eram mais jovens, e a experiência influenciou profundamente seus princípios de liderança. Eles querem criar uma cultura de respeito porque sabem que se houver a cultura do medo no local de trabalho as pessoas vão deixar de trabalhar e passarão a fazer apenas o mínimo necessário.

Richard R. Buery Jr., CEO da Children's Aid Society, disse que uma experiência ruim com um antigo supervisor forneceu-lhe uma motivação extra para buscar uma posição de liderança, de modo que pudesse influenciar a cultura.

"Uma lição de liderança que eu aprendi – e que entra na categoria do "óbvio" – é a importância decisiva de ser uma boa pessoa e tratar bem os outros", disse ele. "Eu me lembro de que, em um dos dois empregos temporários de advogado que tive, havia uma chefe que chamava minha atenção na frente dos colegas. E embora eu ache que ela estava fundamentalmente errada, a questão não era essa. Como colega, ela deveria ter suficiente consideração por mim para chegar, conversar comigo – mesmo sendo chefe – e dizer: 'Olhe, precisamos ter uma conversa particular. Eu acho que você deveria ter feito isto, mas você não fez.' E aquilo nunca mais me saiu da cabeça.

"Para ser sincero, um dos motivos pelos quais eu queria ser empresário é que não queria mais ter chefes desagradáveis. Queria criar um ambiente em que não fosse normal tratar as pessoas daquela forma. Embora isso se aplique a qualquer setor, penso que se aplica especialmente ao meu setor, das organizações sem fins lucrativos. As pessoas trabalham demais, ganham pouco e têm pouco prestígio. A pessoa deve ser respeitada pelo trabalho que faz, e eu estou profundamente convencido disso. Agrada-me o fato de que minha função seja assegurar que as pessoas valorizadas sejam aquelas que tratam bem as outras."

Shellye Archambeau, CEO da MetricStream, empresa que ajuda as organizações a cumprir normas de procedimento, disse que experiências anteriores lhe ensinaram que, para as pessoas darem o melhor de si no trabalho, é importante haver uma cultura do respeito.

"Eu certamente já estive em lugares cuja cultura era terrível", disse ela. "Certa vez trabalhei numa empresa em que a pessoa passava por uma série de entrevistas para ser contratada. Além disso, depois de ter sido contratado, você ainda tinha de provar alguma coisa antes de ser aceito pelas pessoas. Portanto, o que acontece nesse tipo de ambiente é que o medo ocupa um espaço maior do que deveria.

"Não penso que as pessoas tenham um bom desempenho quando existe medo. Pode ser que elas não estejam fisicamente com medo, mas sentem medo. E quando as pessoas sentem medo, a química do seu corpo se modifica. É simplesmente impossível você ser bem-sucedido nesse tipo de ambiente. Eu acredito que os melhores ambientes permitem que as pessoas realmente deem o melhor delas, e você ainda tem clareza a respeito do que se espera de você."

Ben Lerer, do Thrillist Media Group, também teve uma experiência ruim com um antigo chefe que moldou imediatamente seus conceitos de cultura.

"Num emprego anterior, havia um gerente que me tratava muito mal", lembrou ele. "Em parte o problema tinha a ver com o fato de que, por ser jovem e imaturo, eu meio que cheguei no Primeiro Dia, depois de sair da faculdade, com aquela postura de 'Onde fica a minha sala?'. Basicamente, porém, eu não gostava de ir trabalhar por causa do modo como era tratado; meu trabalho sofria com isso, e eu não tinha mais confiança no que estava fazendo. E, no final das contas, foi isso que me fez tomar a decisão de ir embora.

"Eu me lembro de ter sido humilhado publicamente inúmeras vezes. Eu mandava uma planilha de Excel em que o primeiro e o último nomes não estavam classificados em campos separados, e ele enviava um "Responder a todos" para a empresa inteira dizendo o quanto eu era estúpido e o quanto era ruim no Excel. Eu me lembro de inúmeras situações em que, por mais que eu me esforçasse, ele me fazia sentir inferior e estúpido. Como tinha acabado de sair da faculdade, não conseguia realizar algumas das tarefas que me passavam, mas fazia o melhor possível. E quando esse esforço não era suficiente, eu dizia pra mim mesmo que eu era muito estúpido, essencialmente.

"Eu me lembro de dizer: 'Não quero jamais fazer alguém se sentir assim. É horrível.' E isso me fez pensar: não quero me ver novamente numa situação assim. Quero criar uma situação melhor para mim. Então, é assim que nós procuramos agir. E acredito que, considerando caso a caso, os sucessos são mais numerosos que os fracassos."

David Rock, do NeuroLeadership Institute, explica por que o medo e a humilhação no local de trabalho afetam tanto as pessoas e por que muitos CEOs se referem à "cicatriz" que se formou a partir dessas experiências.

"Nos últimos dez anos foram realizadas inúmeras pesquisas que revelaram que as coisas que provocam as ameaças e as recompensas mais duradouras têm origem social", disse ele. "E as ameaças e recompensas sociais ativam o chamado centro primitivo de ameaças e recompensas do cérebro, que, na verdade, é o centro da dor e do prazer. E foi uma enorme surpresa descobrir que o fato de alguém se sentir excluído de uma atividade, por exemplo, ativa as mesmas regiões do cérebro que teriam sido ativadas no caso de esse alguém encostar a mão num prato quente.

"Portanto, não se trata apenas de uma metáfora dizer que as suscetibilidades sociais são uma espécie de sofrimento. Elas utilizam a mesma rede cerebral que a dor. Se o chefe o humilha diante de um grupo de pessoas, cada vez que você se lembrar disso – pelo resto da vida –, irá sofrer novamente. É a cicatriz."

O desafio – e a oportunidade – dos líderes é criar uma cultura na qual os funcionários compreendam que tratar os colegas com respeito é um valor fundamental.

Dar o tom

Robin Domeniconi, ex-responsável pela imagem de marca do Grupo Elle, disse que utiliza a expressão "IMR" como um alicerce cultural.

"Penso que grande parte do meu sucesso com as equipes foi construída em torno da ideia de que nenhum de nós é dono de nada", disse ele. "Estamos todos juntos aqui. Assim, qualquer coisa que você faça, estamos todos aqui para trabalhar juntos como um grupo. Você tem de ser capaz de completar as frases dos outros. É preciso estar nisso juntos. Todos queremos o mesmo resultado.

"Aprendi uma lição com uma sigla chamada IMR, que significa "a interpretação mais respeitosa" daquilo que alguém lhe diz. Não preciso que sejam todos amigos, mas preciso que minha equipe tenha IMR. Desse modo, você pode dizer qualquer coisa para qualquer um, desde que o diga da maneira certa. Talvez você precise fazer uma introdução como: 'Só por curiosidade, gostaria de entender melhor o que você está dizendo. Neste exato momento, tenho um ponto de vista muito diferente. Então, você poderia me ajudar a entender por que não quer fazer isso, ou por que queria fazer isso?'

"Se você convencer as pessoas a conversar umas com as outras e a se desafiar, poderá chegar à decisão certa com muito mais rapidez e facilidade. No meu caso, eu simplesmente crio um ambiente de respeito. Não motivo as pessoas por meio do medo, mas com frases como estas: "Vamos vencer. Vai ser muito divertido descobrir como! Vamos descobrir juntos." Acho que meu jeito de administrar está muito próximo da ideia de que somos todos crianças e realmente vulneráveis. Porque nós somos vulneráveis e todos realmente humanos. Isso tudo existe dentro de nós. Assim, se você se sensibiliza, compreende isso e sabe que a pessoa é inteligente, então precisa se esforçar para entender por que ela está se comportando daquele jeito. É preciso confiar em todos que trabalham com você – e isso vale também para os relacionamentos pessoais –, porque a única coisa que provoca desconfiança, a única coisa que provoca medo é não confiar ou não compreender algo. E, se você for capaz de falar sobre seus medos e desafios, e se confiar que todos que trabalham com você desejam alcançar o mesmo resultado, então o ambiente vai se criar sozinho. Isso de fato acontece."

Mark Templeton, da Citrix, vive repetindo um ditado em sua empresa de *software* para garantir que as pessoas sintam que sua opinião vale tanto quanto a de qualquer um, independentemente da posição que elas ocupem.

"Jamais confunda o sistema hierárquico, que é necessário para administrar uma estrutura complexa, com o respeito que as pessoas merecem. Porque é assim que muitas organizações perdem o rumo – quando confundem respeito com hierarquia e pensam que baixo nível hierárquico significa pouco respeito, e alto nível hierárquico, muito respeito. Assim, embora a hierarquia seja um mal necessário para administrar uma estrutura complexa, ela não tem nada a ver com o respeito que o indivíduo merece", disse ele.

"Se eu digo isso a todos o tempo todo, os funcionários da empresa, independentemente do cargo, se sentem à vontade para me mandar um *e-mail* ou para se dirigir a mim a qualquer momento e apontar algo – uma grande ideia ou um grande problema, ou ainda para pedir um conselho ou seja lá o que for."

Na empresa de tecnologia móvel 3Cinteractive, o CEO John Duffy fez do respeito um dos valores fundamentais. Ele disse que a política de tolerância zero com o comportamento desrespeitoso libera os colegas para que se policiem uns aos outros.

"Nós explicamos claramente a todos que, se existe algo que nossa cultura não admite, é brincar com o respeito. Não vamos permitir que esse mal se espalhe. Quando as fofocas feitas por alguém se tornam inconvenientes, controlamos e resolvemos o problema. Nem sempre despedimos a pessoa, embora às vezes seja necessário fazê-lo. Mas fazemos com que todos entendam que a razão pela qual a cultura funciona é esse respeito. Além do mais, existe um nível de bem-estar e uma sensação de segurança em nosso negócio", disse ele.

"Realizamos recentemente uma pesquisa bem detalhada com os funcionários. A gente não perguntou simplesmente: 'Você está satisfeito?' Fizemos onze perguntas sobre o grau de satisfação que deveriam ser respondidas numa escala de um a sete. A pergunta que me fez perder o sono durante uma semana foi: 'Você confia no John Duffy?' Eu não estava perguntando sobre a empresa nem sobre a missão; estava perguntando sobre mim. O que você sente por mim? Recebi mais de noventa por cento de respostas excepcionalmente favoráveis. É aí que tudo começa. Eu tenho de dar o exemplo tratando todos os funcionários corretamente, respeitosamente e de maneira apropriada.

"Quando eles são formidáveis, eu lhes digo que são. Quando cometem erros, isso não passa em branco. Contudo, é preciso agir da maneira certa. Com coerência. Com respeito. Sem gritar nem falar alto, mas assim: 'Nossa expectativa era esta, e foi aqui que você falhou. O que você acha que você necessita fazer para conseguir melhorar e isso não aconteça novamente?' É isso que cria uma cultura favorável. É isso que atrai pessoas incrivelmente talentosas."

Bob Brennan, ex-CEO da empresa de bancos de dados Iron Mountain, argumentou, de forma provocativa, que o modelo hierárquico tradicional de administrar empresas cria um ambiente "inseguro" para os trabalhadores – dificilmente o ambiente que você pretende criar se seu objetivo é fazer com que as pessoas se arrisquem.

"Acho que as empresas estão passando por uma transformação em que não há mais lugar para a liderança centralizada e hierárquica", disse Brennan. "O problema é que uma grande quantidade de dirigentes desconhece isso. Eles ainda reagem de acordo com o modelo antigo. Foi isso que eles aprenderam. Foi isso que viram nos filmes. É isso que viram ao longo da carreira.

"Portanto, é importante que organizemos um conjunto de parâmetros que explique: 'Queremos que vocês se comportem assim.' Por exemplo, nossos gerentes precisam pedir um *feedback* construtivo sobre seu desempenho junto aos seus subordinados. Não estamos falando de 360 avaliações uma vez por ano. Deve ser um diálogo constante e pessoal sobre 'Como posso aperfeiçoar minha atuação?' Se eu não peço esse *feedback*, estou criando um ambiente inseguro para você. E ele é, de fato, inseguro, se eu avalio seu trabalho mas não peço que você me ajude avaliando o meu. Disso se poderia deduzir que estou satisfeito com meu desempenho, embora esteja sentado aqui oferecendo um *feedback* construtivo ou destrutivo sobre seu desempenho. Não existe simetria na conversa. Você se sente seguro com isso? Não me parece seguro.

"Temos um conjunto de valores fundamentais que são importantes para nós, e a maioria deles gira em torno da sinceridade – para realmente gerar rapidez, pragmatismo e uma sensação de segurança. Como temos vinte e um mil funcionários, existem muitas pessoas gerenciando outras. Quais são as características que queremos que os líderes tenham? Queremos que eles demonstrem confiança e otimismo e deem *feedbacks* construtivos, nunca destrutivos. Além disso, os próprios gerentes precisam buscar *feedbacks* construtivos.

"O maior desafio organizacional que eu já encontrei em empresas pequenas, médias e grandes é o problema da postura defensiva. Como estou invadindo sua seara, pode ser que o esteja deixando na defensiva devido ao meu jeito de perguntar, ou porque o que eu faço se sobrepõe ao que você faz. Além de gerar uma postura defensiva no sistema, esse é um tipo de reação comum e desleal. É essa postura defensiva que detona a cultura corporativa. Portanto, você procura eliminar a postura defensiva do sistema para que as pessoas estejam preocupadas em realizar, aprender e se relacionar.

"Mas isso não significa que a gente tem de sair para jantar nem ir ao boliche. A questão é: 'Será que eu realmente consigo me interessar por você, e você por mim?', porque a finalidade disso é afastar a postura defensiva presente em inúmeras conversas. As pessoas querem ter sucesso. Querem aprender. Geralmente, são levadas a fazer coisas muito construtivas. Embora queiram criar vínculos, o ambiente corporativo está cheio de mecanismos de defesa. É por isso que eu tento desmontá-los, para que elas se sintam num ambiente seguro. É muito difícil trabalhar numa organização em que as pessoas que ocupam uma posição de poder oprimem quem está ao redor. Isso gera um ambiente inseguro para a colaboração e alimenta a postura defensiva."

Até mesmo gestos simbólicos podem ajudar a deixar claro que a opinião dos funcionários tem, no mínimo, o mesmo valor que a dos chefes.

Na empresa de consultoria QuestBack, o cofundador Ivar Kroghrud, que foi CEO da empresa durante treze anos antes de se tornar seu principal estrategista, adota um modelo não convencional do organograma organizacional da empresa.

"Eu desenho nosso organograma organizacional de cabeça para baixo, porque não é o líder e o gerente que realizam o trabalho", disse ele. "O papel do gerente é ditar o rumo e possibilitar que os outros realizem o trabalho. E isso fica demonstrado claramente se você virá-lo de cabeça para cima. Imagine mostrar o organograma a um funcionário que desempenha as tarefas mais simples e dizer: 'Seu cargo deve estar bem lá no fim do organograma.' A maneira como a frase é construída já é bastante deprimente, porque, em muitos casos, são essas pessoas que estão em contato com os clientes. E essa é uma função muito importante."

Arkadi Kuhlmann, que foi CEO do banco *online* ING Direct até ele ser adquirido pelo Capital One, tomou a decisão surpreendente de fazer uma votação entre os funcionários para saber se ele deveria continuar no cargo de CEO.

"Todos os meus colegas acham que eu fiquei louco, e o conselho de administração também. Mas eu só quero trabalhar aqui se gozar da confiança de pessoas que queiram sinceramente que eu continue", disse ele. "Naturalmente, o voto é secreto. Não quero fazer um concurso de popularidade. Essa iniciativa está parcialmente relacionada às seguintes questões: Você confia na missão? Confia na empresa? Confia em mim? Ora, os acionistas me aprovam, o conselho de administração me aprova, as agências reguladoras me aprovam e parece que os clientes gostam de mim. Mas, e os colegas de trabalho? Boa pergunta.

"O difícil é explicar para as pessoas o porquê da votação. Quero que elas entendam duas coisas. Em primeiro lugar, que valorizo meu trabalho. Em segundo lugar, que estou disposto a prestar contas a elas, não porque trabalhe para elas no sentido mais amplo da palavra, mas porque tenho de ser coerente com aquilo que eu digo, certo? Assim, se eu ando dizendo o tempo todo por aí que nossos colegas de trabalho são tão importantes, então por que eles não poderiam opinar a respeito da minha liderança?"

Acabe com a gritaria

Por que tem gente que gosta de falar alto e de gritar no ambiente de trabalho? Talvez porque esteja sob tremenda pressão – Dever. Entrega. Resultados. Agora. – e acabe descontando sua frustração nos subordinados, para criar um sentido de urgência ou para dar um recado: "Nunca mais faça isso."

Bob Brennan, ex-Iron Mountain, apresentou uma análise instigante do perfil daqueles que gritam com pessoas no escritório – até serem demitidos por ele.

"Invariavelmente, tem a ver com hierarquia. Eles estão interessados sobretudo em mandar", disse ele. "Não procuram liderar a equipe para descobrir a resposta certa, a melhor resposta, nem para ser francas e vulneráveis. Existe, portanto, um elemento dominante em sua personalidade que vem com o pacote. Porém, se eles não conseguem se sujeitar àquilo que estamos tentando realizar e àquilo que precisam que seu setor realize, é aí que, para mim, tudo vai por água abaixo. Portanto, quando faço uma contratação errada, é nessa dimensão que eu erro. Às vezes as pessoas conseguem se apresentar de uma forma que não deixa transparecer o que elas são; mas quando se veem numa situação difícil, sua verdadeira natureza vem à tona em frases como 'Não, você vai fazer do jeito que eu digo.' Mas isso só acontece em situações difíceis ou por oportunismo. Em condições normais, esses comportamentos não se manifestam.

"Procuro líderes que sejam capazes de avaliar a situação e ajudar quem se encontra numa conjuntura competitiva. Muitas vezes existe um descompasso entre a intenção que a pessoa tem e o impacto que ela provoca. A intenção desse tipo de líder é realmente ajudar você a ser bem-sucedido, mas o resultado é que você assume uma posição muito defensiva. A pessoa não se dá conta da impressão que ela causa, que muitas vezes é a de alguém agressivo e questionador, que pressiona em vez de estimular. Tem gente que se refere eufemisticamente a isso como entusiasmo, ao que eu respondo: 'Bobagem.' Não se trata de entusiasmo. Não creio que tenha qualquer cabimento gritar dentro da empresa. E tem gente que esconde esse comportamento debaixo da máscara do entusiasmo. É um comportamento inadequado que tem consequências prejudiciais. Você não pode perder o controle jamais."

Jamais perder o controle também é uma norma pétrea em outras empresas. Robert Johnson, da RLJ Companies, disse não entender com que propósito as pessoas gritam dentro da empresa.

"Eu realmente não quero que as pessoas fiquem com raiva. Eu não vou ficar com raiva e não vou permitir que as pessoas fiquem com raiva e agridam os outros pessoalmente", disse ele. "Não consigo entender como pode existir raiva e conflito dentro da empresa. Se pensar bem, você trabalha na empresa para ganhar dinheiro para alguém – você mesmo, os acionistas ou outra pessoa. Como é que você pode ficar com raiva quando pensa num jeito de ganhar dinheiro? Quando não estamos com raiva, e quando trabalhamos em conjunto, ganhamos mais dinheiro. Quando ficamos com raiva e entramos em conflito, ganhamos menos dinheiro. Portanto, não vamos ficar com raiva. Vamos simplesmente resolver os problemas. Não é a raiva que você tem de alguém que faz o estoque aumentar imediatamente vinte por cento. De duas uma: ou você tem um serviço ou um produto que as pessoas querem comprar, ou não tem.

"Parto do princípio de que sou capaz de consertar o que está quebrado. Assim, não existe motivo para ficar irritado com alguém. Eu sempre parto de um certo nível de confiança em qualquer pessoa com quem esteja lidando. E, a propósito, mesmo que fique irritado, sua irritação não vai resolver o problema. Isso só fará com que todo o escritório fique sabendo que fulano cometeu um erro e que sicrano está irritado com ele. Em seguida, uma nuvem de decepção e raiva toma conta do ambiente. De repente, a cultura de sinergia e de participação sofre um baque, e a missão coletiva sai pela janela. E vai levar mais ou menos uma semana para reaproximar todo mundo.

"Algumas pessoas acham que eu não sou uma pessoa muito animada ou que sou meio insensível ou desinteressado porque não saio por aí gritando, esbravejando, esse tipo de coisa. Eu não faço isso. A regra é simples: quanto mais inseguro, mais irritado; quanto menos inseguro, menos irritado. Acho que as empresas realmente importantes estão cheias de pessoas confiantes, seguras e menos temerosas. Basta pensar nas empresas que ocupam o tempo todo as primeiras posições; elas não têm uma elevada rotatividade de funcionários. Grande parte dos funcionários continua na empresa porque o ambiente os induz a continuar ali. E é isso que eles querem."

O *chef* Mario Batali diz que existe uma regra em sua cozinha: é proibido gritar. Sua filosofia não é exclusiva do setor de restaurantes:

"Uma das regras importantes em nossas cozinhas é que, se você não se encontra suficientemente próximo de mim para poder me tocar, então não pode falar comigo. Um monte de gente grita na cozinha simplesmente porque é mais fácil e mais rápido. Isso não funciona com a gente, então nossas cozinhas são menores, e você precisa falar em tom normal de conversa. Se você não pode, tem de vir em minha direção, porque, se gritar comigo de longe, então pode haver problemas para entender a natureza de sua mensagem", disse ele.

"Ao longo dos anos, trabalhei com muita gente que tinha o hábito de gritar. Na minha opinião, os gritos são o resultado do desânimo que a pessoa sente quando percebe que não deu conta do que tinha de fazer. Todos que trabalham no setor de restaurantes sabem que o restaurante nunca está lotado às cinco da tarde. Que vai estar realmente cheio entre sete e meia e nove e meia ou dez, e que depois o movimento vai cair um pouquinho. E isso é tão inevitável como o Natal. Portanto, cabe ao *chef* preparar a equipe para o inevitável. E, como aquilo se repete toda noite, não dá para dizer: 'Ó, meu Deus! O que aconteceu hoje?' O *chef* grita porque é o jeito de demonstrar que está insatisfeito consigo próprio por não ter preparado adequadamente a equipe. E então, claro, o bode expiatório será evidentemente a pessoa menos preparada."

Dan Schneider, CEO da SIB Development and Consulting, uma organização que ajuda as empresas a descobrir como economizar nos contratos, utiliza uma abordagem surpreendente para lidar com problemas importantes em sua empresa. Tem a ver com sorvete.

"Há muitos anos, eu costumava gritar, esbravejar e jogar coisas", disse ele. "Eu era um cabeça quente e ficava estressado. Aconteceu a mesma coisa na empresa seguinte, porque até então era isso que funcionava. Eu era o estereótipo do CEO lunático, e não é que eu tentasse ser assim. Era natural.

"Então, quando criei a SIB, não sabia se teria a mesma quantidade de funcionários nem tinha a menor ideia de como as coisas seriam. Porém, após um período sabático de dois anos e meio, eu tinha me tornado uma pessoa mais tranquila e relaxada. Não me descontrolo mais e parei de gritar, porque isso não leva a nada. Não saberia dizer qual foi o momento decisivo que me fez perceber isso. Mas houve mais de um momento. Um funcionário nosso estava trabalhando num projeto para uma empresa que ocupava o quinto lugar no *ranking* da revista *Fortune*, um projeto importante. Fazia um mês que ele trabalhava no projeto compilando dados e não fez um *back-up* do disco rígido. Então, foi-se o equivalente a um mês de trabalho, um volume imenso de dados. Conseguiríamos recuperar o disco rígido, mas isso custava cerca de mil e quinhentos dólares. Todos olharam para mim pensando que eu iria simplesmente demiti-lo ou matá-lo.

"Não sei de onde tirei a ideia, mas disse: 'Você tem de comprar sorvete para todo mundo. Vamos fazer uma festa do sorvete.' Porque percebi que se gritasse com todo mundo eles iriam pensar que eu era um ignorante. Mas, se nos sentássemos todos juntos para tomar sorvete, todo mundo saberia a razão de estarmos fazendo aquilo – porque aquele sujeito tinha nos ferrado. Isso ficaria registrado, e eles se lembrariam do acontecido; e talvez pensassem: 'Puxa, é mesmo. Tomamos sorvete na semana passada. Talvez fosse melhor fazer um *back-up* do trabalho.' Por sorte não tivemos de recuperar mais nenhum disco rígido."

Aposte nos pontos fortes

Segundo Paul Maritz, ex-CEO da empresa de *software* VMware, os líderes devem apostar nos pontos fortes das pessoas, não em seus pontos fracos. Adotar essa forma de abordagem mais positiva ajuda os CEOs a criar um estoque de boa vontade junto aos funcionários que será útil quando chegar a hora de mudar rapidamente de rumo.

"É muito difícil falar desses assuntos sem se tornar repetitivo ou sentimental, mas os melhores líderes são aqueles que obtêm o melhor dos outros", disse Maritz. "Aprendi que você só consegue realmente tirar o melhor dos outros quando age de maneira positiva. Existem estilos negativos de liderança, em que a pessoa age por meio do julgamento e da crítica, aterrorizando os outros. No fim das contas, porém, isso não obtém o melhor da pessoa nem gera lealdade. Porque por mais que pensemos ter compreendido as coisas, isso nunca acontece. Vamos nos deparar, inevitavelmente, com becos sem saída. Vamos enfrentar dificuldades. Vamos cometer erros. E quando isso acontecer, você terá de pedir às pessoas que o ajudem e que desconsiderem o fato de que você cometeu algum erro.

"Grandes líderes, na minha visão, são aqueles que criam aquela reserva de lealdade, de modo que quando chega a hora de dizer para o pessoal: 'Temos de mudar de rumo', as pessoas estão dispostas a fazer um esforço extraordinário. Se você é o tipo de líder que rebaixa e humilha as pessoas, acaba gerando traumas que, mais tarde, virão assombrá-lo."

Por causa de alguns traumas gerados por um antigo chefe, Irwin D. Simon, CEO do Hain Celestial Group, uma empresa de alimentos naturais e orgânicos e de produtos de cuidados pessoais, disse que desenvolveu uma filosofia de liderança que estimula as pessoas, "mimando-as".

"Aprendi, ao longo da carreira, a delegar poder aos outros, a abrir mão do controle", disse ele. "A questão é não deixar o ego tomar conta de tudo. Todos nós temos um ego, mas não devemos deixar que ele nos atrapalhe. Eu não preciso mostrar para as pessoas que eu sou o chefe ou o líder. Apenas tratando as pessoas corretamente, eu acho que elas querem ser parte da sua equipe.

"Houve alguns pontos de inflexão importantes para mim. Em primeiro lugar, eu trabalhei em alguns ambientes corporativos em que o jogo de influência imperava. Se você ficasse junto da pessoa certa, se daria bem. E, se não apoiasse determinadas pessoas, era excluído da equipe – sua competência e sua lealdade não importavam. Você realmente não teria sucesso. Assim, acredito firmemente na ideia de que estamos todos juntos na equipe, e que todos devem ser tratados de maneira idêntica. E não uns poucos escolhidos – 'Aqui é o clube dos garotos, aqui é o clube das garotas.' Acredito firmemente em incluir todo mundo.

"A outra inflexão realmente importante em minha carreira aconteceu quando eu trabalhava para um certo cavalheiro, a quem costumava fazer um monte de perguntas. Certo dia ele me chamou de lado e disse: 'Você está fazendo perguntas demais, e está passando a impressão de que é mais inteligente do que eu, só que eu sou o presidente. E você não deve passar a impressão de que é mais inteligente do que eu.' Adoro estar rodeado de pessoas inteligentes e divertidas. Além disso, se você confia em si, deixe que os funcionários façam perguntas, realizem coisas e digam o que pensam.

"Mantenho uma postura coerente no trabalho. Nada de 'Hoje eu acho isso, amanhã não'. Tem sido assim desde o começo. Começa com a contratação de pessoas inteligentes. Não pretendo atrapalhá-las, quero que se sintam bem. Houve momentos em minha carreira em que me disseram coisas horríveis; e os traumas ainda existem. Penso que é importante mimar as pessoas que trabalham comigo. Isso significa apostar em seus pontos fortes, ajudá-las a se tornar confiantes. Não apenas os altos executivos; todo mundo. Você tem de saber o que as pessoas querem porque você sabe o que quer. Eu sei como gosto de ser tratado. De modo que basta partir daí e dizer: 'Como fazer para tratar as pessoas do mesmo modo?'"

Respeito é um instrumento eficaz e necessário para o líder que espera que as pessoas se dediquem ao máximo. Jeffrey Katzenberg, CEO da DreamWorks Animation, acrescenta um ótimo comentário a essa ideia.

"Por definição, se existe liderança significa que existem seguidores; e você é apenas tão bom quanto os seguidores", observou. "Acredito que a qualidade dos seguidores está relacionada diretamente ao respeito que você demonstra por eles. O mais importante não é o quanto eles o respeitam, e sim o quanto você os respeita. Isso é tudo."

5.

O IMPORTANTE É A EQUIPE

Deixe o ego e o cargo do lado de fora.

– Enrique Salem, ex-CEO da Symantec

No capítulo anterior, vários CEOs apresentaram argumentos convincentes sobre o papel crucial do respeito nas culturas bem-sucedidas. O respeito, porém, é apenas um dos elementos da equação; o desempenho e a responsabilidade também são importantes. Para que a empresa alcance um nível excelente de funcionamento, as pessoas devem desempenhar suas funções.

Empresas são como equipes, e para terem sucesso – principalmente à medida que a velocidade dos negócios aumenta – todos os jogadores têm de fazer a sua parte para que os colegas possam contar com eles. Você é digno de confiança? Reconhece seu papel como parte do conjunto? As pessoas podem contar com você para conduzir a bola sem perdê-la, e até mesmo antecipar as jogadas, de modo a ocupar a posição certa no momento decisivo? Você toma a iniciativa de ir atrás da bola em vez de simplesmente ficar esperando que ela venha até você?

Você pode chamar essa característica de confiabilidade. Ou de segurança. O que ela significa é que você reconhece seu papel na equipe e que desempenha sua função. Quando todos agem assim, a equipe pode se concentrar na execução da estratégia, em vez de ter a atenção desviada pela preocupação de não saber se os companheiros de equipe vão fazer o que se espera deles. Quando a empresa consegue encontrar o equilíbrio adequado – tratar a todos com respeito ao mesmo tempo em que deixa claro que espera que todos cumpram seu papel –, o grupo se torna maior do que a soma de suas partes.

Essa é uma lição que Peter Löscher, CEO da Siemens, aprendeu quando foi capitão da equipe de vôlei no colégio e na faculdade.

"No final das contas, o importante é estimular o melhor desempenho dos elementos da equipe", disse ele. "Isso não tem a ver tanto com o tipo de treinamento nem com a condição física. A diferença entre uma boa equipe e uma grande equipe está geralmente na atitude mental. Quando assistimos a grandes partidas, percebemos que existe um momento em que, de repente, a equipe tem um estalo. Essa é uma coisa que sempre me chamou a atenção – por que e como isso acontece com as equipes.

"Penso que o princípio fundamental do mundo dos negócios é a confiança. Como implantar dentro da equipe uma confiança cega que faça com que cada indivíduo jogue pelo outro? A empresa nada mais é que um grupo de líderes ou pessoas reunidas em torno de uma causa ou voltadas para um determinado objetivo. Não obstante, a força fundamental é a confiança dentro da equipe; de modo que, na verdade, você não está mais dando apenas o melhor de si individualmente, mas também está tentando entender o que pode fazer para tornar a equipe melhor."

Faça o que você diz

Se você se lembrar do grande número de colegas com quem trabalhou ao longo dos anos, talvez possa dividi-los em duas grandes categorias. Havia aqueles em quem você podia confiar, pois faziam o que haviam dito que fariam -- sempre respondiam os *e-mails*, acompanhavam os assuntos até o fim e não deixavam escapar nada. Agora pense em todos os outros e nas vezes em que repetiu a si mesmo: "O que será que aconteceu com isso? Preciso falar com eles a respeito disso." Momentos como esse, multiplicados através da organização toda, resultam num enorme desperdício de energia e de força. Para neutralizar isso, muitos CEOs instituem uma regra simples para seus funcionários: eles têm de fazer o que dizem que vão fazer.

Num dos capítulos anteriores, Steve Stoute, da Translation LLC e da Carol's Daughter, explicou que "fazer o que se diz" é um dos principais valores de suas organizações. Aqui, ele explica essa importância:

"Eu sou muito direto, espero sempre o máximo das pessoas e as responsabilizo por tudo que elas dizem. Não diga que vai fazer algo que você depois não faz, pois, numa empresa desse porte, cada um é diretamente responsável pela pessoa do lado.

"É como um daqueles momentos em que todos se dão as mãos. Assim, se alguém deixa de fazer algo, toda a organização se ressente. Ela não é suficientemente grande para resistir a esse tipo de erro. Nas empresas grandes, isso acontece o tempo todo, e pode levar anos até começar a influenciar o resultado final. Organizações pequenas têm a vantagem da agilidade, mas o perigo é que, quando alguém se resfria, todos ficam resfriados."

Shellye Archambeau, da MetricStream, usa uma metáfora simples – "A bola está com quem?" – para mostrar que ela espera que as pessoas assumam suas responsabilidades:

"Numa partida, quando alguém lhe joga a bola, então, por estar de posse dela, você determina o que vai acontecer em seguida. Ou seja, é a sua vez. Portanto, é importante saber com quem está a bola. Se você está numa reunião, a conversa foi excelente, mas depois todo mundo vai embora, com quem está a bola? Ela se torna um conceito bastante visível para se certificar de que existe, de fato, um responsável por assegurar que as coisas sejam feitas. E uma coisa é você sempre pegar a bola que lançam para você; outra é tomar a iniciativa de correr atrás da bola. Como líderes, temos de nos certificar de que, na verdade, estamos correndo atrás da bola."

Tim Bucher, ex-CEO da TastingRoom.com, um *site* de vinhos, argumenta que a confiança é essencial para começar uma *start-up*. No entanto, seus *insights* também se aplicam às grandes organizações.

"Aprendi que uma das ferramentas de liderança mais importantes – uma vez mais, para a vida de uma *start-up* – é uma frase que eu digo sempre à minha equipe quando temos uma reunião geral da empresa: 'Confie até a confiança acabar.' Porque quando você age dessa maneira, é possível progredir muito rápido", disse ele. "Sempre que contrato um novo executivo, eu lhe digo: 'Você tem minha total confiança desde o primeiro dia. Confio em você para que administre seu setor da empresa do jeito que achar adequado. Além disso, vou ajudá-lo nessa tarefa, você irá tomar decisões e eu vou apoiá-lo. Agirei assim até a confiança acabar, e espero que isso nunca aconteça.'

"É possível fazer uma organização progredir muito rápido com essa filosofia, especialmente se você conseguir difundi-la em todos os setores. Quando é introduzida desde o início da empresa, ela se mostra bastante eficaz, porque, nesse caso, todos têm o apoio de todos."

Confiança significa a fé arraigada na confiabilidade, na autenticidade, na capacidade ou na força do outro. Mas o principal é a confiabilidade. Numa organização, se as pessoas fazem o que dizem que vão fazer, então isso gera confiança; e confiança gera trabalho de equipe e rapidez.

Obedeça à regra "imbecis não"

Enrique Salem, ex-CEO da Symantec, disse que o futebol americano ensinou-lhe uma lição importante sobre desempenhar seu papel numa equipe.

"Eu era capitão da equipe principal de futebol americano no último ano do colegial", recordou. "Nós executávamos as jogadas que o treinador nos cantava da lateral do campo. Eu era um grande estudioso do jogo. Assistia aos *tapes* dos jogos e tirava ideias sobre o que fazer e o que pensar.

"Certa vez, o treinador cantou uma jogada defensiva e eu mudei a jogada. Após ter me saído relativamente bem, disse: 'Opa, não é tão difícil.' Mas então entra em campo um jogador para me substituir. Eu corro para o banco, e o treinador me diz: 'Quando você resolver fazer o que eu peço, eu te ponho de novo no jogo.' Então eu fiquei sentado no banco durante uma ou duas jogadas; aí virei para ele e disse: 'Tudo bem, treinador. Entendi. Desculpe.' E ele me pôs de novo no jogo. Eu realmente assimilei a ideia de que, independentemente de quem esteja cantando a jogada, você tem de dar ouvidos à pessoa.

"Ele me chamou de lado depois do jogo para conversar sobre o que tinha acontecido. Ele me disse: 'Sei que você ama esse esporte. Sei que você é um estudioso do esporte. Mas você tem de compreender que quando eu canto as jogadas estou construindo algo. Estou olhando para alguma coisa que está acontecendo, e você não pode ficar lá tentando prever o que eu pretendo fazer.' De repente você se vê numa situação que faz parte, às vezes, de um contexto mais amplo, contexto esse que o indivíduo que está trabalhando num projeto talvez não seja capaz de perceber, nem tenha condição de compreender todas as implicações de uma decisão sua qualquer.

"Existe uma apresentação que eu faço atualmente em nosso curso de liderança avançada cujo título é 'Lições que aprendi pelo caminho'. Logo no primeiro quadro está escrito 'Deixe o ego e o cargo do lado de fora.' Aprendi isso muito cedo. Uma das coisas que meu primeiro gerente disse foi: 'Veja, inúmeras vezes você não lidera em razão do cargo. Lidera pelo modo como influencia a opinião dos outros.' E, assim, eu acredito firmemente que, se você for o centro de tudo, não irá fazer um grande trabalho. Seu sucesso não pode ser o centro de tudo. O principal tem de ser o que você está tentando conquistar. Isso, portanto, é que vem em primeiro lugar."

Essa é a razão pela qual tantos CEOs adotaram alguma variação da regra "imbecis não" na hora de contratar. Eles precisam de gente que, acima de tudo, saiba trabalhar em equipe. Michael Lebowitz, CEO da agência de *marketing* digital Big Spaceship, disse ter aprendido, do jeito difícil, a implantar uma cultura que não tolera "celebridades".

"Provavelmente a maior lição que eu aprendi quando começamos a crescer foi – e esta é uma versão mais palatável da expressão que nós empregamos – 'Não contrate imbecis, por mais talentosos que eles sejam'", disse ele. "Eu fiquei muito ligado nisso desde o começo, quando ainda éramos uma pequena *start-up* e estávamos fazendo de tudo para manter uma estrutura produtiva. É por isso que eu vou atrás de gente de quem eu gosto, porque pude constatar como o aspecto negativo sempre se sobrepõe ao positivo, independentemente do talento que a pessoa tenha. No final das contas, o segundo, terceiro ou quarto melhor candidato não imbecil acaba se mostrando muito mais útil. Por termos aprendido isso bem no início, sempre nos precavemos contra esse tipo de cultura de celebridades.

"Essas pessoas são capazes de responder tudo certinho nas entrevistas, mas quando começam a trabalhar transformam a vida dos outros num inferno. Você passa, no mínimo, um terço da vida no trabalho; precisa de um lugar que lhe dê prazer de frequentar todo dia. E, se você não buscar isso, minimamente, o ambiente se tornará pernicioso e isso pode amplificar-se muito rapidamente.

"Eu me lembro de um sujeito, um *designer* incrivelmente talentoso, um dos melhores que eu já vi, mas ele era, simplesmente, grosseiro. Não importa o quanto você seja bom, o *design* é sempre um exercício de equilíbrio entre aquilo que você pensa ser o melhor e as necessidades do outro, até mesmo seus caprichos. Mas ele não tinha jogo de cintura para lidar com a situação. Ele sabia que tinha nascido com um enorme talento, mas estava em uma empresa errada, para ter aquele tipo de atitude. Ele brigava comigo a maior parte do tempo e penso que isso permitiu que os outros *designers* tivessem a mesma atitude – ou praticamente os estimulou a isso. Eles ficaram ressentidos por eu dar tanta atenção àquela pessoa em vez de simplesmente dizer 'O que você está fazendo?', que é o que eu deveria ter feito. Eu o estava tratando, fundamentalmente, como uma celebridade. Eu agi assim inúmeras vezes desde então, e cada vez que percebo isso tenho de dar um basta, porque isso não funciona no tipo de ambiente que eu quero criar. É por isso que você não pode contratar uma celebridade. É realmente um desastre."

Chauncey C. Mayfield, CEO da MayfieldGentry Realty Advisors, disse que algumas experiências anteriores influenciaram sua decisão de criar uma cultura em que o próprio trabalho fosse mais importante que o ego de cada um.

"Uma vez eu trabalhei numa empresa que, quando você entrava, parecia que todos tinham recebido um enorme porrete para escolher as pernas de quem iam quebrar primeiro", disse ele. "Embora eu lidasse razoavelmente bem com a situação, disse para mim mesmo que nunca mais queria trabalhar nesse tipo de ambiente. Tinha de ser prazeroso, não queria que fosse simplesmente uma panela de pressão. Portanto, se não é possível ser prazeroso, por que a gente passa tanto tempo aqui? E o que eu quero dizer com 'prazeroso' é que existem alguns princípios básicos com os quais a gente trabalha. Um deles é que, quando você vem para o trabalho e tem uma tarefa que não consegue terminar de jeito nenhum, você não é punido por dizer 'Não tenho certeza se consigo fazer isso.' Nós o estimulamos a dizer isso. Você é punido se não nos disser que não consegue fazer a tarefa. A gente acha alguém para ajudá-lo a fazer a tarefa.

"Existem algumas coisas que eu faço extremamente bem e outras que eu não faço bem. Penso que o que acontece em algumas empresas é que as pessoas são postas em cargos nos quais elas não são capazes de completar as tarefas. Porém, elas ficam preocupadas com o que vai ser dito na avaliação de desempenho e como isso vai influenciar seu bônus. Elas, de uma hora para outra, ficam sentadas num canto, sem conseguir se concentrar, aflitas com o assunto. Depois de um certo tempo nessa pasmaceira, elas finalmente realizam alguma tarefa que tem o mesmo resultado, uma avaliação de desempenho desfavorável. O que provavelmente fará com que a promoção não saia tão rápido. Um ambiente em que você chega e fica o tempo todo preocupado não deveria existir. Não é isso que queremos.

"A segunda coisa é que tem de existir um ambiente de equipe. Em primeiro lugar, nós escolhemos o melhor líder de equipe, que, muitas vezes, não é aquele que ocupa o cargo mais elevado. O objetivo é vencer. Portanto, pode ser que alguém que esteja galgando os primeiros degraus da empresa lidere uma equipe com membros que ocupam cargos mais elevados. Ora, isso exige que a pessoa contenha seu ego, pois de repente seu gerente de nível médio começa a lhe passar tarefas. E, quanto ao sócio, ele pode não gostar da tarefa que lhe passaram, mas, quer saber de uma coisa? Ele faz parte da equipe. A questão é que nós todos somos inteligentes; isso é inegável. Mas será que somos suficientemente inteligentes a ponto de tirarmos nosso ego do caminho? Portanto, quando estou contratando alguém, procuro imaginar: 'Será que ele é capaz de ocupar uma posição de menor destaque na equipe?' Porque precisamos que ele a ocupe. Desse modo, se for capaz de ocupá-la, então é provável que seja a pessoa indicada para nós."

Niraj Shah, CEO da Wayfair.com, uma empresa que vende móveis e produtos para o lar, disse que aprendeu uma lição inesquecível de um conselheiro sobre a ideia de pôr a equipe em primeiro lugar, mesmo quando as pessoas discordem de uma decisão estratégica.

"Houve uma pessoa para quem eu trabalhei cerca de doze anos que me influenciou muito. Seu senso administrativo geral e suas habilidades eram incríveis. Qualquer que fosse a situação, ele sempre sabia o que fazer. Ele realmente sabia lidar com as pessoas; sabia o que fazia e o que não fazia sentido, e sabia também como organizar uma equipe", disse ele.

"Eu me lembro de uma situação em particular. Outro executivo da empresa tinha um projeto para fazer algo, e, para mim, o projeto não fazia muito sentido. Eu estava bastante decepcionado por estarmos prosseguindo com o projeto, porque considerava aquilo um desperdício; e acho que meu gerente estava de acordo comigo naquele caso específico. Eu estava discorrendo sobre o fato de que aquilo não fazia sentido, que nós íamos perder um bocado de dinheiro e não íamos alcançar nosso objetivo. Então ele fechou a porta e disse: 'Você tem de apoiá-lo e tem de apoiar o projeto.' E eu disse: 'Bem, por que você está agindo assim?'

"Então ele me disse que existe a hora de discutir, mas que, uma vez tomada a decisão, é preciso apoiar a pessoa. Porque no dia em que você deixar de apoiar um subordinado seu, então é melhor demiti-lo, porque ele nunca será bem-sucedido. Ele disse que é preciso agir como equipe, que haverá momentos de discordância e que haverá espaço para uma discussão saudável. Mas uma vez tomada a decisão, então todos têm de remar na mesma direção."

John Donovan, diretor executivo de tecnologia da AT&T, disse que sua abordagem do trabalho mudou quando ele aprendeu a parar de se preocupar com o fato de receber ou não créditos pelos êxitos alcançados.

"Desenvolvi a capacidade de trabalhar em equipe porque comecei a abrir mão deliberadamente do crédito, num ambiente em que tudo está voltado para ele", lembrou. "Comecei a perceber que as pessoas gostavam quando você jogava por causa do resultado e não por causa da função que ocupava na equipe. Então, aprendi ali que abrir mão do crédito era um gesto eficaz. Acho que aprendi um monte de sutilezas a respeito das equipes e de como montá-las.

"Se pensar que existe um reservatório cármico de créditos circulando lá fora, você tem de parar de jogar pensando neles. Eu me lembro do dia em que percebi isso; provavelmente nunca mais precisei ficar anotando os pontos de nada que eu fiz."

A equipe dirigente

Se os líderes das empresas e sua equipe de executivos esperam que todos os funcionários trabalhem juntos eficazmente e desempenhem suas funções, eles próprios têm de dar o exemplo. Muitos CEOs dizem que gastam um tempo considerável aprofundando o sentimento de confiança e clareza sobre como trabalharão juntos como uma equipe.

Laura Ching, cofundadora e diretora de *merchandising* da TinyPrints.com, uma empresa *online* de cartões e produtos de papelaria, recorda-se das discussões detalhadas que teve com seus dois sócios no início da empresa.

"A situação era que todos nós estávamos cerca de quatro anos fora da escola de administração ou trabalhando em grandes empresas, e tínhamos aquela coceira empresarial", disse ela.

"Nós somos muito competitivos, pessoas motivadas, e queríamos tentar construir algo grande, mas também estávamos motivados a criar uma cultura, porque várias coisas avançavam muito devagar nos empregos que tínhamos. Além disso, no começo não sabíamos exatamente o tipo de negócio que queríamos começar; a única coisa que sabíamos era que tínhamos valores semelhantes. Assim, passamos quase seis meses – um bando de gente num apartamento minúsculo, toda quarta-feira à noite, comendo salgadinhos e com o cérebro em tempestade com todas aquelas ideias malucas.

"Embora não soubéssemos no que aquilo ia dar, gastamos um bocado de tempo apenas formatando nosso acordo societário. O que cada um esperava do outro? Quanto tempo esperávamos que cada um dedicasse ao projeto? O que aconteceria se alguém não estivesse trabalhando direito? Eu acho que alguns dos valores que queríamos implantar estavam realmente baseados na sinceridade e na franqueza. Devo dizer que, no começo, a gente pensava: 'Vamos simplesmente abrir a empresa.' A gente nem sabia se ia dar certo, não tínhamos um plano de negócio. Passávamos mais tempo dizendo: 'Muito bem, como é que vai ser a questão da propriedade?' Mas, estou muito contente por termos agido assim, porque surgiram problemas entre nós que, felizmente, já haviam sido previstos no início. É mais fácil concordar com algo quando cada pessoa está sendo objetiva."

Deborah Farrington, sócia da empresa de capital de risco StarVest Partners, passou por uma experiência semelhante com os outros fundadores da empresa.

"Éramos em quatro no início do negócio – três mulheres e um homem –, sendo que cada um de nós tinha trabalhado em empresas que considerávamos agressivas e massacrantes demais", disse ela. "Viemos de bancos de investimento, de fundos de *private equity* e de outras empresas de capital de risco, onde as pessoas competem entre si dizendo: 'Como eu fiz isso, quero ganhar mais que todo mundo.' Queríamos criar uma empresa baseada no respeito pessoal, que tivesse uma cultura ética; por isso, começamos com uma regra: 'Jamais contratar imbecis.' Usamos um termo um pouco mais grosseiro, mas acho que deu para entender o sentido. Nós todos tínhamos trabalhado com muita gente desse tipo.

"Além disso, queríamos uma cultura em que conquistas e resultados fossem mais valorizados do que a política. Todos seriam ouvidos. E exigiríamos que todos fossem ouvidos. A pessoa precisaria ter opinião. Não poderia simplesmente dizer: 'Bem, não tenho nada a dizer sobre isso.' Outra coisa que fizemos pouco tempo depois de abrir o negócio, em 1998, foi trazer um consultor em liderança para dirigir reuniões externas com os quatro fundadores uma ou duas vezes ao ano. Ele nos ajudou a perceber o estilo de cada um e como cada um gostava de tomar decisões e de interagir. Tinha um que tinha uma visão bem linear: A, B, C, D. Outro processava as coisas rapidamente, passava logo de A a Z e dizia: 'É isso.' E havia outras pessoas que ficavam entre os dois extremos. Assim, isso realmente nos ajudou a compreender o estilo de tomada de decisão dos sócios, o que nos ajudou a desenvolver algumas das regras básicas desse processo. Por isso, nós nos concentramos realmente na comunicação e na clareza. Uma das regras diz que todos têm a oportunidade de falar durante três minutos. Em seguida vem a discussão e depois a votação. Nós realmente privilegiamos o processo."

Os CEOs das *start-ups* não foram os únicos a compartilhar histórias como essas. Caryl M. Stern contou como desenvolveu uma cultura de trabalho em equipe quando assumiu o cargo de CEO do Fundo Americano para o Unicef.

"Foi um período extremamente interessante da minha vida", ela recorda. "Eu tinha ensinado desenvolvimento de liderança no Manhattanville College. Então, era uma oportunidade de pegar todos os ensinamentos dos livros didáticos e aplicá-los na prática. Será que isso é possível? Será que é possível realmente trabalhar em equipe? No entanto, eu nunca trabalhei com uma equipe melhor do que aquela com a qual trabalho atualmente, e nunca trabalhei num ambiente tão estimulante como este.

"Mas isso não aconteceu por acaso. Nós contratamos conselheiros para nos ajudar a alcançar isso. Definimos valores que também nos ajudassem nessa tarefa. Decidimos que seríamos a organização sem fins lucrativos na qual todos gostariam de trabalhar. Após fazer um retiro com o grupo de assistentes, criamos uma chamada bombástica para a capa de uma revista, com o diretor-geral da equipe, que dizia: 'Daqui a cinco anos o Fundo Americano para o Unicef será indicado como a instituição beneficente do ano.' De modo que passamos o fim de semana enfurnados num hotel escrevendo o artigo. Se dali a cinco anos seríamos indicados como a instituição beneficente do ano, o que teríamos feito? O que teria sido realizado? Passamos muito tempo pensando nisso, mas também em como seria a organização internamente. O que a gente gostaria de fazer? O que você espera como empregado? O que eu espero como chefe? Qual é o ambiente? Portanto, não se tratava apenas do que vamos realizar, mas: como chegar lá?

"Contratamos um conselheiro que trabalhou conosco coletivamente, mas que também nos orientou individualmente a respeito do processo – processo, não técnicas. Na verdade, ele nos conduziu através do processo de aprendizagem de trabalho em equipe, e foi a coisa mais fenomenal de que já participei. Temos hoje toda uma equipe trabalhando junto, o que faz com que o todo seja muito maior do que as partes. Nunca havia participado antes de uma reunião de diretoria em que as pessoas dissessem: 'Bem, minha divisão precisa muito disso, mas acho que as necessidades da sua divisão são maiores; assim, vou deixar as minhas de lado.' Não estou descrevendo uma utopia. O ambiente é competitivo, mas existe um senso de confiança e um vínculo entre os membros do grupo.

"As pessoas precisam de tempo para se conhecer – não para serem amigas necessariamente. Se acabarem amigas, ótimo. Mas eu preciso saber do que você precisa para poder trabalhar, e você precisa saber do que eu preciso para poder trabalhar. Se eu sei que para você o tempo não tem importância e que para mim ele é muito importante, então o melhor é negociar uma forma de lidar com isso. E, muitas vezes, nas experiências de gerenciamento, essas discussões não acontecem. Você chega atrasado às reuniões. Eu chego na hora. A reunião passa então a começar quinze minutos mais tarde. Eu fico com raiva; você também. E é assim que a gente pretende realizar um excelente trabalho? Não, isso realmente não funciona. Portanto, eu preciso sentar e negociar com você. Mas nós vamos aceitar que as seis pessoas da nossa equipe são as seis pessoas mais importantes para cada um de nós. Isso quer dizer, então, que se você espera que eu lhe entregue algo às cinco em ponto, isso acontecerá. Você precisa poder trabalhar o dia inteiro sem se preocupar se aquilo que espera estará na sua caixa de entrada às cinco. No momento em que precisar se preocupar com isso, é sinal de que a equipe não está funcionando."

Bill Flemming, presidente da Skanska USA Bulding, também contratou um facilitador para ajudar a melhorar o trabalho de equipe entre os principais executivos.

"Trabalho de equipe é fundamental nos negócios", disse ele. "Isto não é um esporte individual. Vejo que muitos líderes são um pouco egoístas. Para mim, a equipe é mais importante. De modo que, em meus primeiros anos no emprego, dediquei-me a organizar a liderança mais antiga para que eles avançassem mais na mesma direção. A primeira etapa foi reconhecer que não seria eu que faria isso; eu sou parte da equipe, não o sujeito que vai liderar todo mundo na mudança. Percebi que precisávamos de um facilitador para fazer isso. Então, trouxe alguém apenas para nos ensinar a interagir melhor.

"Entre as perguntas que ele fez a todos os integrantes do grupo estavam: 'Por que você quer fazer parte desta equipe?' 'Por que você quer continuar na empresa?' 'O que o faz vir trabalhar todo dia?' 'O que você tem na cabeça?' E quando eu digo 'O que você tem cabeça?' quero dizer 'O que o seduz?' – e não me venha com o papo de que está fazendo isso pela empresa. E 'Qual o compromisso que você tem com os colegas?' Cada um de nós tinha de descobrir um compromisso pessoal com a equipe ou falar a respeito da responsabilidade que temos com relação aos outros membros da equipe. Isso fez com que as pessoas se aproximassem rapidamente. A interação do grupo tem sido diferente."

Paul Maritz, da VMware, apresentou uma análise fascinante dos elementos essenciais de qualquer equipe de diretores.

Para que a equipe trabalhe junto, efetivamente, disse ele, as pessoas precisam ter uma consciência coletiva do grupo.

"Uma das coisas que eu aprendi ao longo dos anos é que essa história de líder perfeito não existe", disse ele. "Se você observar os grupos bem-sucedidos, vai encontrar inevitavelmente uma mistura de personalidades que possibilita, de fato, o alto desempenho do grupo. Correndo o risco de simplificar demais, penso que na maioria dos grupos de diretores existem pelos menos quatro personalidades, e você nunca encontrará as quatro juntas na mesma pessoa.

"Você precisa de alguém que seja estrategista ou visionário, que estabeleça as metas que a organização tem de alcançar. Precisa de alguém que assuma o papel do administrador tradicional – alguém que tome conta da organização, isto é, que se certifique de que todos saibam o que têm de fazer e de que as tarefas sejam divididas em atividades administráveis, e que também saiba como avaliá-las. Precisa de um defensor para o cliente, porque você está tentando traduzir seu produto em algo pelo qual os clientes queiram pagar. Portanto, é importante ter alguém que entenda como os clientes verão o produto. Já vi inúmeras tentativas darem errado porque as pessoas não foram capazes de conectar a estratégia ao modo como os clientes veem a questão.

"Por último, então, você precisa de alguém que implemente as coisas. Alguém que diga: 'Estamos empacados neste problema há muito tempo. Agora chega. Vamos fazer alguma coisa. Vamos tomar uma decisão. Seja qual for o conflito, vamos enfrentá-lo.' É extremamente raro encontrar mais do que dois desses tipos de personalidade numa única pessoa. Eu nunca vi. De modo que as equipes realmente excepcionais são aquelas em que existe um grupo de pessoas que preenchem essas funções e que se respeitam; e, igualmente importante, elas sabem quem elas são e quem elas não são. Tenho visto muitas vezes gente se meter em dificuldades por achar que é o estrategista, quando não é, ou que é o responsável por tomar a decisão, quando não é. É preciso ter um pouco de humildade e de autoconsciência. As equipes realmente excepcionais contam com membros que sabem quem eles são e quem eles não são; além disso, eles sabem o momento de se afastar e de permitir que os outros membros da equipe deem sua contribuição."

Equipe, não família

Você ouve isto em um monte de organizações: "Somos uma família." É uma ideia agradável que sugere o quanto as pessoas estão próximas – o quanto ficam de olho umas nas outras e se preocupam umas com as outras e com suas famílias. Não se trata apenas de trabalho.

Mas Linda Lausell Bryant, diretora-executiva da Inwood House, uma organização sem fins lucrativos cujo foco são os problemas de saúde dos adolescentes, tem uma visão corajosa dessa abordagem.

"Recentemente, eu mudei de fato de opinião", disse ela. "Nossa cultura refletia nosso trabalho, que é criar um senso de família para os nossos adolescentes. Portanto, nossa equipe dizia: 'Somos uma família. Somos uma família.' De modo que, na verdade, eu tive de dizer a cada um nas reuniões gerais de equipe: 'Nós não somos uma família, porque numa família nunca se pode demitir alguém como o tio Joe. É simplesmente impossível. Você tem de aguentar o sujeito porque ele faz parte da família. Já numa organização, não podemos aceitar que alguém comece a destruí-la, porque ela é mais importante que qualquer um de nós.'

"Então eu disse para eles que a analogia que se adapta melhor a nós é: 'Nós somos uma equipe' – e numa equipe todo mundo tem uma função a desempenhar. E a equipe obtém sucesso quando todos desempenham seus papéis da melhor maneira possível. A outra coisa que é diferente numa equipe é que as pessoas entendem o conceito de função. Portanto, se você é o gerente, tem um trabalho a fazer como gerente. De modo geral, ninguém se ressente pelo fato de você ter autoridade, porque entende que ela faz parte da função de gerente e que a equipe precisa de gerentes. Eles não podem gerenciar a si próprios.

"Na família, porém, tudo gira em torno do poder. Sabe como é, como a mamãe ou o papai detém o poder, penso que a dinâmica que muitas vezes acontece no local de trabalho é que as pessoas projetam essa história toda com os pais. Lembro de um emprego em que tive de chegar para minha equipe e dizer: 'Não sou a mãe de vocês. Sou a diretora de divisão. Tenho um trabalho a fazer. Vocês também.'"

6.

CONVERSAS DE ADULTO

> *Quando eu realmente me importo com alguém, então o melhor que tenho a fazer é ser honesto com ele, desejar-lhe sucesso e dizer-lhe as coisas certas que o estimulem a ser uma pessoa melhor.*
>
> – LAURA CHING, COFUNDADORA E DIRETORA GERAL DE *MERCHANDISING* DA TINYPRINTS.COM

Seth Besmertnik, cofundador e CEO da empresa de tecnologia de ferramenta de busca Conductor, lembra-se nitidamente da primeira vez em que teve de lidar com um funcionário. Não deu certo.

"Comecei a Condutor quando tinha vinte e três anos de idade, e minha primeira experiência administrativa oficial foi com o primeiro vendedor que nós contratamos. Ele era uma pessoa muito difícil de lidar e, como eu era um gerente inexperiente, fiz tudo errado. Ele estava em sua segunda semana de trabalho quando recebeu uma ligação de alguém que poderia se tornar um importante cliente para nós. Porém, como era da Califórnia, o cliente disse que só poderia conversar às 18h00. O vendedor chegou para mim e disse que não poderia fazer a ligação porque teria de ir para a academia. Meu sangue ferveu. No entanto, sentindo-me intimidado pelo sujeito, não tive a coragem de dizer: 'O que você está fazendo? Isso é horrível!'

"Provavelmente nós deveríamos ter demitido o sujeito na hora. Era o que eu faria hoje. Porém, após dezoito meses eu ainda não lhe havia dado nenhum *feedback* crítico. Além disso, os outros funcionários continuavam a me dizer que ele era um problema. Acabei dispensando o sujeito, o que o deixou furioso. Ele tinha todo o direito de ficar furioso, porque durante dezoito meses eu nunca lhe dera nenhum *feedback* crítico. Eu diria que ele foi minha primeira experiência gerencial de verdade, e eu tirei nota zero."

Porém, quantos administradores se saem muito melhor?

Em muitas empresas, os administradores têm medo de dar um *feedback* sincero. Como consequência disso, os problemas são varridos para debaixo do tapete, a tensão aumenta, e as conversas que deveriam ter ocorrido no momento em que o problema surgiu são postergadas por meses, ficando para a avaliação de desempenho. Nessa altura, elas ganham uma importância desproporcional, porque o funcionário, ouvindo falar pela primeira vez do problema, é pego de surpresa, fica ressentido, vira as costas e chega até mesmo a reagir com violência. A experiência ruim faz com que o gerente fique ainda mais relutante em tratar de um problema futuro.

"Eu as chamo de conversas adultas", disse Geoffrey Canada, CEO da Harlem Children's Zone, uma organização sem fins lucrativos. "As pessoas não gostam desse tipo de conversa, preferem evitá-las. Eu pergunto a elas frequentemente: 'Vocês precisam de ajuda para fazer esse tipo de conversa? Você vai conversar com a pessoa. O que vai dizer? Como vai dizer? A maioria de nós não foi treinada para fazer isso. Eu pensava que isso acontecesse principalmente em empresas sem fins lucrativos, porque, como as pessoas que trabalham ali querem ajudar os outros, é mais difícil para elas tomar essas decisões difíceis. Porém, quanto mais eu conheço gente que trabalha em empresas com fins lucrativos, mais eu penso que eles estão numa situação ainda pior com relação a isso.

"Às vezes eu fico espantado em ver como as pessoas relutam em chamar alguém na sala e simplesmente dizer: 'Olhe, você é uma boa pessoa. Você sabe que eu gosto de você. Eu gosto de sua família. Seu trabalho realmente não está sendo bem elaborado, e eu vou ter de dispensar você.' Em vez disso, elas põem a pessoa em outro cargo, no qual ela não contribui realmente para os resultados da empresa, para não ter de lidar com a demissão. Nós não podemos nos dar ao luxo de agir assim. Quer dizer, nós não dispomos de cargos onde possamos enfiar alguém."

E quando o ressentimento aumenta, às vezes pessoas eficientes acabam deixando a empresa, disse Seth Besmertnik, da Conductor's.

"Penso que os funcionários muitas vezes pedem demissão da empresa porque tiveram um problema com alguma coisa, além de todas aquelas coisinhas que vão deixando a pessoa desesperada. Só que ela nunca as compartilha com ninguém. Então, um dia ela chega e diz: 'Estou saindo. Aqui está meu aviso prévio.' Daí o gerente dirá: 'Por que você está saindo?' E ela responderá: 'Estou incomodada com isto, isso e aquilo.' A empresa talvez até consiga solucionar todas aquelas coisas, mas há muitas conversas a serem esclarecidas, e é tarde demais."

A abordagem simples descrita nos dois capítulos anteriores – que os funcionários devem se tratar com respeito enquanto também desempenham suas funções na equipe e esperam que os outros façam o mesmo – só dá certo se os membros da equipe estiverem dispostos a discutir francamente a fim de solucionar as divergências e os mal-entendidos inevitáveis.

Na verdade, não é fácil. Muitos CEOs dizem que tiveram de aprender a ter conversas adultas. Eles também reconhecem que essas conversas podem liberar uma energia que permaneceria represada, não fosse por elas, porque as pessoas relutam em dizer realmente o que pensam.

Comece pelo topo

Se os líderes querem que seus administradores e funcionários sejam sinceros uns com os outros, eles próprios têm de dar o exemplo. Muitos CEOs dizem que este é um teste simples para saber se o líder é eficaz: Você é capaz de olhar nos olhos de alguém e lhe dar um difícil *feedback*?

"Grande parte do meu crescimento como administrador tem a ver com a superação da minha própria insegurança e com o fato de eu ter adquirido confiança", disse Seth Besmertnik, da Conductor. "Quando se sente confiante, você consegue dar *feedbacks* às pessoas; consegue ser sincero. Sente-se suficientemente seguro para dizer o que realmente pensa, para chamar alguém em sua sala e dizer: 'Você fez isso. E isso realmente me fez sentir XYZ.' A capacidade de manter conversas proveitosas representa, de fato, oitenta por cento daquilo que define um administrador eficaz."

Laura Ching, da TinyPrints.com, contou como ela descobriu a importância de dar um *feedback* claro para evitar mal-entendidos.

"Depois de terminar a faculdade de administração fui trabalhar na Walmart.com", lembrou ela. "Foi um enorme desafio.

Só me lembro de que eu achava que seria muito fácil ser uma boa chefe, já que, tendo trabalhado com chefes que haviam me decepcionado, eu me perguntava: 'Por que eles não entendem?' Porém, quando começa a praticar, você aprende muito.

"Uma das coisas que eu aprendi é que era realmente difícil para mim dar um *feedback* negativo. Eu sou do tipo que gosta de agradar as pessoas. Gosto quando elas estão felizes, tanto no trabalho como em casa. Assim, levei um tempo para descobrir que é melhor dar o *feedback* negativo imediatamente. Lembro de uma funcionária minha que fazia um trabalho correto, e eu apresentava a ela críticas construtivas, mas eu balanceava isso com reforço positivo também. Penso que ela só ouvia as coisas positivas, e as negativas não encontravam eco nela.

"Quando chegou o período de avaliação e ela não foi bem avaliada, aquilo nos afastou radicalmente. Foi uma sensação horrível. Eu me perguntava: 'O que eu fiz de errado, onde tudo desandou? Aquilo me ensinou que eu precisava ficar mais à vontade para dar *feedback*. Se eu me importo realmente com alguém, então é melhor ser sincero com a pessoa, desejar que ela seja bem-sucedida e dizer as coisas certas que a estimulem a ser uma pessoa melhor."

Por mais difíceis que as conversas adultas possam ser – principalmente quando se trata de um *feedback* crítico –, o impacto pode com frequência ser poderoso, se as pessoas aprenderem algo de novo sobre si próprias de forma construtiva.

Karen May, vice-presidente de desenvolvimento pessoal do Google, aconselhou centenas de executivos ao longo da carreira, tendo constatado com frequência as vantagens desse tipo de *feedback*.

"Como conselheira, após entrevistar um grupo de pessoas com as quais eles trabalhavam eu podia muitas vezes lhes dar um *feedback* que eles não haviam recebido antes", disse ela. "Para mim também era sempre difícil. Mesmo em termos humanos, não é fácil dizer a alguém que seu desempenho está abaixo das expectativas. No entanto, acabei descobrindo que as pessoas ficam extremamente gratas. Se eu não estou me saindo bem e não percebo isso – ou não sei o porquê disso ou não consigo pôr o dedo na ferida – e ninguém me avisa, então não saberei como resolver o problema. Mas se você me der essa informação, eu terei a oportunidade de mudar meu comportamento, ainda que seja doloroso recebê-la. Descobri que uma das coisas mais valiosas que eu poderia fazer por alguém era dizer-lhe exatamente o que ninguém jamais havia lhe dito."

Para Brent Saunders, ex-CEO da Bausch & Lomb, ser direto foi uma técnica que ele aprendeu rapidamente no início da carreira, quando trabalhava no mundo altamente arriscado da consultoria.

"Quando começa a gerenciar pessoas, você só quer dar um tapinha nas costas delas e dizer: 'Bom trabalho'; e quando elas fazem algo errado, você quer se esconder debaixo da mesa e fingir que aquilo não aconteceu", disse ele. "Mas, uma das coisas que eu aprendi foi que, especialmente quando se trata de vender capital humano e capacidade intelectual, se você não lidar com esse tipo de coisa de maneira certa e direta, ela pode se transformar num problema maior. Isso porque o trabalho pode ficar malfeito e, como as pessoas são pagas por hora, refazê-lo significa algo terrível para o cliente nessas situações. Percebi muito rapidamente, portanto, na base da tentativa e erro, que era preciso lidar com essas coisas de maneira bem direta.

Isso é algo que eu conservo comigo ao longo de toda a minha carreira."

Linda Lausell Bryant, da Inwood House, disse que sua experiência em treinamento para soluções de conflitos não somente a deixou à vontade para as conversas difíceis mas também a fez valorizar a sua importância.

"É compreensível que as pessoas tenham a tendência de dizer: "Vamos evitar o conflito", disse ela. "Eu fui ensinada a me aproximar do conflito e a descobrir a causa do desentendimento. O que está por trás dele? Quais são as necessidades e os problemas subjacentes a ele? Por exemplo, duas pessoas apresentam o conflito como sendo: 'Eu queria o vermelho; ela queria o azul.' Ou seja lá o que for. Mas será que tem a ver realmente com a escolha entre vermelho e azul, ou será outro o verdadeiro motivo? Eu sempre fui particularmente favorável a que se descobrissem as questões psicodinâmicas subjacentes. A orientação para não evitar o conflito – meio que me aproximando dele e aprendendo a ficar à vontade com ele – foi algo que me marcou profundamente.

"É preciso respeitar não apenas as necessidades das pessoas, mas também seu sofrimento e sua vulnerabilidade. Inúmeros conflitos estão relacionados a assuntos muito pessoais. Estou muito atenta às necessidades não verbalizadas que as pessoas enfrentam no local de trabalho. Gente é gente em qualquer lugar – elas trazem consigo sua bagagem pessoal; todos nós trazemos –, e a dinâmica do local de trabalho representa uma variável da interação daquilo que todos nós trazemos na bagagem. Você não pode mudar a situação. Mas pode acolhê-la; pode expô-la, pode torná-la mais compreensível. Por fim, ela também não pode se transformar no centro de tudo, porque no local de trabalho existem assuntos e regras mais importantes que definem o que cada um tem de fazer. É útil que o chefe conheça a situação e esteja ciente dela; e é melhor ainda se os funcionários também estiverem cientes disso e sentirem que você não está tentando transformá-los em outra pessoa."

Dar *feedback*

Na Proteus Digital Health, Andrew Thompson criou grupos para trabalhar em diversos aspectos da cultura da empresa. Um dos grupos é focado estritamente em *feedback*, ensinando as pessoas como conversar com o outro sobre seu desempenho de forma respeitosa. O grupo utiliza a imagem marcante do jogador de tênis "transpondo a rede" como um lembrete sobre as regras para dar *feedback*.

"Um dos desafios que pretendíamos enfrentar", disse Thompson, "é que queríamos ser uma empresa na qual as pessoas pudessem conversar abertamente umas com as outras e dar *feedback* diretamente umas às outras, em vez de deixar a situação se deteriorar ou procurar o chefe para dizer: 'Não dá pra trabalhar com o Fred por causa disso e daquilo.' É muito mais fácil procurar o Fred e dizer: 'Ei, olhe, quando você faz X eu sinto Y.' Desse modo, agora todos na empresa recebem treinamento em como dar *feedback*.

"Como CEO, isso significava que uma das primeiras coisas a serem feitas era que eu participasse do grupo de direção, que é um grupo razoavelmente grande de cerca de trinta ou quarenta pessoas. A gente forma um grande círculo e todos me dão *feedback*. Na verdade, trata-se de uma experiência muito positiva porque as pessoas foram treinadas a dar um *feedback* adequado e equilibrado e, assim, elas conseguem transmitir o que pensam. Então, agora todos agem assim. Ainda não atingimos a perfeição, mas estamos aprendendo e continuamos tentando.

"Você tem de fazer com que as pessoas aprendam a conversar entre si de maneira direta. Tem de ser no momento certo, e isso não pode 'transpor a rede'. Quando você dá um *feedback* a alguém, não é para dizer: 'Você está agindo assim porque não gosta de mim', ou algo parecido. Tem de ser algo bastante franco. Por exemplo: 'Quando você grita comigo, eu me sinto desvalorizado.'

"Se você transpõe a rede significa que, em vez de descrever o comportamento e como você se sente em relação a ele, você começa a explicar ao outro quais são as motivações para ele ter tido aquele comportamento. É aí que surge um grande número de problemas, porque as pessoas constatam o comportamento e, em vez de dar *feedback*, ficam imaginando todos os motivos que levaram a ele. Elas inventam um monte de bobagens ilusórias sobre os motivos que levam a pessoa a agir assim com elas, quando, na verdade, ela talvez nem perceba que esteja fazendo algo. É como no tênis ou no vôlei: você tem de ficar do lado de cá da rede. Simples, não é?

"O que eu acho interessante nesses ambientes é perceber, de maneira razoavelmente precisa, como aquilo que você faz ou o modo como interage afeta as pessoas de maneira muito diferente. Num determinado caso, havia gente que considerava meu estilo muito intimidante e exigente, e outros que o achavam muito produtivo e gratificante. Isso tem a ver, em parte, com a compreensão e a explicação do que eu faço e por que faço aquilo. Os sistemas humanos são muito complexos, principalmente quando se ganha algum tipo de escala numa organização.

Mas eles são importantes, porque a cultura que você constrói e a capacidade de adaptação é que irão determinar a qualidade do resultado."

Na Conductor, Seth Besmertnik adotou outra estratégia para dar *feedback* frequente aos funcionários:

"Assim que é contratado, o funcionário recebe um livro chamado *Fierce Conversations* [Conversas difíceis], de Susan Scott, e uma carta escrita que diz basicamente o seguinte: 'A vida segue em frente, uma conversa de cada vez. Se você for capaz de se comunicar com eficácia aqui na empresa, e se aprender a ter conversas difíceis com as pessoas, então a maioria dos problemas oriundos do trabalho estará solucionada.'

"Uma abordagem que eu costumo utilizar quando começo a trabalhar com alguém é dizer: 'Ei, gosto muito de te dar *feedback*.' Deixe as pessoas com a expectativa de que você vai lhes dar bastante *feedback*. Quando realizarem algo importante, mande-lhes um *e-mail* curto. Quando fizerem algo aquém da sua expectativa, chame-as de lado e demonstre interesse pelo assunto. Muitos exemplos prejudiciais acontecem quando você passa muito tempo sem dar *feedback* às pessoas, reprimindo o que precisa ser dito. Elas ficam tão acostumadas a não receber nenhum *feeedback* que, quando isso acontece, é aquele escarcéu. Se você passa a lhes dar *feedback* regularmente, elas se acostumam com ele e não ficam tão insensíveis. Assim, eu reforço sempre esses aspectos culturais: se você tem algo em mente, ponha pra fora; não deixe escapar."

David Rock, do NeuroLeadership Institute, diz que, como as pessoas se sentem naturalmente ameaçadas por *feedbacks* críticos, outra estratégia que pode funcionar em diversas situações é pedir que as pessoas deem seu próprio *feedback*. Isso faz com que elas se sintam mais no controle, com a percepção da valorização de seus cargos, em vez de sentirem que estes são diminuídos por seu supervisor.

"Normalmente é possível prever que a pessoa que recebe o *feedback* vai querer argumentar", disse ele. "Além disso, após procurar dar *feedback* algumas vezes como gerente, você percebe que as pessoas começam realmente a discutir e a recusar o *feedback*; e aquilo que se anunciava como uma conversa de cinco minutos acaba durando uma hora e meia, e você percebe que está andando em círculos. Além de ser um processo exaustivo, trata-se de uma reação a uma ameaça. As pessoas se defendem e manifestam isso por meio da linguagem corporal.

"Nossas pesquisas revelam que cerca de setenta e cinco por cento das vezes é possível fazer com que as pessoas deem o *feedback* de si mesmas; nesse caso, nós o chamamos '*feedback* autodirigido' em vez de simplesmente *feedback*. Assim, você pode fazer com que as pessoas deem *feedback* de si próprias, o que é, na realidade, uma recompensa e não uma ameaça à sua posição.

"Digamos que você fez tudo errado na reunião com o cliente, e que eu sou seu chefe e sei que a reunião foi péssima. Se eu digo a você: 'A reunião foi péssima. O que deu errado?', você vai se defender. Como vai sentir que sua posição está sendo atacada, todos os seus recursos cognitivos se voltarão para sua defesa. Mas, se eu disser: 'Você é uma pessoa inteligente. Aposto que ficou pensando naquela reunião. O que você pensa em fazer da próxima vez?' Nesse caso, eu estou lhe dando a oportunidade de se sair bem; por isso, você agora irá refletir e pensar profundamente no que poderá fazer da próxima vez. Se não existe uma forte ameaça e você não está lutando contra algo, torna-se intrinsecamente gratificante para você conversar sobre como você faria melhor esse algo da próxima vez. Com essa abordagem autodirigida, na maioria das vezes você consegue, de fato, bons *insights* e maneiras úteis para seguir em frente."

Dominic Orr, da Aruba Networks, disse que usa uma estratégia simples – aceitar que todos têm o direito de ser "momentaneamente estúpidos" – para ajudar a fluir a conversa e desarmar as pessoas quando ele está dando a elas um *feedback*.

"Você tenta ser intelectualmente honesto consigo mesmo, o que significa que tem de esquecer aquela história toda de salvar as aparências e tal", disse ele. "Digo o seguinte: 'Se você trabalha para mim, tem de ter casca grossa, porque aqui não dá para ficar fazendo pose.' Também digo que todos podem ser, e serão, momentaneamente estúpidos. Penso que em muitas grandes empresas os conflitos surgem porque alguém afirma algo numa reunião; em seguida, perdem-se semanas e um bocado de energia porque a pessoa tem de se esforçar para defender sua posição – e então os conflitos entram em cena porque ela agora quer fazer *lobby* em defesa daquela posição.

"Portanto, quando converso com os principais executivos da minha equipe, digo que eles precisam aceitar que podem ser, e serão, momentaneamente estúpidos. Se puderem aceitar isso e dizer: 'Ah, eu estava momentaneamente estúpido; vamos tocar em frente', então você não perde tempo lidando com aquilo. Eu tento dar o exemplo e não demonstrar nenhuma suscetibilidade. Minha porta está sempre aberta. Eu estimulo bastante que me deem *feedback*, de modo que minha equipe não se sente inibida em me dizer que eu estava momentaneamente estúpido ou que, na verdade, eu tinha cometido algum engano. Às vezes eu discuto. Às vezes eu acabo dizendo: 'Ainda prefiro seguir minha intuição.' Penso que se minha equipe não pudesse ser intelectualmente honesta comigo, minha teoria da administração seria um completo fracasso. Esse é um princípio que eu me empenho muito, muito em manter por meio do exemplo."

Orr falou um pouco mais sobre como ele utiliza essa abordagem para dar *feedback* às pessoas:

"Às vezes eu escrevo um *e-mail* para alguém no qual acrescento uma parte que começa assim: 'Tem início agora a hora da sinceridade intelectual.' Em seguida, após ser extremamente rigoroso com a pessoa, eu termino com a frase: 'Fim da hora da sinceridade intelectual' e prossigo com o *e-mail*. Desse modo, você cria, de fato, um pequeno espaço para a pessoa. Como o objetivo é ser extremamente sincero, eu procuro entrar em contato com uma pessoa de cada vez, para não deixar ninguém constrangido. O mais importante é que não se transforme em algo pessoal, pois assim a pessoa irá perceber que você não a está atacando. Está apenas atacando o problema, ou seja, o fato de que ela estava se comportando de uma determinada maneira, e você manteve o assunto no nível estritamente pessoal."

Um pouco de humor também pode ajudar bastante a desarmar as pessoas. Tim Bucher, da TastingRoom.com, às vezes recorre a sua finada avó para dar *feedback*.

"Se você trabalhasse para mim, eu nunca lhe diria que você fez um péssimo trabalho", disse ele. "Embora eu ache que é importante ser direto, é possível sê-lo de uma forma diferente. Veja como eu faço. Eu digo: 'Acho que minha vó teria feito um trabalho melhor.' É algo realmente simples; embora eu use um pouco de humor, eu nunca rio quando digo isso. Ou quando alguém me diz que vai precisar de quatro meses para fazer algo, eu posso dizer: 'Nossa, será que eu preciso chamar minha vó para ajudar?' E sempre que ela entra em cena, todos sabem exatamente o que eu quero dizer. Na verdade, estou lhe dizendo que você é uma pessoa incompetente sem usar exatamente essas palavras, porque não acho isso muito motivador.

"Se eu disser: 'Você é uma pessoa incompetente', será que isso vai motivá-lo? E dizer que minha vó seria capaz de fazer algo, isso o motiva? Na verdade não, mas estou dizendo a mesma coisa de maneira indireta. E, acredite, tive gerentes que não falavam nada de maneira indireta. O legal é que, hoje, quando estou prestes a dizer algo numa reunião, alguém me interrompe e diz: 'Espera, espera, espera. Quer saber de uma coisa? É melhor chamar a vó do Tim.' E eu nem preciso dizer nada: de uma hora para outra o prazo passa de quatro para três meses, para dois meses. Acho que o simples fato de humanizar a liderança já é algo realmente importante."

Como lidar com os fofoqueiros

Eis aqui um problema que muitos administradores enfrentam. Um funcionário pede para ter uma conversa com você em sua sala. Ele entra, fecha a porta e começa a reclamar de um colega, responsabilizando-o por um determinado comportamento, como não fazer a parte que lhe cabe ou minar o projeto porque ele tem uma estratégia diferente da dele.

Nessa altura, o gerente tem algumas opções. Pode resolver ignorar a pessoa e esperar que o problema desapareça. (O que provavelmente não acontecerá.) Pode acrescentar essa espinhosa disputa a sua lista lotada de tarefas e enveredar pelo caminho perigoso de bancar o detetive, conversando com pessoas de ambos os lados para descobrir, na medida do possível, quem está certo e quem está errado. Isso vai causar um enorme desperdício de tempo, aumentar a raiva das pessoas e aprofundar o fosso entre o acusador e o acusado. Não há dúvida de que a verdade está em algum ponto entre os dois e que a disputa pode ser o reflexo de um problema mais grave, enquanto a discordância relatada é apenas um novo ponto crítico.

A boa notícia é que existe uma solução para esse problema corriqueiro: obrigar as pessoas a conversar entre si e fazer com que tenham uma conversa adulta.

Trata-se de uma estratégia simples que é utilizada por um grande número de líderes, entre os quais Mark Fuller, CEO da WET Design, empresa que constrói e instala fontes bem-acabadas como as fontes do hotel Bellagio, em Las Vegas.

"Desde o começo", disse ele, "decidi que sempre que alguém entrasse na minha sala e começasse a reclamar de algo em outro departamento eu diria: 'É mesmo? Vamos chamar as pessoas aqui. Não perca o fio do raciocínio.' É igualzinho ao que acontece em casa com os filhos – ninguém aguenta uma fofoca atrás da outra. Então você reúne todo mundo e, de repente, as pessoas começam a dizer que talvez tenham exagerado um pouco e que a coisa não era tão ruim como haviam dito.

"Já estive em ambientes em que, para se divertir, o CEO ficava sentado tentando assistir às pessoas se digladiando. Isso não é legal. Isso é tão corriqueiro! Acho que é muito comum no mundo corporativo. O desejável é conversar e dizer: 'Muito bem, o que realmente deu errado aqui? Somos só nós três nesta sala, e a gente vai resolver isso. De que jeito?'"

Para reduzir a tensão, Laura Yecies, ex-CEO da SugarSync, um serviço de armazenamento *online*, lida com esses desentendimentos de uma forma um pouco diferente.

"Uma coisa que eu aprendi em termos de administração de conflitos é questionar as hipóteses que as pessoas têm sobre a causa do conflito", disse ela. "Eis aqui um exemplo. Um funcionário vem e me diz: 'Fulano só me causa problema. Não faz XYZ. Estou realmente furioso.' Ele não para de dizer que o outro é uma pessoa desagradável. Todo administrador passa por isso um milhão de vezes. Parece criança falando.

"Então eu digo para ele algo que o deixa desarmado: 'Quer dizer que eles estão fazendo uma coisa que o desagrada. Você acha que eles estão agindo assim porque acreditam que essa é a melhor maneira de realizar o trabalho ou você acha que eles estão agindo assim porque não querem que sejamos bem-sucedidos?' A resposta é sempre a mesma: 'Bem, não. Eles provavelmente não querem que não sejamos bem-sucedidos.' Daí então eu digo: 'Certo. Bem, então por que eles acham que esse método é melhor? E por que vocês não discutem isso com eles?'

"Já fiz isso, ou uma variação disso, uma centena de vezes, porque a maioria das pessoas se esquece de que, na verdade, elas acham que a outra pessoa está tentando agir da maneira certa, e a discordância é a respeito da tática ou da estratégia."

Julie Greenwald, diretora geral de operações do Atlantic Records Group, diz a sua equipe que ela não tem tolerância zero com tais discussões.

"Sem essa de agredir pelas costas. Quem tentou isso comigo descobriu imediatamente que eu era contra", disse ela. "Se uma pessoa discordava de outra e tinha medo de lhe dizer, mas vinha contar para mim, eu chamava as duas na sala e obrigava a primeira a falar do assunto. Como agi diversas vezes assim no começo, as pessoas perceberam que eu ficaria irritada se elas não dissessem as coisas cara a cara. Se você tem um problema, deve ser capaz de resolvê-lo. E se não for capaz de encontrar a solução, tudo bem, pode contar comigo para resolver quem tem razão. Mas não me procure para falar dos outros. Isso eu não engulo."

Essa dinâmica também pode acontecer via *e-mail*, com as pessoas enviando comentários para o chefe implicando com um colega. Uma resposta firme, no entanto, acaba com esse tipo de comportamento rapidamente.

"Quando entrei na Calvert, isso acontecia muito lá", disse Barbara J. Krumsiek, CEO da Calvert Investments. "De modo que um dos meus subordinados imediatos me mandou um *e-mail* reclamando de algo que alguém havia dito. Eu lhe respondi dizendo: 'Não vou ler isto porque a pessoa a quem você se refere não está copiada no *e-mail*. Portanto, se você a puser em cópia e mandar o *e-mail* de novo para mim eu trato do assunto.' Bem, o *e-mail* nunca chegou, porque quando a pessoa realmente foi tratar do assunto, ele estava resolvido."

No final das contas, a questão é estabelecer regras que minimizem o comportamento interesseiro e destrutivo, de modo que qualquer conflito que as pessoas tenham esteja relacionado às tarefas imediatas, não aos outros – como percebeu muito bem Mike Sheehan, da agência de publicidade Hill Holliday.

"Embora o objetivo não seja eliminar completamente os conflitos, o que se pretende é que eles estejam relacionados ao próprio trabalho", disse ele. "Às vezes você tem de cavoucar um pouco e conversar com as pessoas, mas, se descobrir que o conflito está relacionado com o trabalho, que bom, porque isso é saudável. Penso que na maioria dos locais de trabalho ocorre o contrário – como as pessoas têm de chegar a um consenso sobre o trabalho, todos os conflitos decorrem de interesses pessoais.

"Isso é algo que o fundador [da Hill Holliday], Jack Connors, incutiu na cultura da empresa. Não é uma democracia; você tem de tomar decisões difíceis e depois seguir em frente. 'O inimigo está lá fora', dizia ele. 'O inimigo não está dentro destas quatro paredes.'"

Esse modelo extremamente simples de administrar e liderar pode ser difícil de implementar, porque envolve algumas discussões incômodas e alguns momentos de tensão. Porém, na cultura corporativa, quando se fala em economizar tempo, evitar dores de cabeça e neutralizar a energia destrutiva, talvez não haja um instrumento mais eficaz do que uma conversa adulta que comece com cinco palavras simples: "Nós podemos conversar sobre isso?"

7.

OS PERIGOS DO *E-MAIL*

> *Conversas inocentes sobre tarefas e trabalho de equipe acabam ganhando outro sentido quando você não fala diretamente com a pessoa, mas simplesmente lhe envia um texto ou um e-mail.*
>
> – STEVE STOUTE, CEO DA TRANSLATION LLC
> E DIRETOR DO CONSELHO ADMINISTRATIVO
> DA CAROL'S DAUGHTER

Ao longo de mais de duzentas entrevistas com CEOs e outros líderes, alguns padrões previsíveis emergiram. Por exemplo, se um CEO me diz que sua empresa sistematizou seus valores e que eles são, digamos, em número de sete, é bem possível que ele tenha dificuldade de se lembrar de um ou dois. (Um desses CEOs precisou consultar o iPhone.) Essas ocasiões ajudam a nos convencer da vantagem de elaborar listas mais curtas.

Outro modelo previsível é este: basta tocar na questão do uso de *e-mail* no local de trabalho que o clima muda imediatamente. Além de ser uma questão delicada, é claramente uma fonte contínua de frustração para os CEOs.

O problema, naturalmente, é que, apesar das vantagens evidentes do *e-mail* na aceleração da comunicação, ele também é uma armadilha perigosa. É muito fácil interpretar mal um *e-mail*, o que muitas vezes traz consequências desastrosas para a cultura da organização.

Um dos motivos de tantos dirigentes se surpreenderem é que a dinâmica não é nada misteriosa. Inúmeros comentaristas escreveram a respeito dos perigos do *e-mail*, entre eles David Shipley e Will Schwalbe, no livro *Send: Why People Email so Badly and How to Do It Better* [*Enviar: por que as pessoas utilizam tão mal o* e-mail *e como utilizá-lo melhor*]. Os funcionários sabem o que não devem fazer. E, no entanto, eles não param de repetir os mesmos erros.

Isso já aconteceu alguma vez com você? Você manda para alguém um *e-mail* que lhe parece simples e direto; a resposta do colega, porém, o deixa intrigado: o que será que ele leu? Ele assume uma postura defensiva, e o tom agressivo dá a entender que ele interpretou de maneira completamente equivocada a sua intenção. Você coça a cabeça, relê o *e-mail* e conclui que, na verdade, foi absolutamente claro. Em seguida, começa a ficar irritado com a pessoa por suas opiniões equivocadas sobre seu modo de agir. Você então respira fundo, arregaça as mangas e começa a digitar uma tréplica do tipo "alto lá!" que só vai elevar o tom da discussão.

O recurso "cc" pode piorar o problema. Alguém levanta uma questão por *e-mail*, outros são copiados durante a discussão, e de repente está todo mundo tomando partido, como os Sharks e os Jets em *West Side Story*.

Na verdade, existe um lugar para o *e-mail*: ele é ideal para combinar coisas simples. "A que horas você pode me encontrar hoje à tarde?" "Como estou programando meu dia, gostaria de saber quando você pode me mandar aquele relatório." "Que tal almoçar na sexta?"

O problema começa quando existe algo em jogo, como o ego de alguém, ou quando existe a mínima possibilidade de que a intenção ou o tom possa ser mal interpretado. Quando recebemos um *e-mail* um pouco mais denso, nós viramos arqueólogos amadores, analisando as palavras na tela como se estivéssemos tirando a poeira de algum objeto em busca de pistas que nos permitam entender o que a pessoa realmente quer dizer. Por que ela pôs em cópia aquelas duas pessoas – qual é o seu ponto de vista? Este *e-mail* é mais polido do que o que ela mandou ontem – será que isso é um bom sinal? Como é impossível perceber claramente o tom, é natural atribuir aos *e-mails* os mais variados motivos e significados.

O problema do *e-mail* é que ele não ajuda em nada a construir os laços de união entre as pessoas que estimulam o senso do trabalho de equipe, sem o qual a inovação é impossível. Além disso, o *e-mail* não é apenas inútil quando se quer construir uma cultura eficaz, ele também pode ser muito prejudicial. No entanto, como o *e-mail* provoca um imenso fascínio, as pessoas continuam caindo na mesma armadilha: pensar que ele representa a melhor maneira para realizar uma série de tarefas num curto espaço de tempo.

Muitos CEOs estão muito atentos aos perigos do *e-mail*; por isso, eles estabelecem uma variedade de regras para desestimular seu uso e, em vez disso, estimular as pessoas a conversar umas com as outras.

Veja o que Steve Stoute, da Translation LLC e da Carol's Daughter, diz a sua equipe:

"Eu deixo que todos compreendam que cada um é diretamente responsável pela pessoa que trabalha ao seu lado, e que é muito importante que sejamos transparentes uns com os outros, que trabalhemos em sintonia e que nos comuniquemos de forma coerente e clara. Eu forço as pessoas a conversar com quem trabalha ao seu lado em vez de mandar *e-mails*. O advento do *e-mail* gerou um grande aumento de produtividade, mas, como o tom se perdeu, ele também criou uma quantidade muito maior de mal-entendidos.

"Precisamos nos comunicar. Para isso, temos de deixar um pouco de lado o *e-mail*, pegar o telefone e ligar para os clientes, e, além disso, conversar com os colegas no corredor. Isso porque o tom influencia demais o modo como alguém recebe uma informação. Ele define a urgência do assunto e a intenção de quem fala. Para construir os relacionamentos, o tom e os gestos são fundamentais. Porém, se não der espaço a todas essas coisas, você começa a contar com pessoas que, por não se conhecerem, não estão necessariamente alinhadas. Elas só se conhecem pelo nome. Conversas simples a respeito das tarefas e do trabalho de equipe acabam sendo mal interpretadas se, em vez de falar diretamente com a pessoa, você se comunica com ela por meio de textos ou de *e-mail*."

Nancy Aossey, CEO do grupo humanitário International Medical Corps, dá a mesma orientação para os seus funcionários, principalmente quando sobe a temperatura nas conversas por *e-mails*.

"Eu tenho uma porção de opiniões fortes sobre o *e-mail*", disse ela. "É uma extraordinária ferramenta de comunicação e uma maneira extraordinária de compartilhar informação. Quanto a isso não há dúvida. Já que sabemos o que ele faz, vamos falar do que ele não faz. Quando precisa resolver um conflito, você não pode confiar no *e-mail* porque as pessoas não percebem o tom nem os gestos. Mesmo que o conheçam e gostem de você, elas podem não saber se você estava irritado ou se estava brincando no *e-mail*. Existem coisas que podemos dizer numa conversa, mas que não podem ser ditas num *e-mail* porque as pessoas não percebem o tom nem os gestos.

"As pessoas se transformam quando conversam pessoalmente sobre um problema, não porque fiquem com medo, mas porque têm a vantagem de ver o outro, perceber sua reação e compreendê-lo. No entanto, a discussão por *e-mail* diz respeito a quem tem a palavra final. Isso abre espaço para um traço muito perigoso do comportamento humano. Como você quer ter a palavra final, nada deixa isso mais evidente do que o *e-mail*, porque você pode ficar sentado e clicar em Enviar; aquilo, então, segue num crescendo e você não tem a vantagem de identificar o tom.

"E quanto ao recurso 'cc'? Ele é o mais perigoso de todos. Se você puser em cópia cinco pessoas da sua equipe e cinco da minha, de repente estaremos nos posicionando contra ou a favor de alguém. Penso que, a partir de uma posição de liderança, você tem de definir o tom e dizer que isso é inaceitável, que não é para ter esse tipo de comportamento. Temos um princípio rígido que diz que, se você tiver de resolver um problema, não o resolva por *e-mail*. Existem funcionários meus que usam esse recurso o tempo todo? É claro que não. Mas, quando vejo um caso, faço um estardalhaço."

Ori Hadomi, CEO da empresa de tecnologia médica Mazor Robotics, estabeleceu uma regra para evitar que os funcionários, principalmente os que trabalham em escritórios diferentes, ficassem discutindo por *e-mail*.

"O *e-mail* é uma forma de comunicação muito perigosa", disse ele. "Embora tenha uma série de benefícios e vantagens, acho que ele é perigoso porque, em caso de conflito e de discordância, quando começam a discutir por *e-mail* as pessoas se aferram ainda mais a sua opinião.

"Desse modo, a regra estabelecida por nós diz que eu posso lhe escrever algo, e você pode discordar e responder-me dizendo: 'Discordo profundamente por estes motivos.' Em seguida, eu posso escrever novamente para você dizendo: 'Eu também discordo de você por estes motivos.' Após a segunda resposta, a troca de *e-mail* para. Então, você prossegue a conversa por telefone. Nesses casos, nós também procuramos utilizar videoconferências pelo *Skype*. Leva-se noventa por cento menos de tempo para resolver os conflitos conversando comparado ao tempo gasto quando escrevemos.

"Discordar por *e-mail* realmente não é construtivo. Não é a maneira correta de se comunicar quando se quer chegar a um acordo. Portanto, eu insisto nesta regra: vamos simplesmente conversar ou pegar o telefone. Além disso, sempre que possível eu procuro usar o vídeo. Eu quero olhar nos olhos da pessoa, principalmente quando discordamos."

Outra regra inteligente relacionada ao *e-mail*: por mais que ganhar tempo seja tentador, não leia *e-mails* enquanto está falando com alguém ao telefone, disse Michael Mathieu, ex-CEO da YuMe, empresa de publicidade de vídeo *online*.

"Quando está conversando com alguém, você não percebe as nuances da conversa se estiver fazendo um monte de coisas", disse ele. "Eu procuro dizer para as pessoas que, quando alguém pega o telefone, deve interromper o *e-mail* ou qualquer outra coisa que esteja fazendo, ouvir quem está do outro lado da linha, conversar com a pessoa e só então começar a fazer outra coisa. Na maioria das empresas, as pessoas falam ao telefone enquanto checam o *e-mail*, e dá pra perceber quando elas estão checando o *e-mail*."

Para todos que têm de lidar com uma avalanche de *e-mails* e que, por causa disso, não têm tempo de pegar o telefone, Jeff Weiner, do LinkedIn, tem um conselho simples:

"Como outra ferramenta qualquer, o *e-mail* é aquilo que você quiser que seja", disse ele. "Eu percebi que, se você quiser diminuir a quantidade de *e-mails* em sua caixa de entrada, é realmente muito simples: basta enviar menos *e-mails*. Eu sei que isso é um fato evidente. O que acontece cada vez que você manda um *e-mail*? Recebe uma resposta. Em seguida, você responde à resposta; o outro então acrescenta alguém na linha 'cc', que, por sua vez, também responde. Como você tem de responder a essas pessoas, alguém vai acabar interpretando mal alguma coisa. Isso provoca uma série de telefonemas, quando então você tem de esclarecer aquilo tudo. Daí aparece alguém em outro fuso horário que não entendeu o esclarecimento, o que o obrigará a esclarecer o esclarecimento.

"Portanto, eu procuro identificar claramente quem está na linha 'Para' e quem está na linha 'cc'. Meço muito bem minhas palavras. Procuro transmitir a informação certa para a pessoa certa no momento certo. Assim, se você for capaz de manter essa postura, o *e-mail* pode ser uma ferramenta incrível."

Dinesh C. Paliwal, CEO da empresa de equipamentos de áudio e de entretenimento Harman International Industries, disse que, entre as tentativas que fez para reduzir os perniciosos conflitos internos, está o estímulo dado às pessoas para que conversem pessoalmente em vez de usar o *e-mail*.

"Como somos uma empresa grande com organograma matricial, a probabilidade de ocorrerem conflitos é grande, porque nesse tipo de organograma a pessoa pode estar subordinada a dois chefes", disse ele. "Quando acontece um problema ou um conflito, eu geralmente vou direto à fonte, não falo por telefone. É possível também que, durante o jantar, eu oriente as pessoas, fale francamente com elas, aconselhe-as sobre como trabalhar bem com os outros e as estimule a conversar entre si. Eu lhes digo: 'Liguem para ele, conversem mais com ele, mas não tentem resolver os problemas difíceis por *e-mail*, porque os *e-mails* podem provocar graves mal-entendidos ou até mesmo desastres.' Além do mais, quando as pessoas conversam, elas geralmente resolvem as coisas."

Para melhorar a comunicação em sua empresa, Phil Libin, da Evernote, procurou reduzir o uso de *e-mail*.

"Uma das coisas que eu procurei fazer foi extirpar qualquer tipo de cultura do *e-mail* da Evernote", disse ele. "Nós desestimulamos fortemente aquela sequência de *e-mails* prolixos em que todo mundo dá palpite. Só por isso já não é aconselhável. Além do mais é perigoso, porque é fácil interpretar de maneira incorreta o tom de algo que é escrito. Quando precisar conversar com alguém que trabalha em outro andar, quero que a pessoa se levante e vá até a sala do outro."

É um conselho simples, mas eficaz. Ao conversar por telefone ou pessoalmente, você não somente evita mal-entendidos perigosos, mas também fortalece os relacionamentos e o sentimento de confiança com os colegas – um ingrediente fundamental para construir uma cultura produtiva. Afinal de contas, é difícil criar uma empresa inovadora quando os funcionários passam o dia fechados em cubículos e salas na frente do computador, como disse Tim Bucher, da TastingRoom.com.

"Quando você vê as pessoas conversando no corredor, gritando por cima das divisórias e entrando na sala dos colegas, isso é um bom sinal. Tem um certo zum-zum-zum no ar", disse ele. "No entanto, eu conheci algumas empresas cujos corredores pareciam um necrotério. É preciso haver interação entre todos os funcionários da empresa, não somente entre os executivos. E não somente nas reuniões. Como as pessoas estão trabalhando juntas? Elas estão, de fato, trabalhando como se fizessem parte de uma equipe? É claro que elas usam intensamente o *e-mail* e a comunicação digital, o que é bom. Porém, quando se reúnem para trabalhar juntas, o nível de troca de informação é muito maior. Podemos planejar algo juntos, gritar uns com os outros, esse tipo de coisa. E é aí que você pode mostrar também se a cultura é inovadora ou não."

A pergunta de Butcher – "Elas estão, de fato, trabalhando como se fizessem parte de uma equipe?" – pode parecer simples. Porém, para poder respondê-la afirmativamente os dirigentes precisam resolver os aspectos básicos da uma cultura corporativa eficaz: criar um projeto simples; definir as regras; tratar as pessoas com respeito, mas também fazer com que sejam responsáveis; e estimular as pessoas a expor suas diferenças umas às outras (mas nunca por *e-mail*). Com essa estrutura solidamente implantada, os dirigentes podem se preocupar com a promoção e a construção de uma cultura de inovação.

SEGUNDA PARTE

COMO LEVAR A LIDERANÇA AO PATAMAR SEGUINTE

8.

REPITA QUANTAS VEZES FOR NECESSÁRIO

> *Nunca deixe as pessoas no ar. De jeito nenhum, porque, instintivamente, elas pensarão que alguma coisa está errada.*
>
> – Geoff Vuleta, CEO da Fahrenheit 212

A trajetória profissional até os cargos mais elevados muitas vezes está cheia de reviravoltas surpreendentes e de oportunidades incomuns. Os currículos dos CEOs podem apresentar, no começo, um emprego de professor de inglês, de cientista e de diretor de cinema. Muitos CEOs também têm experiência de teatro, que eles consideram um excelente exercício de liderança.

"Você tem de ser capaz de transmitir tanto as notícias boas como as ruins", disse Caryl M. Stern, do Fundo Americano para o Unicef. "É a mesma sensação que se tem antes de entrar em cena, quando a gente respira fundo."

Existe outro paralelo com o teatro: os líderes têm de se sentir à vontade ao repetir as mesmas falas para o público. Como muitos CEOs podem confirmar, numa organização não existe isso de exagerar na transmissão de assuntos e mensagens importantes ou de manter as pessoas informadas demais sobre a evolução da empresa. Muitos dirigentes disseram ter chegado à conclusão de que precisavam encontrar espaço em sua agenda para repetir as coisas e para manter uma comunicação constante com os funcionários, algo que eles consideram instrumentos fundamentais para criar uma cultura corporativa que ajude a organização a manter sempre um alto nível de desempenho.

"O líder precisa ser uma pessoa cuidadosa, principalmente numa grande organização", disse Christopher J. Nassetta, CEO do Hilton World-wide. "Você acaba transmitindo a mesma informação tantas vezes que fica cansado de ouvi-la. Uma saída, portanto, é modificar o modo de transmiti-la ou fazê-lo de maneira mais breve; porque, após ter literalmente repetido a informação tantas vezes, você acha que não existe mais ninguém no mundo que queira ouvi-la. Porém, você não pode parar de fazê-lo. No meu caso, como existem trezentas mil pessoas que precisam ouvi-la, nunca é demais repetir. Portanto, o que para mim pode parecer banal e conhecido, para muitas pessoas não é. Essa foi uma lição importante que eu aprendi quando trabalhei em organizações maiores."

Dirigentes com experiência acadêmica dizem que uma das lições mais difíceis que eles aprenderam a respeito de dirigir uma organização é que precisam se comunicar constantemente. Eis aqui o depoimento de Amy Gutmann, reitora da Universidade da Pensilvânia:

"Aprendi, com o passar do tempo, numa organização do tamanho da Penn, com trinta e um mil funcionários, que é preciso falar muito e com um monte de gente. Acho que sou uma pessoa muito mais comunicativa do que antes. Antes eu pensava que bastava dizer algo uma vez só. Quando um especialista escreve algo, ele não quer ficar repetindo aquilo inúmeras vezes. O perigo não é plagiar a si próprio, e sim se tornar maçante. Portanto, eu me comunico com mais frequência e também procuro alcançar públicos diferentes.

"Além disso, eu realmente acredito nos mais variados tipos de comunicação: andar pela universidade, mandar *e-mails*, telefonar, visitar as pessoas, especialmente em seus locais de trabalho. De modo que eu comecei a passar aleatoriamente em salas pelas quais, de outro modo, nunca passaria, agradecendo as pessoas que haviam realizado algo excepcional; mas também perguntando a elas: 'Qual é a coisa de que você mais se orgulha?' Eu faço esse tipo de pergunta por dois motivos: porque estou sinceramente interessada na resposta, mas também para verificar se nossas prioridades mais importantes estão repercutindo nos escalões mais baixos da organização."

Marcus Ryu, da Guidewire, estava em vias de se tornar professor antes de mudar para o mundo dos negócios. Assim, para que os funcionários se sentissem plenamente comprometidos com o trabalho, ele teve de adaptar sua forma de comunicação a fim de simplificar e repetir os temas principais.

"Como venho de um ambiente muito acadêmico, eu tinha uma crença inabalável no poder das palavras e no poder das ideias", disse ele. "Na filosofia, especialmente na filosofia analítica, acredita-se que se você tiver um argumento suficientemente convincente, então será capaz de obrigar o outro a concordar com você. É nisso que os filósofos realmente acreditam, e é assim que interagem entre si. É claro que o mundo real não é assim – as pessoas têm a opção de ignorá-lo, o que acontece o tempo todo. Embora a gente ressalte a importância da racionalidade na empresa, passei a aceitar que ela desempenha um papel bastante limitado no processo de convencimento e que este tem a ver sobretudo com a emoção. Tem a ver muito mais com a empatia, com a autenticidade e com o compromisso. São coisas desse tipo que convencem as pessoas, e é isso que as leva a tomar decisões importantes e fundamentais, como apostar ou não a carreira ao entrar e permanecer numa empresa.

"Em segundo lugar, uma espécie de corolário disso, vem a questão de se comunicar com grupos grandes de pessoas. Descobri que, independentemente do nível intelectual do grupo, quanto maior o número de pessoas, mais obtuso o grupo fica. Desse modo, embora a sala possa estar cheia de Einsteins, se houver duzentos ou trezentos deles você terá de se dirigir a eles como se fossem pessoas comuns. Quanto maior o público, menor deve ser a lista de itens, e mais simples as mensagens.

"Eu era conhecido por escrever *e-mails* longos, elaborados e complexos. Eles continuam longos, mas as mensagens geralmente são mais simples. Além disso, quando me dirijo a todos os funcionários da empresa, elas são extremamente diretas e simples. Uma das principais coisas que as pessoas querem ouvir dos dirigentes é um discurso otimista a respeito do futuro. Elas querem ouvir a verdade; porém, quando você está falando do futuro, elas querem ouvir um discurso otimista do tipo: 'Estou do lado de vocês. Estou aqui enquanto for preciso. Temos alguns desafios. Estamos à altura deles. Nada que nos espera é mais difícil do que o que tivemos de fazer para chegar até aqui. De modo que vamos nos dar as mãos, caminhar lado a lado e alcançar um sucesso jamais visto.' E, de certa forma, é essa mensagem que você tem de transmitir sempre."

Laurel J. Richie, da WNBA, compartilhou uma metáfora brilhante para ressaltar a importância da repetição.

"Cada vez mais eu me dou conta de como é importante que o líder tenha uma visão clara das coisas e a transmita com regularidade", disse ela. "Normalmente eu tenho muito claro para onde penso que devemos ir, e estou sempre aprendendo que nunca é demais transmitir essa informação. Isso me cansa um pouco, porque se trata de algo familiar para mim; percebo, porém, que, para que todos saibam qual é o nosso objetivo, ela deve virar quase um mantra.

"Você diz às pessoas: 'Este é o nosso objetivo e estas são as nossas prioridades'; depois constata simplesmente com que frequência as pessoas se desviam deles. Costumo dizer que parte do trabalho é manter todos os coelhos dentro da caixa. No começo todos os coelhos estão dentro da caixa. Daí alguém tem uma grande ideia de fazer outra coisa, mas você o ajuda a voltar e entrar na linha de novo; é quando um coelho salta para fora da caixa. Assim, quanto mais coelhos saem da caixa, mais eu percebo que realmente não consegui fazer um trabalho de comunicação suficientemente eficaz que dissesse quais eram nossas prioridades e qual deveria ser o nosso foco."

Comunicação exige tempo, e tempo é o bem mais precioso que o líder possui. Embora o resultado possa parecer difícil de avaliar, muitos líderes percebem seus benefícios. Doreen Lorenzo, presidente da firma de consultoria em inovação Frog Design, reserva tempo em suas visitas aos locais de trabalho para um grande número de encontros individuais.

"As pessoas querem ouvir diretamente de mim", disse ela. "Eu pensava que estava sendo extremamente comunicativa. Porém, como elas querem mais, eu envio atualizações constantemente. Elas geralmente demonstram muito entusiasmo, e isso tem a ver com o que está ocorrendo na empresa. Passei também a telefonar para toda a empresa. Passei a promover reuniões com todos os funcionários, após o que eu visito todos os estúdios. Além disso, ao fazê-lo, procuro marcar encontros individuais. Escolho um dia e reservo minha agenda para esses encontros individuais, porque penso que é possível aprender muito com eles.

"Então, precisei me adaptar. Alguém me disse: 'Bem, como você administra o tempo?' Ora, você tem de fazer um ajuste. Se os funcionários lhe pedem algo, e se a empresa depende deles, você tem de dar ouvidos a eles. Penso que isto faz parte do perfil do verdadeiro líder – ouvir realmente, fazer os ajustes e deixar que as pessoas saibam que você está falando sério, que não é apenas da boca para fora."

Perguntei a Lorenzo por que ela preferia reuniões individuais a reuniões com grupos pequenos, que, naturalmente, seriam mais eficazes.

"O que acontece quando se faz uma reunião com cinco pessoas ou com duas, é que sempre existe alguém que é mais desembaraçado e que fala mais. Todo grupo tem sempre alguém que se destaca, o que, em si, não é ruim; só que você não tem acesso ao que as pessoas pensam. Além disso, nas reuniões individuais, você fica a par de diversos assuntos, como as mudanças que as pessoas gostariam de fazer e aspectos de sua vida pessoal. Como muita gente está com filho pequeno, alguns estúdios agora têm o 'dia da criança'. As pessoas trazem os filhos para o estúdio e nós organizamos atividades artísticas e manuais. São coisas que implantamos porque queremos aproximar as famílias da empresa. E você só descobre isso conversando com as pessoas. Se eu ficasse sentada na minha torre de marfim, morreria.

"Em minhas reuniões individuais eu digo simplesmente: 'Sobre o que você quer conversar?' Eu não tenho muita dificuldade em começar uma conversa nem em fazer com que a pessoa fale. As pessoas muitas vezes só querem ouvir quais são os objetivos da empresa. Mesmo que você já tenha falado sobre isso milhares de vezes, elas querem ouvir de novo. Elas querem ouvir da sua boca; querem estar próximas a você e ouvi-lo, e eu não vejo problema nisso. Apesar de toda a tecnologia que existe no mundo, as pessoas ainda sentem falta do contato humano. Pense nisso. Diante de mim está alguém que talvez seja recém-casado, que talvez tenha um filho recém-nascido, que tem de pagar o financiamento da casa e cuja esposa pode ter parado de trabalhar para cuidar da criança. Com um monte de responsabilidades nos ombros, ele olha para mim e diz: 'Muito bem, você entendeu? Posso contar com a empresa?'

"Eu levo isso muito a sério. Entendo que sou responsável pela subsistência deles. É uma coisa muito humana, e eu quero que todos confiem que vamos superar as dificuldades. Superamos muito bem inúmeros momentos difíceis, e penso que isso foi possível porque mantemos as pessoas preocupadas em dar o melhor de si. Se você faz o melhor trabalho que pode fazer, escuta o que os clientes têm a dizer, trabalha muito próximo a eles e produz algo realmente importante, então você será bem-sucedido."

Seth Besmertnik, da Conductor, disse que um dos motivos pelos quais está sempre em contato com os membros da sua equipe é que ele os trata, de fato, como investidores – especificamente, como investidores que decidem onde passar o tempo.

"A cada noventa dias promovemos encontros que duram o dia inteiro; trata-se, basicamente, de reuniões de acionistas", disse ele. "Embora só os funcionários participem, nós examinamos detalhadamente nosso desempenho financeiro. Examinamos todos os níveis da empresa. Tenho a impressão de que nossos funcionários dispõem de várias opções para passar o tempo. O tempo é o recurso mais valioso que eles têm, e eles podem decidir onde querem investi-lo.

"Embora estejamos felizes por eles terem escolhido a Conductor, também sabemos que existem outros lugares onde eles podem investir esse tempo. Portanto, do mesmo modo que temos investidores e um conselho de administração, tratamos os funcionários como acionistas no sentido mais convencional da palavra. Consideramos os funcionários como investidores e retribuímos compartilhando regularmente todas as informações relevantes, de modo que eles compreendam o valor de seu investimento e também possam compreender como sua contribuição pode aumentar esse valor. Acreditamos que, se as pessoas compreenderem por que estão fazendo as coisas, elas terão um senso de propósito e confiarão que seus líderes estão sendo diretos e sinceros e que as consideram como membros iguais da equipe. Então as pessoas ficarão mais motivadas, e a rotatividade de funcionários será menor."

Os líderes não precisam sempre ter todas as respostas. O simples gesto de reconhecer os desafios perante a equipe pode ajudar a reduzir a geração de boatos, disse Victoria Ransom, da Wildfire.

"Com o crescimento da empresa, e pelo fato de as pessoas não me conhecerem muito bem, comecei a perceber que o que eu digo pode ter uma influência muito grande", disse ela. "Você não pode simplesmente falar o que lhe dá na telha, porque as pessoas levam isso muito mais a sério do que você pensa. Isso tem um lado positivo e um lado negativo. O lado negativo é que você pode dizer algo meio irreverente ou procurar ser realmente transparente e sincero com a equipe a respeito dos desafios que possa ter, e isso pode se espalhar e ser repetido até gerar pânico. Do lado positivo, fiquei surpresa ao saber que aquilo que eu digo pode tranquilizar a equipe, mesmo que eu não responda às dúvidas deles. No começo eu pensava que sempre tinha de ser capaz de lhes dar a solução; percebi, porém, que não era bem assim. Bastava reconhecer os desafios, mostrar que estávamos a par da situação e que cuidaríamos dela. Percebi também como é importante lidar com os problemas o mais rapidamente possível, porque senão as pessoas começam a imaginar coisas e a compartilhar isso com os outros."

É aí que se encontra um dos *insights* mais importantes sobre a necessidade da repetição e de muita comunicação. Quando os funcionários se deparam com algo semelhante a um palco vazio, sua imaginação entra em funcionamento, e os boatos começam a circular. Os líderes têm de entrar em cena e não se incomodar em repetir as apresentações.

"Quando se trabalha no escuro durante um certo tempo, é natural encarar isso de forma negativa", disse Geoff Vuleta, da Fahrenheit 212. "Você fica com medo; começa a acreditar que o que não está ali provavelmente é ruim. Nunca deixe as pessoas no ar. De jeito nenhum, porque, instintivamente, elas pensarão que alguma coisa está errada."

9.

FORME DIRIGENTES MAIS EFICIENTES

> *O chefe gera medo; o líder, confiança. O chefe determina a culpa; o líder corrige erros. O chefe sabe tudo; o líder faz perguntas. O chefe torna o trabalho enfadonho; o líder o torna interessante. O chefe está interessado em si próprio; o líder está interessado no grupo.*
>
> – Russell Ewing, jornalista britânico (1885-1976)

No início de 2009, o Google lançou o Projeto Oxigênio, com um único objetivo: formar administradores mais eficientes. Tal projeto surgiu em decorrência de um esforço de análise de dados feito pelo departamento de recursos humanos, que descobriu, analisando as avaliações trimestrais de desempenho, que as notas que os funcionários davam a seus chefes variavam enormemente. Os dirigentes eram o fator mais importante no desempenho dos funcionários e no modo como se sentiam com relação ao trabalho.

"O ponto de partida foi a constatação de que as equipes dos nossos dirigentes mais eficazes apresentam um melhor desempenho, permanecem mais tempo no emprego, são mais felizes – fazem tudo melhor", disse Laszlo Bock, vice-presidente sênior de "operações pessoais", que é o nome do departamento de recursos humanos na língua do Google. "Portanto, o fator de controle maior que podíamos ver era a qualidade dos dirigentes e como eles faziam as coisas acontecerem. A pergunta seguinte foi: 'E se todo dirigente tivesse esse nível de excelência?' Aí então você começa a se perguntar: 'Bem, o que os torna tão bons? E como é que se faz isso?'"

Para a empresa, foi difícil começar com essas perguntas. Particularmente nos primeiros anos, o Google adotou um modelo simples da administração: não incomode as pessoas e deixe os engenheiros fazerem seu trabalho. Se eles ficarem empacados com alguma coisa, dizia a teoria, eles perguntarão aos chefes, que ocupavam tal posição em razão de seu profundo conhecimento técnico e que, supunha-se, poderiam resolver o problema. Porém, quando a empresa cresceu, os limites do antigo modelo ficaram evidentes, e o Google precisou encontrar uma nova maneira de treinar os dirigentes e de avaliar seu trabalho.

Para o Projeto Oxigênio, os estatísticos reuniram mais de dez mil comentários sobre os dirigentes através de mais de cem variáveis. Eles recorreram a avaliações de desempenho e levantamentos de *feedback*, além de outros relatórios. Em seguida, codificaram os comentários em busca de padrões. Quando chegaram a uma hipótese provisória, criaram um sistema para entrevistar os dirigentes, a fim de reunir mais informação. A etapa final foi sistematizar e sintetizar todos esses resultados, mais de quatrocentas páginas de anotações tiradas das entrevistas.

A partir desse trabalho, eles fizeram uma lista com os oito comportamentos de dirigentes eficazes:

- Tenha uma visão e uma estratégia claras para a equipe.
- Ajude seus funcionários a crescer profissionalmente.
- Não seja tímido: seja produtivo e busque resultados.

- Tenha habilidades técnicas claras para que você possa orientar a equipe.
- Seja um bom comunicador e ouça sua equipe.
- Demonstre interesse pelo sucesso e pelo bem-estar pessoal dos membros da equipe.
- Delegue poder à equipe e não se preocupe exageradamente com os detalhes.
- Seja um bom instrutor.

Inicialmente, a lista provocou pouco mais do que indiferença nos executivos do Google. "Minha primeira reação foi: 'É isso?'", disse Bock. Em seguida, porém, a equipe do Google começou a classificar as oito normas de conduta por ordem de importância, e o Projeto Oxigênio tomou um rumo interessante.

O grupo de Bock descobriu que a especialização técnica – a capacidade, digamos, de criar códigos de computador enquanto dorme – ficava, de longe, em último lugar entre os oito elementos. O que os funcionários valorizavam mais eram os chefes coerentes que achavam tempo para promover encontros individuais; chefes que, em vez de fornecer as respostas, ajudavam as pessoas a resolver os problemas fazendo-lhes perguntas; e que se interessavam pela vida e pela carreira dos funcionários.

"No contexto do Google, nós sempre acreditamos que, para ser um administrador, particularmente no setor de engenharia, era preciso ser tão ou mais especializado do que os técnicos que trabalham para você", disse Bock. "Acontece que isso é, de longe, a coisa menos importante. É importante, mas comparativamente é menos importante. Muito mais importante é conseguir se relacionar e ser uma pessoa acessível."

Uma vez de posse da lista, a empresa começou a utilizá-la como uma ferramenta em programas de treinamento, bem como em sessões de avaliação de treinamento e de desempenho com funcionários específicos. O retorno veio logo. "Conseguimos uma melhora estatisticamente significativa da qualidade administrativa de setenta e cinco por cento dos dirigentes com pior desempenho", disse Bock.

Os três hábitos mais importantes dos bons administradores que o Google descobriu – reunir-se regularmente com os funcionários; interessar-se pessoalmente por eles; e fazer perguntas em vez de sempre fornecer respostas – são reproduzidos por muitos CEOs. Dado o impacto desproporcional que os administradores bons e ruins têm no desempenho de seus subordinados, definir uma linguagem e uma percepção comuns sobre o papel fundamental dos administradores pode impulsionar qualquer organização.

Mantenha-se em contato

Parte do desafio de gerenciar pessoas é encontrar o equilíbrio certo em termos do tempo que você passa com elas. Se passar tempo demais, você pode dar a ideia de que está querendo controlar tudo; se passar pouco tempo, pode parecer falta de interesse. Muitos CEOs compartilharam histórias que mostram como eles aprenderam a importância de manter contato regularmente.

"Como administrador, descobri desde cedo que era difícil aprender a delegar", disse Deborah Farrington, da StarVest Partners. "Penso que a maioria das pessoas, quando assumem pela primeira vez uma posição de liderança, tendem a delegar de menos ou demais. E eu delegava muito pouco no começo. Como achava que precisava saber de tudo que estava acontecendo, acabava fazendo grande parte do trabalho que deveria ser feito por meus subordinados. Quando dei por mim, estava trabalhando vinte e quatro horas por dia, sete dias por semana. Eu parei e disse: 'Isso não vai dar certo.'

"Então, conversei com meus subordinados e nós entramos em acordo a respeito de vários objetivos. Só que daí eu deleguei demais. Quando eles voltaram no final do trimestre e eu vi o que eles tinham feito, percebi que aquela abordagem também não funcionava. Foi assim que aprendi a importância dos encontros semanais, e penso ter chegado então ao equilíbrio correto."

Muitos líderes transformam essas reuniões em algo fixo na cultura de suas empresas.

"Estimulamos os administradores a se reunir pelo menos uma vez por semana com seus subordinados imediatos para conversar, dar *feeedback* e receber *feedback*", disse Liz Elting, coCEO da TransPerfect, uma empresa que faz serviços de tradução. "Essas reuniões semanais com os subordinados imediatos são muito importantes para os líderes de todos os níveis da organização.

"Introduzimos essa prática quando a empresa tinha alguns anos de vida, porque percebemos que muitas vezes havia assuntos que as pessoas talvez discutissem entre si. Elas falavam sobre aquilo que as desagradava e saíam. Isso é algo que pode acontecer com frequência, principalmente quando existe um grande número de funcionários e todo mundo vive ocupado. Mas nós encorajamos os administradores para que tenham esse tipo de conversa porque precisamos manter um diálogo franco e direto com o nosso pessoal, evitando que eles deixem a empresa e a gente fique se perguntando: 'Muito bem, o que deu errado?'"

Cathy Choi, da Bulbrite, disse que suas próprias experiências com um orientador ensinaram-lhe a importância de ter reuniões similares com seus funcionários.

"Todo mês, eu tenho uma reunião individual de duas horas com meu orientador. Ao mesmo tempo em que aprendo a técnica de orientar, eu a transmito para meus subordinados diretos; assim, uma vez por mês eu tenho uma reunião individual com cada subordinado direto. Mas eles não podem trazer papel; nem podem conversar sobre nenhum projeto no qual estejam trabalhando. O que importa é o desenvolvimento deles, onde eles querem chegar e como eu posso ajudar. Pode ser algo específico ou pessoal. É uma hora em que não existe pauta. Eles dispõem do tempo para conversar sobre o que pretendem realizar. E a conversa acaba abordando diversos assuntos."

Angie Hicks, cofundadora e diretora de *marketing* do *site* de resenhas de serviços para o consumidor Angie's List, compartilhou um importante *insight* acerca da percepção do *feedback*:

"Percebi que basta ter um cuidado extra e achar tempo para conversar com as pessoas", disse ela. "Quando você trabalha com gente, mesmo que pense que já disse algo, talvez precise repetir duas ou três vezes o que disse. E não se esqueça de elogiar as pessoas, não se esqueça de lhes dar *feedback*. Porque a percepção que elas têm é que a quantidade de *feedbacks* que você lhes dá é sempre menor do que aquilo que você acha que está dando."

Perguntas, não respostas

As pessoas muitas vezes são promovidas a uma posição de gerência porque demonstram uma excelente capacidade técnica no cargo anterior. Parte-se do pressuposto de que elas também serão excelentes gerentes. Porém, a própria qualidade que ajudou a projetá-las a uma posição de gerência – sempre ter as respostas que os outros não têm – pode representar uma desvantagem quando elas se tornam gerentes. Elas têm de aprender a resistir à tentação de sempre resolver os problemas.

Shellye Archambeau, da MetricStream, disse que durante as discussões periódicas sobre liderança ela aconselha a sua equipe de executivos a respeito dessa tendência.

"Não seja uma mamãe urso", diz ela aos gerentes. "Isso quer dizer o seguinte: quando as pessoas lhes trouxerem problemas ou desafios, não os resolva automaticamente. Como mamãe urso, você quer cuidar dos filhotes; portanto, tende a ser protetora e a isolá-los de todas essas coisas. Mas isso não ajuda. Se você continuar resolvendo os problemas dos funcionários, eles não vão aprender a resolvê-los sozinhos, e a coisa não vai ter fim. Certifique-se de que, quando as pessoas lhe trouxerem desafios e problemas, a primeira coisa que você vai fazer é devolvê-los para elas dizendo: 'O que você acha que deveríamos fazer a respeito disso? Que abordagem você acha que deveríamos ter?'"

Essa abordagem – fazer perguntas, não apenas dar respostas – é utilizada por inúmeros CEOs para transferir a responsabilidade para os escalões inferiores e para ajudar os funcionários a crescer e se desenvolver.

"Eu faço muito essa pergunta em diferentes situações: 'O que você recomenda que façamos?'", disse Bob Brennan, da Iron Mountain. "Com essa simples pergunta, você consegue identificar realmente quem está interessado no progresso da empresa e quem está simplesmente deixando o barco correr.

As pessoas inventam problemas o tempo todo. Se elas pensassem bem no que deveria ser feito de agora em diante, então você estaria lidando com pessoas ativas, que querem progredir – e poderia liberar esse potencial. A apatia do espectador ou o poder da observação não é, em si mesmo e por si mesmo, algo muito valioso. Existem diagnosticadores incrivelmente articulados em todo o universo empresarial. Eles conseguem decompor um problema e dizer: 'Aqui está seu problema.' Mas o que importa são as receitas. Portanto, como saímos dessa situação, e o que você recomenda especificamente?"

Bill Flemming, da Skanska USA Building, utiliza uma abordagem semelhante.

"Quando me fazem uma pergunta", disse ele, "nem sempre respondo com 'Sim, é isso que eu quero que você faça', ou 'É isso que eu faria.' Em vez disso, eu pergunto: 'Então, o que você pretende fazer?' A questão é que eu não quero que você simplesmente me apresente o problema e espere que eu o resolva. Você me diz qual é o problema, me diz o que propõe como solução e eu lhe dou *feedback*. Eu não quero lhe dizer sempre o que fazer. Quero que você pense na resposta que vai me dar. Muitas vezes eu digo para as pessoas: 'Então, você está apresentando um problema? Não quero saber qual é. Quero que me diga qual é a solução.' Eu sempre tenho uma opinião a respeito de tudo, mas quero que as pessoas formem suas próprias opiniões.

"Já vi organizações em que o chefe toma todas as decisões. Isso não é liderança, isso é ser chefe. Eu não quero ser chefe, quero ser líder. Portanto, quero que você me ajude a decidir o que precisa ser feito. Porque se você está profundamente envolvido com o problema ou com o assunto, provavelmente sabe muito mais sobre ele do que eu. Então, o que você acha que vai funcionar? Eu posso lhe oferecer alguns *insights* baseados na minha experiência, e também posso lhe apresentar um ponto de vista diferente, mas você talvez esteja envolvido mais intimamente com o assunto do que eu. Portanto, essa é outra técnica que utilizo. Ela foi resumida numa frase sobre liderança que li certa vez, feita pelo jornalista britânico Russell Ewing, que dizia: 'O chefe gera medo; o líder, confiança. O chefe determina a culpa; o líder corrige erros. O chefe sabe tudo; o líder faz perguntas. O chefe torna o trabalho enfadonho; o líder o torna interessante. O chefe está interessado em si próprio; o líder está interessado no grupo.'"

A abordagem por meio de perguntas também é eficaz para dar *feedback* e para entender as circunstâncias que podem ter ocasionado o problema. Ao questionar seus funcionários, os administradores podem fazer com que eles assumam uma postura menos defensiva, disse Niki Leondakis, presidente e diretor operacional da Kimpton Hotels and Restaurants.

"Em vez de me reunir com alguém e lhe dizer o que está errado ou o que merece atenção ou o que precisa ser consertado, eu pergunto como aquilo aconteceu e o que está ocorrendo ali, e ouço o outro lado da história. Como chegamos a essa situação? Por que as coisas tomaram tal dimensão?", disse ela. "Então, após ter entendido o que se passa, posso transformar a reunião num momento de orientação e não num momento de julgamento, medo e intimidação para a pessoa do outro lado da mesa que está ouvindo o que há de errado com seu desempenho.

"Quando eu era um gerente mais jovem, minha ansiedade com aquilo que não estava certo fazia com que eu confrontasse as coisas rapidamente. Quanto mais prontamente eu as confrontasse, mais rapidamente poderia corrigi-las. A mudança acontecia; porém, embora isso fosse bom, o modo como eu agia punha muitas vezes as pessoas na defensiva. Portanto, penso que o fato de primeiramente ouvi-las e de tentar compreender como chegamos àquela situação e qual é sua versão da história permite que elas ouçam meu ponto de vista. E, depois, podemos passar para as soluções. Quando criticadas logo de cara, as pessoas sentem dificuldade de se abrir, de ouvir e de melhorar."

Buscar paixões

Quando os gerentes interagem com seus funcionários, as reuniões podem facilmente se transformar em simples troca de informações: "Quando vai ficar pronto aquele relatório?";"Já temos o retorno do cliente?"; "Em que pé está aquele projeto?" No entanto, como dizem muitos líderes, é importante demonstrar para as pessoas que você está preocupado com elas e não apenas com a tarefa que elas devem executar.

David C. Novak, CEO da Yum Brands, disse que a preocupação com as pessoas é a base do seu modelo de liderança.

"Penso que o papel do grande líder e do grande orientador é compreender que tipo de talento ele tem diante de si e, então, ajudá-lo a realizar algo que ele jamais imaginou que conseguiria realizar", disse ele. "A única maneira de fazer isso é se preocupando com as pessoas que trabalham para você. A menos que você se preocupe com elas, ninguém vai se preocupar com você. Porém, quando você se preocupa verdadeiramente com alguém, então essa pessoa também se preocupa com você, porque você está se comprometendo com ela e investindo nela.

"Você demonstra que está preocupado quando se interessa, de fato, pelas pessoas que trabalham para você, e quando se importa a ponto de lhes um *feedback* direto. As pessoas sentem muita falta de um *feedback* direto; elas querem saber o que precisam fazer para ter um desempenho melhor. Muitos líderes não dão esse *feedback*. Desse modo, se você tem verdadeiro interesse em alguém, interessa-se em compartilhar com ela a sua perspectiva sobre o que ela pode fazer para melhorar."

Will Wright, o criador de *videogames* responsável por sucessos como *The Sims*, tem uma visão interessante da arte de descobrir o "molho especial" de cada um para despertar suas paixões.

"Muitas das pessoas que eu dirigi – artistas, programadores e produtores – não querem simplesmente saber se estão fazendo um bom trabalho ou não. Elas querem ser impulsionadas e desafiadas em suas carreiras", disse ele. "Portanto, quando sentem que o modo como você lhes apresenta as coisas certamente fará delas, um ano depois, artistas ou programadores melhores, então acho que se chegou a uma situação em que todos ganham. Mesmo quando você lhes dá um *feedback* crítico rigoroso, elas percebem os benefícios e a importância dele, o oposto do que acontece com uma avaliação de desempenho tradicional.

"Para muitas pessoas, seu trabalho e seu cargo não constituem os elementos importantes da visão que elas têm de si. Elas têm uma visão interna de si próprias, de suas aspirações profissionais e do rumo que pretendem seguir. A natureza motivacional que realmente importa está localizada mais em sua identidade secreta. Isso fica evidente quando você conversa com elas. É preciso passar um tempo razoável explorando seus interesses, o que elas fazem fora do horário de trabalho. Não há dúvida de que as pessoas normalmente têm alguma paixão que realmente as impulsiona.

"E, para mim, esse é um dos aspectos mais importantes do trabalho que é feito em colaboração com os outros – procurar perceber o que é que faz os olhos das pessoas brilharem, o que as deixa entusiasmadas a ponto de não conseguirem parar de falar no assunto. De modo que, quando você consegue identificar isso em alguém e tirar proveito disso, o desempenho profissional da pessoa, o modo de ela se relacionar com você e o modo de você transmitir um ponto de vista de forma estimulante sofrem um impacto extra. Para mim, essa é a verdadeira solução para muitas dessas coisas – explorar e compreender as paixões pessoais de quem trabalha com você."

Jarrod Moses, CEO do United Entertainment Group, diz que, quando se interessa pessoalmente por seus funcionários, sabe que isso aumentará o compromisso deles com o trabalho.

"Eu me sinto pessoalmente ofendido quando alguém não está contente ou entusiasmado com seu trabalho", disse ele. "Se isso acontece, eu quero saber por quê. Eu chamo a pessoa de lado e pergunto se está acontecendo alguma coisa na sua vida. As pessoas precisam saber que estou ali para apoiá-las em tudo que elas precisarem, tanto em termos pessoais como profissionais. Dedico grande parte do tempo a conversas desse tipo. Porém, o que eu espero é que essas conversas provoquem nelas a vontade se esforçar ainda mais. É preciso estar o tempo todo no meio dos jogadores. O capitão não precisa ser a estrela do time. Ele pode ser o sexto homem do banco de reservas, mas tem de ser alguém que estimule as pessoas e faça com que elas tenham entusiasmo para vir trabalhar todo dia."

Compartilhe um "manual de instruções"

Além desses três segredos para uma administração eficaz – fazer perguntas, reunir-se com regularidade e interessar-se pela vida dos funcionários –, nas entrevistas que eu fiz com os CEOs surgiu um quarto segredo.

Podemos chamá-lo de manual de instruções para abordar a administração.

Computadores e outros dispositivos geralmente vêm com um manual de instruções que abrange várias funções, oferece algumas dicas e dá conselhos para resolver as dificuldades. Será que as organizações não funcionariam melhor se todos tivessem um manual de instruções que descrevesse claramente seu método de trabalho, de modo que as pessoas pudessem dizer francamente o que querem e precisam dos colegas, e o que gostam ou não? Do jeito que a coisa é, nós geralmente temos de descobrir essas coisas ao longo do tempo, quase como um detetive. Com base na experiência, montamos os perfis uns dos outros – quanto *feedback* as pessoas precisam, como reagem sob pressão, o que as torna agressivas.

Muitos líderes conversam de maneira explícita com seus funcionários para compreender melhor seu método de trabalho e para transmitir o que eles consideram importante para os funcionários para que possam trabalhar juntos de maneira mais eficaz.

Tracey Matura contou que utiliza essa abordagem em seu trabalho no cargo de gerente geral da divisão Smart Car da Mercedes-Benz USA.

"Descobri como é importante montar a equipe certa, e descobri também que preciso deixar claro quem eu sou, e compreender como os membros da minha equipe gostam de trabalhar", disse ela. "Algumas pessoas precisam que, durante os cinco primeiros minutos do dia, você converse com elas a respeito do que fizeram no final de semana, e você não deve subestimar a importância disso. Hoje em dia, faço questão de me manter a par das atividades de todos, algo que provavelmente não fiz quando assumi o papel de líder pela primeira vez. Mary precisa ter comigo aquela conversa de cinco minutos, e Joe precisa simplesmente que eu o libere porque ele é mais parecido comigo – como está de pé desde as seis da manhã e já resolveu todos os *e-mails*, ele já chega no escritório a mil.

"Acho que desenvolvi a habilidade de deixar que eles me conheçam e de passar a conhecê-los melhor. Não me parece que isso deva ser ensinado ou aprendido, mas somos todos humanos. Assim, se eu sou o tipo de pessoa que realmente vive a mil, não é porque pretenda ser exclusivista ou grosseira; é porque é assim que eu sou. Como líder, porém, preciso saber como as pessoas gostam de trabalhar. Penso, portanto, que é realmente importante que você conheça sua equipe e que permita que ela o conheça.

"Quanto a mim, tive de explicar que, se corro a mil por hora, isso não quer dizer que todos têm de correr a mil por hora. É que é assim que eu sou, e as pessoas precisam se sentir à vontade para me dizer: 'Ei, pode ir um pouco mais devagar? Como eu ando a cem por hora, você está me deixando maluco.' E eu tive esse tipo de conversa. As pessoas disseram: 'Lembra quando você me falou que eu podia lhe dizer o que quisesse? Pois quero lhe dizer agora que você precisa ir mais devagar.' Na Smart, eu montei a equipe desde o começo e tive essa conversa com cada nova pessoa que se juntava à equipe, e repetia isso para que todos me entendessem. Acho que às vezes os líderes não se explicam; e nós não sabemos, necessariamente, que é preciso fazê-lo.

"Também lhes digo que tenho de parar e me lembrar de que algumas pessoas querem ter aqueles cinco minutos de conversa pela manhã, e se eu me esqueço de fazer isso não é porque não me importe com o que eles fizeram no final de semana, nem é porque não queira que me perguntem o que eu fiz. Não estou sendo impessoal nem reticente; o que acontece é que todos nós voltamos a ser do nosso jeito. E se eu sou uma observadora calada, e digo isso a eles, eles dizem: 'Ah, conheço um pouquinho mais sobre ela.' Portanto, as coisas que eu basicamente digo às pessoas são para que elas me lembrem se precisarem de alguma coisa de mim. Quero que elas compreendam a origem desse meu jeito. É assim que eu sou. Sou tímida por natureza, e todo mundo ri disso; porém, quero que me respeitem como eu sou e eu as respeitarei como elas são. E podem me cobrar, porque sou seu líder."

Alguns líderes dizem explicitamente aos membros de sua equipe como devem abordá-los, de modo a afastar a preocupação entre os funcionários de que possam estar incomodando o chefe. Laurel Richie, da WNBA, criou para sua equipe uma "regra das três", a respeito das questões que eles lhe trazem.

"Digo às pessoas que, como sei que posso ser um pouco controladora, se elas sentirem que lhes falta espaço, devem me informar", disse ela. "Digo a elas que gosto muito de ser desafiada. É raro eu não ter uma posição sobre alguma coisa; portanto, eu peço que as pessoas voltem três vezes se elas realmente acreditam em seus pontos de vista. Na primeira vez que elas dizem algo, eu posso dizer: 'É um bom ponto de vista, mas é por isso que estamos fazendo isso.' Se elas realmente se sentirem convictas de seus pontos de vista, elas voltarão e eu direi: 'Eu presto muita atenção ao que vocês dizem; portanto, quero que saibam que sou toda ouvidos.' Então, se elas continuam convictas, podem voltar uma terceira vez e dizer: 'Lembra quando você disse para nós voltarmos uma terceira vez? Pois bem, aqui estamos.'"

"Além disso, eu digo às pessoas que não permitam jamais que a firmeza de minhas opiniões as impeça de me desafiar. Me disseram que eu falo de maneira muito vigorosa e direta; e um monte de gente entende que o recado é o seguinte: 'Muito bem, está decidido. Isso está fora de questão.' Mas, na verdade, eu não quero dizer que aquilo está fora de questão. Isso vem do meu pai. Como eu falo sem rodeios, fica parecendo que o que eu digo é lei, quando, na verdade, trata-se da minha opinião hoje, do meu ponto de vista.

"Criei a regra de virem até mim três vezes porque ouvia muitas pessoas dizerem: 'É, a gente estava superconvencida a respeito daquilo, mas você deixou bem claro que aquela opção era inviável.' Isso me fez perceber, então, que existe algo em meu modo de agir que faz com que as pessoas não sintam que podem me desafiar, mesmo que eu diga que quero ser desafiada."

Chauncey Mayfield, da MayfieldGentry Realty Advisors, disse ter aprendido desde cedo a se sentir à vontade para fazer perguntas às pessoas e aplica essa abordagem para entender melhor como seus funcionários gostam de trabalhar.

"Quando eu era criança, trabalhei muito tempo no escritório de advocacia do meu pai – ele era advogado criminalista – como auxiliar de serviços gerais", disse ele. "Muitas vezes, quando os clientes chegavam e eu não tinha nada para fazer, eu me sentava na sala de espera e conversava com eles. Eu era curioso. Perguntava: 'O que você faz?' 'Por que está aqui?' Ao longo do tempo, passei a me sentir bastante à vontade com as pessoas mais velhas. Sempre pensei que podia aprender algo com elas. 'Me diga, me mostre – como isso funciona?' Tenho a mesma filosofia hoje. Por exemplo, não tenho a menor ideia do que incomoda meu assistente administrativo. Eu digo: 'Você tem que me dizer, especificamente, o que funciona e o que não funciona para você. Não vou tentar nem imaginar o que é. Sei do que eu preciso, mas você tem que compartilhar comigo exatamente o que você precisa.'"

Na empresa de consultoria em *design* criativo Continuum, o CEO Harry West disse que faz tempo que a empresa utiliza um sistema integrado para ajudar os funcionários a compreender melhor o estilo de trabalho dos colegas.

"O que temos feito há cerca de uma década é treinar os estilos sociais", disse ele. "Existem alguns questionários bastante simples que extraem *insights* das pessoas a respeito do seu estilo de comunicação. Pedimos que todos respondam aos questionários e, então, compartilhamos essa informação com todos. Chegamos mesmo a disponibilizá-la na intranet, porque queremos que se compreenda que muitas vezes a pessoa não está necessariamente discordando de você; o que acontece, simplesmente, é que ela tem um jeito diferente de se expressar. Procuramos, portanto, separar as questões relacionadas ao estilo de comunicação das questões relacionadas ao conteúdo, porque queremos nos concentrar no conteúdo, e não necessariamente no estilo.

"Temos uma variedade incrível de pessoas na empresa, com idades variando de vinte a sessenta anos. E elas têm formação em *design*, antropologia, engenharia elétrica, *software*, *design* gráfico, direito e história. Isso pode significar estilos diferentes de comunicação. É assim que são as coisas. Então, precisamos enfrentar e resolver isso e nos concentrar no conteúdo. Você talvez descubra que tem alguém que sempre apresenta cada problema como um problema, e outro que sempre apresenta cada problema como uma alternativa. E, no entanto, ambos estão tentando dizer a mesma coisa, só que de maneiras diferentes."

Após ter ouvir diversos líderes a respeito dessa abordagem, entrevistei Ivar Kroghrud, da QuestBack. Ele ampliou um pouco o conceito de "manual de instruções"; para dizer a verdade, ele escreveu outro. Vou reproduzi-lo aqui, e deixar que Kroghrud explique seu raciocínio.

Como trabalhar comigo
"Manual de instruções" de Ivar Kroghrud

Para obter resultados melhores:
- Sou uma pessoa paciente, calma e sem cerimônia. Aprecio conversa franca e direta. Diga o que você pensa, mas sem enrolar.
- Embora seja uma pessoa voltada para objetivos, tenho uma grande tolerância pela diversidade e estou disposto a ouvir pontos de vista diferentes. Portanto, de novo: diga o que você pensa e não tenha medo de desafiar o *status quo*.
- Ideias novas são sempre bem-vindas, mas espero que você domine completamente sua ideia e que pense bem sobre o impacto que ela terá na empresa como um todo.
- Confio muito nos outros. Acolho as pessoas, confio nelas e quero sempre pensar o melhor a respeito delas. Como um membro confiável da equipe, quero que você fique a par dessa minha característica e me lem-

bre dela quando achar que eu estou sendo levado na direção errada.
- Tenho tendência a gostar de ponderar e refletir – isto é, sou cauteloso, meticuloso e às vezes passo a impressão de que demoro para decidir. Isso geralmente é bom e garante decisões de qualidade, porém, levando em conta o que foi dito anteriormente, espero que você me dê uma dura quando achar que eu mereço.
- Tenho a tendência de evitar conflitos e confrontos. Quando sou desafiado, às vezes, eu me adapto facilmente às necessidades dos outros. Tenho consciência disso e estou procurando lidar com isso. Como membro confiável da equipe, por favor me ajude.
- Gosto muito de trabalhar em equipe e me saio melhor nesse tipo de ambiente. Realizar coisas junto com os outros é o que me mantém ativo.

Como explorar esses pontos:
Tome consciência deles e utilize-os quando estiver lidando comigo. Embora esses pontos não esgotem a lista, devem lhe poupar algum tempo quando você for imaginar meu modo de trabalhar e de me comportar. Avise-me, por favor, caso você pense que há outros pontos que eu deva acrescentar numa versão revista deste "manual de instruções".

Cordiais saudações,

Ivar

Kroghrud explicou o que o levou a redigir o documento: "Fez sentido para mim escrevê-lo porque eu sempre fiquei surpreso com o tipo de abordagem estranha que as pessoas adotam quando tentam agir da mesma forma com todos que trabalham com elas. Porém, após ocupar a posição de líder por um certo tempo, você percebe que é impressionante como as pessoas são diferentes — se você utilizar a mesma abordagem com duas pessoas diferentes, os resultados podem ser muito diferentes.

"Portanto, procurei imaginar uma forma de encurtar a curva de aprendizagem ao montar novas equipes e ao incorporar gente nova. A pior maneira de fazer isso — a qual, lamentavelmente, é a mais comum — é a pessoa entrar em uma nova equipe e começar a fazer o que está à mão, e depois gastar um tempão lutando contra diferentes personalidades, sem, de fato, se dar conta disso. Em vez disso, você deve parar e conhecer as pessoas antes de seguir em frente.

"Um pouco disso vem da experiência que eu tive na marinha norueguesa. Parte do treinamento de liderança tinha a ver na verdade com autoconhecimento, com seu modo de reagir em circunstâncias diversas e com a percepção de como as pessoas são realmente diferentes. Portanto, quando você se conhece melhor, pode começar a aprender mais sobre sua equipe. Minha pergunta, então, era: 'Como eu posso encurtar esse ciclo? Quais são as coisas simples que eu posso fazer para que essas pessoas trabalhem comigo de forma mais eficaz?'

"Se você lhes entregar o texto 'como trabalhar comigo' no primeiro dia, elas terão uma visão diferente de quem você é, do modo como se relaciona com os outros e o quão acessível é. E fica muito mais fácil quando elas entendem que eu gosto de algumas coisas, não gosto de outras e que é assim que eu sou. As pessoas têm tido uma reação cem por cento positiva. Acho que isso faz com que elas se tornem mais acessíveis. E, como você vai acabar conhecendo as pessoas ao longo do tempo, não há por que não se tornar acessível. Trata-se de um dado; portanto, por que não procurar ser sincero e evitar inúmeros conflitos? A típica maneira de trabalhar com as pessoas é não compartilhar esse tipo de informação com elas e acabar entrando em confrontos inúmeras vezes, até ser capaz de entender suas personalidades."

10.

TRAGA OS PROBLEMAS À BAILA

Aprendi, como consultor, que é preciso ouvir os funcionários menos graduados da empresa, porque é ali que se encontram as respostas.

– KEN REES, CEO DA THINK FINANCE

Um dos maiores desafios dos líderes – cujas tarefas os deixam inevitavelmente isolados – é descobrir o que realmente acontece em suas empresas. Afinal de contas, as pessoas geralmente querem trazer-lhes apenas boas notícias: "Positivo, chefe, tudo perfeito!" Como fazer com que os funcionários lhe digam sinceramente o que se passa na linha de frente? Para os líderes, isso faz parte do desafio contínuo de criar uma cultura corporativa em que o *feedback* seja estimulado em todas as direções. No capítulo 6, CEOs discutiram a importância de ter conversas adultas para dar *feedback* aos funcionários. Neste capítulo, eles descrevem suas estratégias para obter *feedback* – sobre como podem fazer um trabalho melhor na liderança e sobre quaisquer problemas profundos dentro de suas organizações.

Dennis Crowley, da Foursquare, perguntará aos funcionários, no café, como ele pode fazer um trabalho melhor.

"Como a empresa cresceu, eu às vezes começo a me sentir desconectado das pessoas, e decidirei, aleatoriamente, reunir-me com uma pessoa por dia, e nós sairemos para uma meia hora de café", disse ele. "Basta agir assim durante mais ou menos seis semanas para todos os canais de comunicação ficarem livres novamente. As pessoas sentem que podem se aproximar e conversar comigo. Eu me inteiro das coisas que as preocupam ou desafiam, ou das dúvidas que possam ter. E também lhes peço sempre *feedback*. 'Existe algo que eu possa fazer para facilitar seu trabalho?' 'Existe algo que eu possa fazer para melhorar a empresa?'"

Ivar Kroghrud, da Questback, diz a seus funcionários que ele considera que faz parte do seu papel ser a "passadeira-chefe" da empresa; isso os estimula a dizer o que ele pode fazer para tornar os processos mais fáceis, para que possam desempenhar melhor seu trabalho.

"Num setor que se expande e se transforma rapidamente, é muito fácil ficar preso no que não está funcionando, mas que deveríamos consertar", disse ele. "Se quiser alcançar resultados extraordinários, é preciso recorrer aos pontos fortes das pessoas e ajudá-las a trabalhar o mais próximo possível do planejado. Se deixar que fiquem mergulhadas em todos os problemas que existem lá fora – e sempre existem problemas –, então elas serão improdutivas.

"Você pode agilizar bastante o processo considerando-se como uma passadeira-chefe. Quando tiver implantado um sistema eficiente, você pode usar uma parte do tempo simplesmente perambulando, conversando com as pessoas e perguntando: 'O que o impede de fazer um trabalho ainda melhor? Você acha que gasta inutilmente seu tempo com algo?' É fácil fazer esse tipo de pergunta, e as pessoas se interessam por elas."

Ken Rees, CEO da Think Finance, uma firma que desenvolve produtos financeiros, instituiu reuniões regulares com empregados de todos os níveis, chamadas Biscoitos com Ken.

"Aprendi, como consultor, que é preciso ouvir os funcionários menos graduados da empresa, porque é ali que estão as respostas – com as pessoas que estão em contato direto com os clientes. Muita coisa que os consultores fazem deveria ser feita pelo alto escalão administrativo, ou seja, comunicar-se eficazmente em todos os níveis e reunir as ideias. Esse é um elemento importante da minha abordagem como CEO. Acho que a hierarquia só atrapalha, particularmente numa empresa em que a comunicação precisa circular com rapidez. Você tem de se esforçar para remover os níveis hierárquicos e as barreiras que existem entre as pessoas.

"Tem algumas iniciativas minhas que, francamente, são um pouco bregas. A cada duas semanas mais ou menos, eu organizo um encontro chamado Biscoitos com Ken, em que a gente reúne uns doze funcionários de todos os setores da empresa para conversar sobre como vão as coisas. No final do encontro, eu sempre pergunto: 'Digam uma coisa na empresa da qual vocês gostem muito e uma coisa que os frustra na empresa.' Eu sempre descubro pelo menos uma coisa que me abre os olhos."

Abbe Raven, CEO da A&E Television Networks, promove reuniões regulares que ele chama de Mesa-redonda com Raven.

"Comecei a fazer essas reuniões quando virei CEO, porque percebi que a possibilidade de conversar com os funcionários novos já existia; mas e quanto aos funcionários que já estavam na empresa?", disse ela. "Portanto, eu tomo café da manhã, almoço ou tomo um cafezinho com gente de diferentes níveis hierárquicos, gente com quem eu normalmente não repartiria o pão. Quando virei CEO e estava procurando conversar com o maior número possível de funcionários, a primeira pergunta que eu sempre fazia era: 'Se eu fosse um CEO vindo de fora e vocês estivessem se encontrando comigo pela primeira vez, sobre que assuntos vocês conversariam? O que deveríamos mudar e o que não deveríamos mudar?'

"Além disso, quando vejo um funcionário no corredor que já está há três meses na empresa, eu lhe digo: 'O que funciona para você aqui e que você não tinha antes? Existe algo que você costumava fazer na antiga empresa e que nós deveríamos fazer?'"

Stephen Sadove, da Saks, também pede que os funcionários novos transmitam sua visão de recém-chegados quanto ao funcionamento da empresa.

"Acho que as ideias mais brilhantes vêm das pessoas que não se encontram fechadas em seu mundo", disse ele. "Quando os novos funcionários entram na minha organização, eu sempre digo: 'Quero que, durante as três ou quatro primeiras semanas, sempre que tiver uma ideia ou uma pergunta a respeito do modo como as coisas são feitas, você anote e guarde na sua gaveta.' Seja o que for, simplesmente pergunte: 'Por que estão fazendo desse jeito?' Não me importo se isto é bom ou ruim; não quero que você converse com ninguém sobre o assunto.

"Simplesmente anote e guarde na gaveta. No final das três ou quatro semanas, quero que você olhe no papel. É possível que diga: 'Agora eu entendo aquilo. Agora isso faz um pouco de sentido para mim.' Ou você pode olhar e dizer: 'Isso ainda não faz o menor sentido para mim.' Em seguida, quero que você se reúna comigo para conversamos sobre suas anotações.

Eu invariavelmente descubro algumas ideias muito boas que me fazem dizer: 'Por que estamos agindo assim? Isso não faz o menor sentido.' Já descobri fatos triviais, fatos importantes, desperdício no sistema e um monte de tarefas sendo feitas duas vezes. Esse é o resultado de iniciativas como essa."

John Donahoe, CEO da eBay, utiliza as entrevistas demissionais para colher opiniões sinceras sobre a situação da empresa.

"Houve algo que eu descobri ao longo do tempo, e que é algo extremamente útil. Sempre que um funcionário graduado deixa a empresa – ou às vezes um funcionário de nível médio –, eu vou até ele e digo: 'Ei, você poderia me mandar um *e-mail*?' Ou: 'Adoraria me encontrar com você para que me dissesse quais são as três coisas que você acha que eu devo saber sobre a organização e que talvez eu não saiba.' E, então, em segundo lugar: 'Se você fosse eu, o que faria de diferente do que estamos fazendo?'", disse ele.

"Além disso, percebo que, no momento em que saem da empresa, é comum as pessoas refletirem e, por terem muitas vezes tomado uma decisão muito difícil, elas também são de uma franqueza impressionante, por sentirem que já não têm nada a perder. Na verdade, é quando se importam com a empresa que elas são mais objetivas. Além disso, constato que alguns dos *insights* são bem úteis e, muitas vezes, realmente práticos."

Susan Lyne, vice-presidente da empresa de varejo *online* Gilt Groupe, adotou o conceito de "horário de expediente" que aprendeu com Marissa Mayer, antes que esta saísse da Google para se tornar CEO do Yahoo.

"Ela era professora antes de vir para o Google, e ela esticava o horário de expediente", disse Lyne referindo-se a Mayer.

"Ela dizia que era um modo muito proveitoso de ter acesso às verdadeiras ideias dos engenheiros. Não aquelas que surgem numa reunião, mas 'O que o deixa animado?' E me pareceu uma ideia interessante. É o que eu faço agora – procuro fazê-lo durante duas horas por semana, quando qualquer pessoa da empresa pode reservar meia hora comigo.

"Isso se mostrou uma maneira fantástica de descobrir o que está fermentando por baixo da superfície e o que não está chegando até as pessoas. E é surpreendente a quantidade de funcionários de baixo escalão que quer reservar um tempo comigo. Em alguns casos é porque querem passar um tempinho a sós comigo para que possam ser notados. Mas eles sempre têm algo a dizer.

"Além disso, quando se dirige uma empresa, é muito difícil ir além de um certo nível hierárquico; o máximo que se consegue, talvez, seja um nível abaixo dos seus subordinados imediatos. Esses encontros permitem que eu conheça um pouco melhor as pessoas que encontro no corredor ou que vejo nas reuniões gerais de segunda-feira. Eles também são um excelente sistema de alerta preventivo com relação a algo que possa ter sido mal interpretado ou a um problema em um departamento."

Ori Hadomi, da Mazor Robotics, descobriu que designar alguém para bancar o advogado do diabo ajuda a evitar as panelinhas em reuniões.

"Antes de estabelecer os objetivos do ano seguinte, seguimos uma tradição: definimos os cinco maiores erros que cometemos no ano que está se encerrando – e nos concentramos nos erros grandes, não nos pequenos. Além disso, todo ano verificamos se esses erros têm algo em comum. Em seguida, estabelecemos os objetivos do ano seguinte", disse ele.

"Um dos erros mais óbvios que cometemos é que, muitas e muitas vezes, preferimos acreditar num cenário otimista: nosso pensamento é excessivamente positivo. Até certo ponto, o pensamento positivo é importante, quando você precisa motivar as pessoas e lhes mostrar as possibilidades que o futuro traz. Contudo, é muito perigoso quando o planejamento é baseado nele. Portanto, uma das lições que isso nos ensinou foi que era necessário indicar um dos diretores executivos como advogado do diabo.

"Na verdade, ele é muito provocador, e sabe fazer as perguntas certas. Ele realmente faz questão de me dizer: 'Vamos ter de ser mais humildes com nossas pretensões.' E o mais surpreendente é que ele é o vice-presidente de vendas para os mercados internacionais. Você esperaria que um vice-presidente de vendas fosse superotimista o tempo todo. Mas ele tem, muito forte, uma forma crítica de pensar, e isso é muito construtivo. Eu sinto que esta é a maneira certa. Acho que, de certa forma, um dos riscos da liderança é pensar de maneira excessivamente positiva quando você planeja e define expectativas."

Na Medline Industries, os dirigentes estabeleceram um sistema chamado "escalada". Segundo Andy Mills, o sistema permite que os principais executivos enxerguem os problemas como se estivessem na linha de frente:

"Gosto de dizer aos funcionários que se pode dar uma resposta ou uma solução. Muita gente pode pensar que, ao dar uma resposta, está fazendo um bom trabalho. No entanto, eu não acredito muito que o simples fato de dar uma resposta signifique fazer um bom trabalho, porque, se a resposta não ajuda a fazer algo avançar nem beneficia a empresa, então para que serve ela? Se existem pedidos feitos para um produto e já faz um certo tempo que ele está em falta, então simplesmente dizer isso ao cliente não é uma solução. É só uma resposta. Sua tarefa só está concluída se você ajudar alguém a avançar, seja o que o for que as pessoas estejam fazendo.

"Também dizemos às pessoas que queremos que esse tipo de problema seja tratado como se fosse uma escalada. No setor de vendas, a política de escalada quer dizer o seguinte: se o cliente ou o representante de vendas liga e pede algo, nós procuramos encontrar uma forma de atendê-lo. Se não for possível, o problema é passado para o nível superior da cadeia hierárquica. De um universo de mais de nove mil funcionários, queremos que só alguns deles tenham a autoridade para dizer não ao pedido de um representante ou de um cliente. Além disso, queremos identificar e não filtrar os problemas.

"Gosto de atender essas ligações e faço questão de atender inúmeras delas. Descubro às vezes que existe algo que não estamos fazendo, mas que deveríamos considerar fazê-lo. Pode ser a necessidade de um cliente que ninguém do setor está atendendo, inclusive nós. Portanto, quando existe a possibilidade de que haja algo que não estejamos fazendo, uma necessidade não atendida, nós realmente devemos considerar a hipótese de alterar nossa política ou de mudar algo na empresa. Além disso, se um concorrente faz algo que nós não fazemos, então precisamos ser capazes de fazer aquilo também. E mesmo que decidamos não fazê-lo, acho que as pessoas apreciam que a resposta explicando o porquê venha de um alto executivo. Ou pode ser uma boa ideia que poderemos implementar no futuro. Acho que as pessoas apreciam um esclarecimento sobre o porquê de não podermos atender seu pedido, mais do que ouvir um simples 'não'."

Existe uma arte para definir um tom que desarme os funcionários, para que ofereçam *insights* sinceros e revelem suas opiniões sobre como aperfeiçoar a organização. Eis aqui algumas outras abordagens utilizadas pelos CEOs:

"Pedi que um *coach* executivo me orientasse sobre como entrar numa organização nova", disse Barbara Krumsiek, da Calvert Investments. "A orientação foi que eu perguntasse a cada executivo: 'Fale-me do seu trabalho, mas me diga o que você acha que faz aqui que não está na descrição do cargo e que você considera realmente decisivo.' Nossa! Aprendi tanto sobre eles! Além de ter sido muito útil durante a montagem da equipe. Também repeti várias vezes esta pergunta, durante meus primeiros anos na Calvert: 'Diga-me algo que acontece na Calvert que você acha que eu não sei e que acha que eu deva saber.'"

Dan Rosensweig, CEO da empresa de aluguel de livros didáticos Chegg, disse que pergunta aos funcionários: 'Se você estivesse no meu lugar, além de tirar férias mais longas e aumentar o salário, qual seria a primeira coisa que faria que acha que ainda não estamos fazendo?'

"Também procuro deixar o processo de avaliação de desempenho mais confortável perguntando às pessoas: 'O que você precisa que eu lhe dê a mais? O que precisa que eu lhe dê a menos? O que é que eu estou fazendo e que você gostaria que eu parasse de fazer completamente? E o que é que eu não estou fazendo o suficiente e que você gostaria que eu fizesse um pouco mais?' Depois disso, a conversa torna-se muito mais confortável", disse ele.

Barbara DeBuono, CEO da Orbis International, um grupo mundial que ajuda a tratar e a prevenir a cegueira, usou um modo inteligente de quebrar o gelo e fazer com que as pessoas se abrissem.

"Nas conversas que eu tive com grupos de pessoas na Orbis, eu dizia o seguinte: 'Vocês acham que somos uma organização de ponta?' Em seguida ficava quieta", disse ela. "E eu não queria dar a resposta; queria que eles me respondessem. Também lhes perguntava: 'Na visão de vocês, como seria uma organização de ponta?' É assim que eu abria a conversa. Um dos elementos fundamentais é o diálogo sincero, aberto e transparente, e nós conversamos sobre dicas e ferramentas que nos ajudem a agir assim.

"É interessante. Percebo que o nível de energia do escritório está diferente. Não se trata do tipo de abordagem que envolve punição e recompensa, em que eu diria: 'Vamos ser uma organização de ponta. Vamos realizar estas cinco coisas, e é isto.' As questões que faço são: 'Vocês querem ser uma organização de alto desempenho? Caso queiram, o que é uma organização de alto desempenho? Vamos discutir o que é isso.' Porém, eu percebo, sem sombra de dúvida, que a postura de algumas pessoas mudou. Vejo muitas delas dizendo: 'É um novo dia.' Já não ouço quase 'A gente sempre fez isso assim', porque elas sabem que eu não quero ouvir isso. Então, elas às vezes se desculpam pelo comentário. Elas dizem: 'Só estou dizendo que esse é o jeito que fazemos isso, não que temos de continuar com a mesma postura.' Isso é uma mudança, certo? Para mim, parece que estou vendo bebês dando os primeiros passos."

Kevin Sharer, ex-CEO da empresa de biotecnologia Amgen, quando assumiu o cargo fez cinco perguntas aos funcionários, com a intenção de obter um *feedback* sincero.

"Fiz diversas perguntas à equipe de diretores: 'Quais são as três coisas que vocês querem ter certeza de que vamos manter?' 'Quais são as três coisas que vocês gostariam de mudar?' 'O que vocês querem que eu faça?' 'O que vocês temem que eu faça?' E então, finalmente: 'Vocês querem conversar sobre outra coisa?'", disse ele.

"Eu conversei com as melhores cento e cinquenta pessoas da empresa, uma de cada vez, durante uma hora. Pedi que elas trouxessem, se desejassem, respostas por escrito, para que eu pudesse guardá-las. Anotei meticulosamente tudo. Não estava tentando vender nada; estava tentando ouvir com extrema atenção. E, como somos uma empresa que se baseia em métodos científicos, damos muito valor aos dados, e esses dados sociais eram de extrema importância. Então, logo antes de me tornar CEO, fiz uma síntese de todas as respostas e escrevi um resumo: Gente, aqui está o que vocês me disseram, aqui está o que eu penso disso; e, portanto, aqui estão nossas prioridades. As pessoas foram sinceras e demonstraram interesse e entusiasmo ao conversar comigo, e isso também me ajudou a conhecer melhor as melhores pessoas na empresa."

Geoffrey Canada define o tom na Harlem Children's Zone ao dizer que as pessoas nunca devem hesitar em apresentar um problema.

"Temos onze mil crianças", disse ele. "O que eu procuro dizer à equipe de diretores é que não há nada de mal em apresentar um problema e em pedir ajuda e apoio. Ou mesmo uma consulta sobre ele. Você jamais será estigmatizado, como se eu dissesse, por exemplo: 'Ah, meu Deus, é a terceira vez que ele apresenta algo e diz que está em dificuldade.' Eu digo para os diretores que eles têm de ser muito mais ativos na realidade, certificando-se de que as pessoas entenderam este fato – não há nenhuma penalidade por levantar questões.

Shawn H. Wilson, presidente da Usher's New Look Foundation, criou uma forma sintética para se certificar de que as pessoas seriam sinceras umas com as outras.

"Há alguns anos, comecei a falar sobre uma 'zona em que não se pode torcer a verdade'", disse ele. "Eu costumo dizer à minha equipe: 'Ao entrar em minha sala, você está numa zona em que não pode mentir nem torcer a verdade. Seja respeitoso.' Conheci esse péssimo hábito [de torcer a verdade] em outras organizações, e percebi que isso estava penetrando na nossa organização. Isso acontece quando as pessoas tendem a dar desculpas ou torcer a verdade – 'Bem, isto de fato aconteceu, mas foi por causa daquilo.' Então, numa certa altura, senti que era importante que eu, como líder, dissesse: 'Ouçam, não sei por que isso aconteceu, mas precisamos chegar à origem do problema, e isso tem de estar baseado em fatos, não em todas essas outras coisas.' Quando começamos a agir assim, percebi, definitivamente, uma diferença na cultura."

Pamela Fields, CEO da empresa de chapéus e roupas Stetson, diz aos funcionários que ela se responsabiliza por qualquer erro que eles possam cometer. Em troca, eles se sentem mais inclinados a apoiá-la e a abordar os problemas de forma mais sincera.

"Aprendi a lição de que é importante dizer a verdade e estar num ambiente em que tal postura é valorizada", disse ela. "É preciso ter muita coragem para dizer a verdade, principalmente numa grande organização em que a mistificação é uma habilidade política que eu não admito. Quando eu vejo um problema ou uma oportunidade, faço o que tem de ser feito. Tudo acontece rápido demais no mundo dos negócios, e não podemos ficar parados.

"As pessoas que trabalham para mim sabem que podem contar comigo. Acho que isso é a coisa mais importante que eu posso oferecer às pessoas – que se algo der errado, o problema é meu; e se algo der certo, o sucesso é delas. Falo isso para todo mundo. Digo que se eles cometerem algum erro – e quase sempre a responsabilidade é minha –, então, obviamente, não poderei estar por perto para ajudá-los. É por isso que precisamos trabalhar em conjunto. Mas eu digo isso de maneira explícita. Estou sempre presente; sempre me coloco na linha de frente para defender as pessoas. Nunca houve uma exceção. Assumo a responsabilidade. Meu trabalho é esse; então, sou uma pessoa muito leal.

"Além disso, as pessoas sabem que podem me procurar e dizer o que pensam quando acham que eu estou errada. E eu adoro isso. Adoro quando as pessoas dizem: 'Essa é a ideia mais idiota que eu já ouvi, e o motivo é este; e, em vez disso, deveríamos fazer o seguinte.' Quando acontece esse tipo de conversa, é uma vitória. Embora nem sempre possa concordar que o que eu defendo seja algo tão estúpido assim, cria-se um espaço no qual as pessoas se sentem inteiramente à vontade para dizer o que pensam. Eu também digo a elas que não gosto de surpresas. Mantenham-me informada; se der errado, o problema é meu, não seu. Isso parece liberar de fato as pessoas. Parece bobagem, parece clichê, mas, na realidade, não é. Descobri que isso funcionou em todos os tipos de cultura de que participei."

Martha S. Samuelson, CEO da empresa de consultoria Analysis Group, disse que dá o exemplo do comportamento que ela espera dos funcionários, para que eles não hesitem em lhe trazer problemas.

"Muito disso tem origem no modo como os fundadores agiram comigo", disse ela. "Eles sempre fizeram com que eu sentisse que se podia dizer: 'Tem algo que me preocupa. Acho que não agi bem. Não deveria ter dito aquilo na reunião.' Como eles próprios agiam assim, tornaram-se um modelo para mim. Portanto, eu faço isso inúmeras vezes; é como se convidasse as pessoas a me trazerem seus problemas. Elas nunca sentem que vão se meter em apuros se chegarem para mim e disserem: 'Perdi um cliente. Falei o que não devia na reunião com ele. Fiz isso e aquilo.'

"Acho que isso está presente em todos os níveis na organização, o que faz uma enorme diferença. Você quer criar uma organização em que as pessoas se sintam seguras em trazer problemas para seus chefes e pedir orientação. Você não quer que seja como se pusessem um *band-aid* em cima do caco de vidro enfiado no braço, porque o caco de vidro continua lá. Você quer é ter alguém que o ajude a tirar o caco de vidro."

Dennis Crowley, da Foursquare, às vezes, começa uma conversa com sua equipe dizendo que a empresa está "quebrada". É uma tática inteligente, pois faz com que a equipe reconheça rapidamente que existe um problema e mude o foco para discutir como corrigi-lo.

"Mostramos às pessoas que a crítica é bem recebida", disse ele. "Procuramos expor publicamente esse tipo de coisa nas reuniões da empresa, e acho que isso cria um ambiente realmente tão saudável que você não vê ninguém entrando na sala de conferência e dizendo: 'Não acredito que estamos fazendo isso.' Se você quiser falar sobre algo, fale em público. Essa é uma das coisas que nos permitiram crescer rapidamente sem que deixássemos de nos sentir relativamente pequenos.

"Somos bastante críticos e conscientes com relação ao lugar ocupado pela empresa. Sempre conversamos sobre isso quando parece que a empresa está quebrada – vamos dizer que você tenha dez funcionários e de repente contrata mais cinco, e as coisas que funcionavam com dez não funcionam com quinze. Então a gente diz: 'Muito bem, a empresa está quebrada – vamos dar um tempo e descobrir como pôr as coisas em ordem'; e pode acontecer de novo quando passamos de vinte para cinquenta funcionários, e de cinquenta para setenta, o número não importa. Porém, nos comportamos como uma organização muito transparente no que diz respeito às mudanças que têm de ser feitas.

"As equipes podem ser muito grandes. Talvez existam muitos comentários. Há todas essas pequenas alavancas que podemos ajustar, e é como você pegar algo que parece um pouquinho avariado, ou não tão eficiente como poderia ser, e consertá-lo. E o jeito que somos autoconscientes realmente ajuda a chegar a esse estágio, porque você não fica envergonhado de dizer: 'O jeito como estamos fazendo isso não está funcionando agora, e temos de mudar algumas coisas.' E o barco não balança quando dizemos isso para a equipe. É mais fácil, porque já fizemos isso antes."

David Sacks, da Yammer, disse que estimula fortemente a cultura da discordância em sua empresa.

"Qualquer pessoa pode me fazer perguntas e discutir comigo", disse ele. "Mesmo que você seja novo na empresa, você pode começar a discutir comigo sobre algo. A cultura das empresas *start-up* geralmente é muito democrática. Acho que isso é necessário para atrair gente competente. É preciso criar realmente uma cultura na empresa que atraia as pessoas. Então a gente procura ouvi-las, fazendo com que percebam que influenciam o rumo da empresa, e tentamos evitar processos e níveis hierárquicos desnecessários – coisas que poderiam frustar os funcionários.

"Acho que você deve criar uma cultura na qual a divergência é valorizada. E existem provavelmente inúmeras formas de definir o tom. Basta entrar numa empresa para saber, com certeza, se existe ali uma cultura da discordância. As pessoas podem perceber rapidamente se a divergência é estimulada ou se, na verdade, não é bem-vinda. Para mim, o sinal de alerta acende quando existe consenso demais e discordância de menos. Eu acho que em qualquer comunidade humana a discordância está sempre presente, porque discordar é uma característica do ser humano. Toda vez que parece não haver discordância é porque a cultura corporativa simplesmente se deslocou de forma exagerada na direção do consenso.

"Você precisa perguntar regularmente aos seus subordinados se eles pensam que estamos no caminho certo, se a estratégia que você adotou está correta, o que eles acham da estratégia, onde as coisas não estão indo bem. É preciso ir realmente fundo nisso. Nós deixamos que os funcionários opinem sobre tudo. Não existe isso de: 'Muito bem, como eu sou engenheiro, não posso opinar sobre o que acontece no atendimento ao cliente ou em vendas', ou vice-versa. Procuramos criar territórios definidos para que todos tenham um setor sob sua responsabilidade. Um dos contextos em que a cultura da intriga se desenvolve é quando não está suficientemente claro quem é responsável por cada setor, e, por isso, você precisa de um monte de gente para fazer algo. Em nossa empresa isso não acontece. Aqui, um motivo que faz com que as pessoas se sintam à vontade a respeito da discordância é que suas próprias responsabilidades são claras.

"Fazemos um bocado de coisas para ouvir a empresa e juntar suas forças internas, além de nos certificarmos de que estamos falando a mesma língua. Portanto, uma vez a cada trimestre mais ou menos, faço uma apresentação para a empresa que mostra nossa opinião, em alto nível, a respeito da estratégia. Então, uma vez por mês acontece o Momento Yammer, no final de uma sexta-feira, quando então os executivos recebem perguntas de qualquer funcionário da empresa. Eles também podem fazer as perguntas *online*; e, caso queiram, também podem fazê-lo anonimamente. Nós respondemos praticamente tudo que as pessoas querem saber. Elas podem consultar as perguntas anônimas *online* e também podem votar nas que querem ver respondidas."

Gregory B. Maffei, CEO da Liberty Media, disse que recompensar as pessoas que discordem dele nas reuniões sinaliza claramente que ele quer que elas se manifestem.

"Um grande número de organizações passou por uma transformação geral", comentou ele. "Existe mais transparência, mais abertura, e no mínimo alguns dos símbolos do chefe imperial foram reduzidos. Acho isso bom. Esforço-me bastante para fazer as coisas que aprecio, como ser sincero acerca daquilo que a organização está fazendo. Nunca deixamos de promover reuniões trimestrais extremamente abertas e nas quais estimulamos as perguntas; assim as pessoas sentem que fazem parte da organização.

"Sempre me senti mais confortável numa cultura em que, independentemente do tamanho da organização, as pessoas sentem, de fato, que existe a possibilidade de diálogo, e que podem fazer ao CEO qualquer pergunta. O excesso de formalidade ou de respeito pode atrapalhar uma boa troca de ideias. Como fazer, então, para que isso aconteça? Você precisa agir de maneira minimamente coerente com o que diz. Na reunião geral com os funcionários, eu procuro ser franco quanto aos acertos e erros do trimestre, às perspectivas de longo prazo e à nossa situação, além de explicitar alguns dos objetivos. E então procuro levá-los a fazer perguntas difíceis.

"Portanto, eu normalmente me certifico de que existam pelo menos uma ou duas perguntas que eu sei que alguém vai fazer e que serão consideradas difíceis, porque eles querem se certificar de que estarão seguros. Porque o que se quer é criar um clima do tipo: 'Ei, pessoal, façam aquelas perguntas.' Como sei que há pessoas que se sentem mais à vontade fazendo as perguntas difíceis, eu digo: 'Ei, vocês acham que as pessoas estão suficientemente informadas sobre isso? Se não, talvez queiram fazer perguntas sobre esse assunto.' Após fazer isso algumas vezes, as pessoas entendem que qualquer um pode fazer uma pergunta difícil, que você responde com a maior franqueza possível.

"É preciso dar crédito às ideias dos outros, e certificar-se de que você demonstra seu apreço por elas. Um jeito é dizer: 'Veja, eu pensei isso, mas Albert disse aquilo, e ele tem razão. Concordo. Albert tem a resposta certa. Vamos fazer como ele diz.' Eis aqui outro exemplo: 'Na Liberty existe um executivo que me desafia mais do que todo mundo. Respeito profundamente sua opinião, mas nem sempre é fácil lidar com seus desafios. Além disso, ele foi o primeiro sujeito que eu promovi. Dois outros executivos chegaram para mim e disseram: 'Bem, se soubéssemos que o jeito de ser promovido era bater em você, também teríamos feito isso.' Embora eles provavelmente tenham empregado palavras mais espirituosas do que 'bater em você'.

11.

A GENTE NUNCA PARA DE APRENDER

Penso que os melhores líderes são professores.

– DAVID BARGER, CEO DA JETBLUE

Passamos a maior parte da primeira etapa da vida na escola, e o conhecimento e habilidades que adquirimos ali ajudam a nos transformar em funcionários produtivos e eficientes. Para a maioria de nós, a educação formal termina quando mudamos o foco para a tarefa de alcançar objetivos e cumprir prazos. Muitas empresas, porém, reconhecem que é preciso manter seus funcionários motivados, sentindo que estão crescendo, que estão aprendendo novas habilidades e fortalecendo os músculos. Uma maneira de fazer isso é eliminar a fronteira entre escola e trabalho.

Muitos líderes também percebem que criar um ambiente de formação contínua ajuda a reter os funcionários mais brilhantes, que podem se cansar rapidamente do *status quo* de repetir o mesmo trabalho indefinidamente.

"Se você for ver por que as pessoas geralmente saem das empresas, descobrirá que muitas vezes é por causa do tédio", disse William D. Green, ex-diretor do conselho e ex-CEO da empresa de consultoria Accenture. "Além disso, as pessoas que têm um desempenho acima da média são aprendizes por natureza. E, enquanto estiverem aprendendo, ficam onde estão. Quando começam a pensar em sair, quando começam a responder à ligação do *headhunter*, é porque deixaram de aprender."

"Toda empresa precisa adotar uma filosofia de aprendizado constante, se espera ter sucesso na economia atual", ele acrescentou.

"Com um aluno motivado, você faz maravilhas. O mesmo acontece nas instituições. Existem empresas com a vontade e a determinação de mudar? Isso é o equivalente a um aluno motivado. Ou existem empresas que estão meio empacadas e que apreciam o *status quo*? No fim, é isso que diferencia os vencedores dos fracassados, na América corporativa e no mundo inteiro. Essa é a diferença. A pergunta, portanto, é a seguinte: Como conseguir alunos motivados?

"Um princípio que nós temos é que pessoas bem-sucedidas são aquelas que pedem ajuda. Parece simples, mas fazer com que uma organização acredite que pedir ajuda é sinal de força e não de fraqueza é um feito e tanto."

Este é outro desafio identificado por muitos CEOs: como promover uma cultura de alunos motivados.

Mude as pessoas de lugar

Em muitas empresas, os dirigentes criam a expectativa entre os funcionários de que eles serão transferidos para cargos diferentes. Desse modo, os indivíduos se mantêm alertas em vez de se acomodarem numa zona de conforto. De acordo com Mark Fuller, da WET Design, essa abordagem traz inúmeros benefícios.

"Nós mudamos as pessoas de lugar com muita frequência", disse ele. "E, para ser sincero, isso desestabiliza um bocado as pessoas, porque todo mundo adora se sentir à vontade. Acho que nascemos para encontrar uma caverna, desenhar um belo mamute na parede e, assim, sentir-se em casa. A maioria dos meus funcionários-chave tem mantido posições realmente diferentes. O mundo é impulsionado pela mudança, então parte do meu trabalho, eu acho, é agitar as coisas."

Agitar as coisas na WET Design significa oferecer programas de treinamento a todos os funcionários para que conheçam e avaliem, na prática, o que os colegas fazem. Como explica Fuller:

"Nós chamamos todos os funcionários-chave e os fazemos passar por um programa de imersão que normalmente dura seis semanas. Posso lhe mostrar algumas excelentes recepcionistas que, por terem passado uma ou duas semanas na linha de montagem, se mostraram soldadoras de primeira. Elas entendem o trabalho e conhecem os procedimentos. De novo, não se trata de dar atribuições permanentes para todos; trata-se, na verdade, de se colocar na posição do outro para compreender seu trabalho."

Por ter começado por baixo no negócio da música, Julie Greenwald, do Atlantic Records Group, aprendeu em primeira mão os benefícios de saber executar várias tarefas diferentes. Então, ela deixa claro a seus funcionários que eles também devem contar com a possibilidade de serem transferidos. Ela recorda como subiu na hierarquia:

"Conheci Lyor Cohen e comecei na Rush Management, o que é uma loucura, porque eu não conhecia nada de hip-hop nem de rap. Eu era sua assistente. Não tinha mesa nem cadeira;

literalmente, tinha de ficar ao lado dele. Ele ficava falando, gritando e vociferando ao telefone, e eu ficava preparando as excursões e indo atrás dos artistas. Fazia tudo que ele me pedia. Lyor costumava me dar tarefas malucas e impossíveis para fazer.

"Então Lyor me transferiu da Rush Management para a gravadora Def Jam. Fui para o departamento de promoção e, como percebi que ele estava muito desorganizado e caótico, reuni todo mundo e pus ordem na casa. Logo fui promovida para gerente geral do departamento. Lyor então me disse: 'Preciso que você crie um departamento de *marketing*.' Falei: 'Não conheço nada de *marketing*.' Ele disse: 'Aprenda.' Depois ele me entregou o departamento de vídeo, e eu disse: 'Não tenho a menor ideia de como se produz um vídeo'; e ele me disse: 'Aprenda.' Daí ele me entregou o departamento financeiro e de orçamentos e o departamento de arte; e, antes que eu tivesse me dado conta, ele tinha me entregado todos os departamentos da Def Jam.

"Aquilo realmente me ensinou que a melhor coisa que eu posso fazer por minha empresa e por meu pessoal é transferi--los de lugar e fazer com que aprendam o que os outros fazem, para que possam entender de verdade as nuances do trabalho de cada um e o quão difícil ele é. Desse modo, as pessoas passam a ter um grau de respeito mútuo completamente diferente. Todos têm que conhecer um pouco do trabalho dos outros. Na verdade, eles não têm que realizá-lo, mas precisam conhecê-lo bem; portanto, existe um clima geral de respeito que mantém o grupo trabalhando bastante."

Irwin Simon, do Hain Celestial Group, disse que se esforça bastante para garantir que as pessoas não fiquem presas a suas funções.

"Aprendi dentro da América corporativa que as pessoas são colocadas numa caixa – ou você é um contador ou trabalha no *marketing*; e, basicamente, você fica rotulado o resto da vida", disse ele. "É por isso que eu adoro pegar alguém do *marketing* e pô-lo no financeiro, ou pegar alguém do financeiro e pô-lo no *marketing*. Eu acredito que funciona tirar as pessoas da caixa, tirá-las de sua zona de conforto e pô-las em outros setores. É assim que se cresce na vida. Olhe a incrível oportunidade que você tem. Adoro pessoas que vão morar em outros lugares do mundo só para ver como é. Procuro estimular as pessoas a fazerem e conhecerem outras coisas. Acredito profundamente na ideia de que é preciso estimular as pessoas. Se você não as estimula, elas ficam muito acomodadas."

Kathleen Flanagan, CEO da empresa de consultoria Abt Associates, disse que atualmente os funcionários mais jovens esperam ser transferidos para novos cargos rapidamente. Portanto, as empresas têm de tomar cuidado para encontrar o equilíbrio certo entre administrar as expectativas deles e, ao mesmo tempo, proporcionar as oportunidades que eles desejam.

"Acho que a geração mais jovem obviamente quer progredir na carreira muito mais rapidamente do que gente de mais idade como eu. Eles estão sempre curiosos a respeito do que farão em seguida. Ficam impacientes por terem de ficar sentados em um trabalho por um período de tempo e ficam imaginando a próxima oportunidade.

"É óbvio que existe aí uma contradição. Você quer alguém que se comprometa com algo durante seis meses ou um ano; meu objetivo, porém, é criar uma cultura que permita que as pessoas progridam quando for conveniente, ou pelo menos que haja esse tipo de discussão. É por isso que a orientação tem de estar presente. O administrador de talento tem de estar presente para que possa ter esse tipo de discussão com o funcionário e dizer: 'Eis aqui os prós e os contras disso', e então deixar que ele progrida rapidamente, em vez de simplesmente dizer: 'Você tem de ficar nesse cargo de três a cinco anos.' A atual geração não aceita isso. Eles vão para outro lugar. É por isso que, neste exato momento, a verdadeira prioridade é manter o talento na empresa. Como o ambiente está muito competitivo, temos de imaginar maneiras de manter a próxima geração crescendo, aprendendo e entusiasmada."

Assegure treinamento contínuo

Muitas empresas dão um passo além, instituindo programas de treinamento formais e informais para os funcionários. Elas sentem que é sua responsabilidade ajudar os funcionários a crescer para além das habilidades profissionais específicas.

"Pensamos muito no desenvolvimento pessoal", disse Kris Duggan, da Badgeville. "Como podemos investir em nossos funcionários para que eles sintam que estão realmente crescendo e se desenvolvendo enquanto trabalham conosco? E, então, tomamos algumas iniciativas. Todo gerente recebe treinamento administrativo. Se ele quer participar de uma conferência ou de um treinamento ou qualquer formação fora da empresa, basta nos informar; e, se for possível, arcamos com os custos. Todo mês procuramos trazer palestrantes para conversar com a equipe. Acho que é este tipo de coisa que as pessoas valorizam: sentir que estão crescendo e se desenvolvendo. Acho que é isso o que realmente motiva as pessoas. Assim, se as pessoas percebem que estamos sinceramente interessados em seu desenvolvimento, a possibilidade de que continuem na empresa aumenta muito."

Kathleen Flanagan, da Abt Associates, estimula os funcionários a procurarem pontos de vista de fora da empresa para continuarem aprendendo. Sua filosofia baseia-se em grande parte nas primeiras lições de liderança que ela recebeu.

"Meu antecessor no cargo de CEO, que foi o vice-presidente executivo que me deu esse emprego em 1989, foi um mentor muito importante para mim", lembra ela, "e foi ele que disse: 'Planeje para sucesso. Faça seu plano, estabeleça seus objetivos, mas planeje para o sucesso. Seja flexível ao longo do caminho, mas disponha de uma estratégia e certifique-se de que está planejando para ser bem-sucedida. Não planeje para fracassar.'

"'E procure sentir sempre aquele friozinho na barriga', disse ele, 'porque isso significa que você está aprendendo, que está se cobrando. Ouça um monte de gente e absorva as informações. Respeite as contribuições de todos.' Ele ajudou o meu desenvolvimento como líder e me deu a dose necessária de apoio, mas também me deixou livre para que eu ampliasse meus horizontes, crescesse e tomasse minhas próprias decisões. Ele nunca tentou tomar decisões em meu lugar, o que eu acho muito importante.

"Ele reunia ao redor de si uma equipe de confiança, e a deixava trabalhar; acho que isso é essencial. Formei minha equipe ao longo dos últimos anos. Tenho muita sorte, porque a equipe é incrível, e existem muitas coisas que eles conhecem melhor do que eu. São especialistas no que fazem. Além disso, [meu mentor] ensinou-me a ser humilde. Eu não preciso saber tudo. Você precisa buscar outras perspectivas. Confie em sua intuição, até o final, se tiver de tomar uma decisão, mas aconselhe-se com um grande número de pessoas e leve em conta o que elas têm a dizer.

"Digo às pessoas que procurem formas de se desenvolver e crescer. Procurem perspectivas fora da empresa. Esse é um assunto importante no qual tenho insistido nos últimos anos. Tenho pedido a todos que olhem para fora da empresa, que conversem com seus pares nas outras organizações. Saiam um pouco. Conheçam pontos de vista diferentes. Conversem. É incrível como os outros CEOs são receptivos comigo e como se dispõem a compartilhar as coisas, mesmo eu sendo considerado um concorrente."

Phil Libin, da Evernote, formatou um processo de treinamento em sua empresa de *software* após ter conhecido um programa militar.

"Implantamos recentemente algo chamado Treinamento de Oficial Evernote", disse ele. "Eu obtive essa ideia de um amigo que serviu em um submarino nuclear Trident. Ele disse que, para ser um oficial em um desses submarinos, você tem que saber como fazer o trabalho de todo mundo. Essas habilidades são repetidamente treinadas e ensinadas. E eu me lembro de pensar: 'Isso é muito legal.'

"Assim, nós implantamos o treinamento para oficiais na Evernote. O programa é voluntário. Se você se inscrever, nós o indicaremos para participar, ao acaso, de uma ou outra reunião qualquer. Então, praticamente a qualquer hora eu estou reunido com alguém ou alguém está reunido com alguém; e é muito comum haver mais alguém presente, de um departamento completamente diferente, participando do treinamento de oficial. Eles estão ali para assimilar nossa conversa. Não são apenas simples espectadores. Fazem perguntas e se manifestam. A direção do programa está a cargo da minha assistente, e ninguém é escalado para mais de duas reuniões extras por semana. Não queremos consumir demasiadamente o tempo de ninguém."

Marjorie Kaplan, das redes de TV a cabo Animal Planet e Science, disse que ensinar novas técnicas a seus funcionários faz parte de uma filosofia de liderança que consiste em extrair o melhor das pessoas.

"Queremos ter certeza de que somos uma organização em que se aprende", disse ela. "Como temos um monte de gente inexperiente, percebi, em algumas reuniões, que elas são inteligentes, mas que precisavam muito aprender algumas técnicas de apresentação. Acho importante fazer parte de uma organização que permite que as pessoas inexperientes se levantem e falem. Mas vamos tornar isso interessante, e vamos deixar que elas aprendam.

"Nós preparamos uma aula de técnicas de apresentação, mas o fizemos por meio da narração de histórias. Trouxemos então especialistas em contar histórias, que se concentraram no modo de contá-las e no modo de usá-las nas apresentações. Agimos assim por dois motivos. O primeiro é que, como nosso negócio é contar histórias, quero que reflitamos sobre elas. O segundo é que, para mim, contar histórias aproxima mais a pessoa de si mesma. Acho que as pessoas autênticas são as que se comunicam melhor. Essa aula ensinou-lhes algumas habilidades. Por isso, elas agora participam de forma diferente nas reuniões, opinando com mais firmeza e sendo mais corajosas."

Robert J. Murray, CEO da empresa de *marketing* digital iProspect, disse que a empresa implantou diferentes fóruns em que os funcionários podem aprender, especialmente uns com os outros. Eles costumam assistir a "aulas de informação compartilhada". Ele também dirige mesas-redondas sobre administração para que os funcionários compartilhem suas histórias e aprendam uns com os outros sobre como gerenciar pessoas.

"Eu reunia quinzenalmente os novos gerentes numa sala para compartilhar exemplos de ocasiões em que eles tiveram que lidar com uma situação difícil envolvendo funcionário", disse ele. "Sentia que faria mais sentido se vissem uns aos outros aprender como gerenciar as pessoas. Eu então andava pela sala dizendo: 'Alguém me dê um exemplo de que eles [funcionários] estão buscando orientação. Vamos deixar em aberto; vamos pegar um exemplo e conversar sobre ele.' E, durante essas reuniões, eu sempre conseguia identificar os gerentes que possuíam os traços de liderança mais fortes porque eram os que sempre se dispunham a compartilhar. Outros temiam que isso pudesse ser uma demonstração de fraqueza. Mas o que interessa é que este é um ambiente de aprendizagem."

Ilene Gordon, CEO da Ingredion, que produz ingredientes para a indústria mundial da alimentação, iniciou uma tradição anual com gerentes jovens e de alto potencial na empresa, chamando-os para fazer apresentações curtas para o conselho da empresa. A experiência lhes ensina lições importantes sobre o modo de ser conciso.

"Todos têm de fazer um 'discurso de elevador'. Você tem três minutos para contar ao conselho e às outras pessoas presentes na sala de onde vem, que desafios está enfrentando e como está procurando gerar valor para a empresa. Todo mundo é capaz de fazer isso em quinze minutos, mas você tem de ser sucinto", disse ela. Isso faz parte do que buscamos nas pessoas que têm potencial; tem tudo a ver com comunicação. Quais são os seus desafios? Você dispõe de três minutos, porque senão – como são quarenta que vão falar – vamos passar a noite inteira ali. E, como é falta de respeito usar o tempo do outro, o importante é ser sucinto e articulado."

De acordo com Karen May, do Google, se as empresas pretendem investir mais tempo e energia em programas de treinamento, elas devem evitar algumas armadilhas.

"Uma coisa que não faz sentido é exigir muito treinamento", disse ela. "As pessoas aprendem melhor quando estão motivadas a aprender. Quando a participação nos treinamentos é opcional, a probabilidade de conseguir melhores resultados é maior. Você pode influenciar as pessoas a participar. Se um grupo de pessoas toma parte num tipo de programa e gosta, então você pede que elas indiquem alguém que possa achar o programa proveitoso. Quando o convite parte de um colega ou de um gerente, acontece uma espécie de influência entre colegas, que quer dizer: 'Isso foi proveitoso para mim; talvez também seja proveitoso para você.' Então as pessoas vêm participar motivadas, pois imaginam que vão tirar algum proveito daquilo. Você cria uma energia muito diferente do que: 'Falaram que eu tenho de participar disso.'

"Outra coisa que 'não se deve fazer' é pensar que, já que o conteúdo do treinamento é interessante, todo mundo tem de participar dele. Embora algo possa ser interessante em determinadas circunstâncias, pode perder a magia quando aplicado a todos. Além disso, não use o treinamento para resolver problemas de desempenho. Se você tem um problema de desempenho, existe um processo a ser seguido para entender sua causa. Pode ser que falte à pessoa conhecimento, técnica ou capacidade. Ou será uma questão de motivação? Ou algo que tenha a ver com os relacionamentos dentro do ambiente de trabalho? Ou a falta de expectativas mais claras? Treinamento é a solução adequada somente quando a pessoa precisa se capacitar. Contudo, o que eu tenho visto em outros lugares é uma espécie de reação automática da parte dos administradores, que fazem a pessoa passar por um treinamento quando não está tendo um bom desempenho."

Lidere e ensine

O clima de qualquer organização é definido nas altas esferas, naturalmente, e a criação de uma cultura de aprendizado – onde nunca se para de aprender – começa com líderes que deixam bem clara a importância que dão à educação. Steve Stoute, da Translation LLC e da Carol's Daughter, disse que um de seus papéis principais é ensinar os funcionários.

"Ensinar pessoas que trabalham para você é uma habilidade muito importante que exige paciência", disse ele. "Conheci inúmeros líderes de peso que falharam na execução por falta de uma equipe que os apoiasse. Você encontra muitos empreendedores que querem construir grandes empresas e que têm grandes ideias, mas cujo estilo de liderança não permite que eles tenham paciência para ensinar as pessoas."

Ensinar também é o ponto principal da filosofia de liderança de Dave Barger, da JetBlue, que desenvolveu um modelo a partir de sua própria experiência inicial como jovem executivo na indústria aérea.

"Lá pelos anos 1980, eu estava na New York Air e fui gerente de terminais e depois diretor de terminais", disse ele. "Eu me lembro como se fosse ontem, porque, de repente, você passa a ter uma quantidade incrível de subordinados imediatos e acontece uma mudança bastante profunda. Minha estrutura sofreu um choque, porque não dispunha de muito tempo para criar as ferramentas. Ao mesmo tempo, como os dirigentes da empresa eram extremamente acessíveis, eu tinha grande visibilidade. Acho que aprendi, ao longo do tempo, a procurar expor o mais cedo possível o maior número possível de líderes potenciais às situações críticas, porque isso ajuda a dar experiência à pessoa para o dia em que ela for ocupar aquela cadeira. Por ser um gerente jovem, ter acesso ao topo da organização foi algo inesquecível, porque ajudou a definir, nos níveis mais elevados, a estrutura de comportamentos necessários e os objetivos que estavam sendo criados.

"Acho que os líderes mais eficazes são professores que gastam o tempo que for necessário para explicar uma folha de balanço, uma política de *hedge* de combustível ou outros assuntos. Você está ensinando. Não está apenas fazendo coisas e dizendo o que está fazendo – está ensinando às pessoas o motivo de estar fazendo aquilo. Além disso, eu realmente acredito em permitir que as pessoas tenham acesso às informações. É preciso que haja outras pessoas na JetBlue capazes de dirigir a empresa além dos meus subordinados imediatos. Elas fazem parte da organização e têm uma importante carreira pela frente. Eu também acredito em liderar dos bastidores e em observar os funcionários da empresa que tomam a iniciativa de ensinar os outros."

Linda Heasley, ex-CEO da The Limited, disse que ajudar seus funcionários a adquirir novas competências – que, por sua vez, ajuda a reter uma equipe talentosa – representa a parte mais importante de seu modelo de liderança.

"Como acredito que meus colegas têm condições de trabalhar onde quiserem, minha tarefa é recontratá-los diariamente, oferecendo-lhes um motivo para que decidam trabalhar para nós e para mim e não para outra pessoa", disse ela. "A questão, portanto, é tornar o trabalho divertido e estimulante. É mantê-los valorizados no mercado. Eu estimulo as pessoas: 'Vá lá fora ver o que o mercado quer. Depois, volte e me ajude a descobrir o que está faltando em seu desenvolvimento, porque temos a obrigação de preencher essa lacuna.'

"Meus colegas me dizem que esse modelo de liderança vai na contramão da cultura tradicional: 'Você quer que eu vá procurar outro emprego?' Meu argumento, contudo, é que eu deveria ser capaz de recontratá-los. Deveria ser capaz de convencê-los de que a melhor oportunidade para eles está aqui. É essa a minha filosofia."

12.

A ARTE DE FAZER REUNIÕES MAIS INTELIGENTES

Quando dois homens de negócio estão sempre de acordo, um dos dois é desnecessário.

– WILLIAM WRIGLEY JR. (1861-1932)

Muitas reuniões parecem ter sido planejadas para promover uma cultura que é justamente o contrário de ágil e inteligente. Todos nós já passamos por situações como essa: não existe uma pauta definida, a discussão se perde, e as pessoas não param de checar os *smartphones* e *tablets*.

O poder de atração desses aparelhos é tão grande que Seth Besmertnik, da Conductor, tomou uma medida para combater o problema da falta de foco nas reuniões. "Pusemos avisos em todas as salas de reunião do escritório com os dizeres: 'Por respeito aos colegas, não lemos *e-mails* durante as reuniões.' Isso é uma das poucas coisas que me tiram completamente do sério. Não faz sentido nos reunirmos se ninguém vai prestar atenção."

Por que costumamos lidar tão mal com um elemento fundamental do ambiente de trabalho? Deixemos de lado esse eterno mistério e nos concentremos nas soluções. Muitos CEOs têm estratégias inteligentes para manter as pessoas interessadas nas reuniões, concentradas no que tem de ser feito e conscientes da pauta. Eles também demonstram uma grande capacidade de diagnosticar – e evitar – as armadilhas comuns da dinâmica das reuniões.

Mantenha o foco

Annette Catino, CEO da seguradora de saúde QualCare, aplica uma regra rígida nas reuniões da empresa.

"Se não houver uma pauta diante de mim, eu vou embora", disse ela. "Ou me apresentam uma pauta ou eu me levanto; porque, se eu não sei por que estou na reunião e você não sabe por que estamos ali, então não existe motivo para estarmos reunidos. Para mim é muito importante fazer com que as pessoas se concentrem e se mantenham concentradas, e não simplesmente entrar na sala e conversar sobre quem ganhou o jogo ontem. Isso não tem nada a ver."

Embora as pautas sejam importantes, alguns CEOs vão além, esclarecendo os termos de compromisso de uma determinada reunião para que as pessoas entendam que tipo de decisão será alcançada. Carl Bass, CEO da empresa de criação de *software* Autodesk, explica seu método:

"Uma das coisas que fazemos é sermos extremamente claros a respeito das decisões, porque existe uma tensão implícita entre ouvir a opinião das pessoas e elas pensarem que tudo é decidido democraticamente. Em algumas reuniões, eu digo francamente que, embora a decisão caiba a mim, e tão somente a mim, eu gostaria de ouvir a opinião de todos. No começo de cada reunião, nós deixamos muito claro quando a decisão cabe a uma única pessoa ou quando se trata mais de uma discussão para chegar a um consenso. Acho muito importante que se entenda isso, porque senão as pessoas podem se decepcionar por terem opinado sem, no entanto, conhecer o contexto mais amplo em que se deu a decisão final.

"Acho que uma das principais funções do líder é trazer à baila a maior quantidade possível de opiniões. O outro lado da moeda, porém, é que é preciso deixar bem claro quando você quer que as pessoas lhe deem informações e opiniões sem pretender lhes transferir o poder de decisão."

Sheila Lirio Marcelo, CEO da Care.com, organização que ajuda a encontrar cuidadores para as famílias, criou um código para indicar o objetivo de cada reunião na empresa.

"Nós tomamos três tipos de decisão na Care.com: Tipo 1, Tipo 2 e Tipo 3. As decisões de Tipo 1 são aquelas tomadas por uma única pessoa – de forma ditatorial. Tipo 2: as pessoas podem dar contribuições e, em seguida, alguém toma a decisão. Tipo 3: por consenso. É uma ótima maneira de resolver eficazmente os problemas", disse ela.

Os códigos também podem ser utilizados para evitar um problema comum relatado por muitos CEOs: eles podem estar pensando alto sobre alguma coisa, com a intenção apenas de compartilhar uma ideia que os deixa intrigados, e seu comentário é considerado uma ordem que deve ser executada imediatamente. Dawn Lepore, ex-CEO da Drugstore.com, descobriu uma maneira inteligente de garantir que as pessoas não confundam as duas coisas.

"Existe uma brincadeira que a gente faz na qual eu digo lâmpada ou revólver", disse ela. "Lâmpada significa: 'É só uma ideia que eu tive; portanto, pense nela e veja se você a considera boa. Você pode segui-la ou não; não passa de uma ideia.' Revólver é: 'Quero que você faça isso.' Nem sempre as pessoas sabem se o que você está dizendo é apenas uma ideia ou se você quer que elas façam aquilo."

Não basta apenas deixar claro, desde o início, qual é o objetivo da reunião. Bill Flemming, da Skanska USA Building, reserva um espaço de tempo no final da reunião para repassar o que foi discutido.

"Percebi, nas reuniões administrativas, que é preciso forçar as pessoas a tomar uma decisão e lembrar todo mundo da decisão que foi tomada", disse ele. "Às vezes as pessoas tentam mudar uma decisão depois que ela foi tomada. Não se pode sair da reunião com a possibilidade de que isso aconteça. É preciso, portanto, ter uma abordagem mais formal e deixar claro o que foi decidido. Gosto de encerrar as reuniões dizendo duas coisas. A primeira é: 'O que vocês acharam da reunião? O tempo foi bem empregado?' A segunda é: 'Qual o seu nível de compromisso com a equipe? O que você vai se comprometer a fazer quando sair desta sala?' Em outras palavras, esse é o compromisso pessoal que você faz com o grupo ao sair. É um tempo bem empregado. Não estou dizendo que sejamos cem por cento bem-sucedidos sempre, mas penso que é uma forma adequada de encerrar a reunião. Acho que, em reunião de empresa, se você não tomar cuidado, o pessoal viaja."

Descubra algo positivo

Se você escolher o tom correto desde o início, a reunião pode ser mais produtiva. Ken Rees, da Think Finance, pede à sua equipe que inicie cada reunião com uma parte positiva de notícias.

"Todo dia a gente faz uma reuniãozinha rápida, e sempre começa com uma notícia boa", disse ele. "Quando se está tentando mudar um monte de coisas e é preciso enfrentar desafios, às vezes as pessoas podem ficar um bocado desanimadas. Por isso, a gente procura começar tratando dos assuntos com uma notícia boa trazida por cada um dos presentes. Mas sempre tem alguém que diz: 'Não consigo pensar em nenhuma notícia boa.' E a gente responde: 'Não, você tem de descobrir alguma notícia boa.'

"Num ambiente em rápida transformação como o nosso, existem muitas coisas com que se preocupar. E é fácil se fixar no fato de que você não está onde gostaria de estar, em vez de se lembrar de tudo que foi conquistado. Então, conversar um pouco sobre notícias boas levanta o astral das pessoas. Pois, para inúmeros CEOs, ficamos tão preocupados com a posição que precisamos ocupar, que não temos, necessariamente, a alegria que precisamos ter em nossa caminhada."

Amy Gutmann, da Universidade da Pensilvânia, estimula o *brainstorming* e pressiona as pessoas para que apresentem suas ideias, mesmo que sejam absurdas.

"Adoro desafios, e tenho todo o interesse em enfrentá-los junto com a equipe", disse ela. "E minha equipe sabe que eu gosto de ideias boas, mesmo quando discordo delas, e que, embora seja uma pessoa determinada, também sei recompensar os membros da equipe que combinem entusiasmo, inteligência e muito trabalho. Também escrevi bastante sobre a importância do debate, e isso é algo que praticamos. Numa semana qualquer, após reunir todo mundo, eu digo: 'Esta é a minha ideia maluca da semana.' Não realizamos mais da metade delas, porém, no que diz respeito às que foram postas em prática, todos foram ouvidos; além disso, acho que eles sentem o mesmo tipo de entusiasmo e satisfação que eu.

"Aprendi ao longo do tempo que, enquanto você leva todas as suas prioridades adiante, é muito importante receber *feedback* e ficar receptivo às ideias extravagantes e malucas, mesmo que você só adote uma pequena parte delas. E isso provavelmente faz muito sentido para uma universidade, porque, para nós, tudo gira em torno de ideias. Se não formos receptivos a elas, se eu não for receptiva a elas, quem vai ser? Estimulo os outros a fazer o mesmo, e não temos pudor em criticá-las. Se a intenção é ser extravagante e maluca, a maioria delas será criticada. Aquelas que sobrevivem, porém, contam com o nosso apoio. E eu espero, sim, ser sobrepujada pelos outros. Acho que os integrantes da minha equipe reconhecem que sou uma pessoa bastante franca.

"Quando julgo que algo está absolutamente certo e que aquilo tem de ser feito, não gasto muito tempo discutindo. Simplesmente digo: 'Existe um problema aqui que precisa ser resolvido; digam-me como fazê-lo.' Quando tenho uma ideia extravagante e maluca, quero que eles saibam que não tenho a menor ideia se podemos nos responsabilizar por ela; espero, portanto, que me digam o que pensam e que sejam tão francos a respeito dela como eu sou."

Quando um dirigente apresenta uma ideia numa reunião, os funcionários podem simplesmente balançar a cabeça em sinal de aprovação e lhe dizer o quanto ele é inteligente. Kyle Zimmer, CEO da First Book, organização sem fins lucrativos que fornece livros para crianças carentes, contorna o problema com uma técnica engenhosa.

"Numa reunião recente, havia dois assuntos que eu queria discutir", disse ela. "Eu disse: 'Agora alguém fique de pé e me dê três motivos que mostrem que isso é coisa de gênio.' Todo mundo riu; então eu disse: 'Agora alguém fique de pé e me dê três motivos que mostrem que isso é a coisa mais estúpida que já se ouviu.' Embora se trate de uma brincadeira, isso deixa as pessoas à vontade e permite que elas digam coisas que de outro modo provavelmente não diriam. Funciona. Estimula o raciocínio crítico de uma forma não opressiva.

"Comecei a utilizar esse método com clientes e patrocinadores corporativos. Quando acontece algo que não é louvável, é muito difícil que alguém da corporação se manifeste, porque a pessoa sente como se estivesse pondo em risco o Lar das Viúvas e Órfãos. Como se encontram do lado corporativo, dispõem de uma grande vantagem estratégica, e sabem disso. Mas quando acontece alguma coisa errada – e após vinte anos de relacionamento, é claro que nem tudo funciona perfeitamente o tempo todo –, você precisa dar um jeito. E a única maneira de fazer com que eles contem o que aconteceu é dizer: 'Vocês têm de me dizer quais são as três coisas que amam em seu trabalho na First Book e as três coisas que, se tivessem uma varinha mágica, vocês consertariam ou mudariam.' Além de deixá-los à vontade, isso também dá um *feedback* à First Book que nos permite aperfeiçoar tudo aquilo que fazemos. É um presente enorme. Mas é um presente que eles às vezes sentem vergonha de dar."

É de se esperar que aconteçam desentendimentos e momentos de tensão durante as reuniões, principalmente em culturas que valorizam a franqueza. Geoffrey Canada, da Harlem Children's Zone, tem uma técnica para acalmar essas situações.

"Não tem um dia em que eu não recorra à minha experiência como estudante de psicologia", disse ele. "Eu simplesmente não entendo como as pessoas podem ser boas administradoras se não conhecerem nada a respeito das dinâmicas básicas desses ambientes de grupo.

"Existe um certo espírito de competição entre as pessoas sentadas em volta de uma mesa, quando todas querem mostrar o quanto são brilhantes e úteis. Existem aquelas que vão adotar uma postura extremamente defensiva, talvez por serem as responsáveis por aquilo que está sendo duramente criticado diante delas. Eu adoro a técnica de dizer simplesmente para uma dessas pessoas: 'Se eu estivesse no seu lugar, eu estaria me sentindo atacado por todos, e também estaria me perguntando por que eu me ofereci para participar disso.' Todos então começam a rir, porque sabem que é exatamente assim que a pessoa se sente. Como o nível de ansiedade cai e se cria uma certa transparência, as pessoas percebem que o que realmente importa é o modo de resolver os problemas e não as outras dinâmicas da reunião."

Estimule a participação das pessoas

Todo mundo que já dirigiu uma reunião sabe como é difícil estabelecer o equilíbrio certo entre manter o controle da reunião e estimular a participação de todos. É uma arte que mesmo líderes experientes precisam praticar constantemente, como explica Amy Schulman, vice-presidente executiva e diretora jurídica da Pfizer:

"Uma das lições mais importantes que estou aprendendo é como perceber melhor quando devo me abster e quando devo interferir", disse ela. "Acho, de fato, que essa é uma das coisas mais difíceis de avaliar corretamente. As pessoas querem que você se manifeste, querem saber sua opinião. Se você nunca se manifesta nem participa das discussões, então acho que seus subordinados ficam decepcionados, se perguntando por que você não se envolve nem diz o que pensa. No entanto, se você está constantemente dizendo o que fazer e se manifestando, então não estimula muito a troca de ideias. E, independentemente da imagem democrática de chefe que gostaria de transmitir, você descobre que suas palavras pesam mais que a dos outros." Eu reajo melhor a quem me desafia, gosto de ser desafiado e tendo a recompensar as pessoas que sabem desafiar. Acho que aprender a abrir mão de falar – sem fazer as pessoas sentirem que você está tentando frustrá-las, por não ser transparente – foi um ponto de inflexão para mim.

"Percebi isso quando olhei para a sala e fiquei perplexo, porque imaginara que as pessoas deveriam estar trocando ideias; e fiquei me perguntando por que isso acontecia tão pouco. Como também percebi que as pessoas tendiam a concordar muito rapidamente comigo, pensei: 'Não pode ser porque eu tenho razão sempre.' E foi assim que aprendi realmente a tentar recompensar as pessoas por me desafiarem numa conversa. Isso não significa insubordinação; significa acompanhar de perto as ideias dos outros. Na verdade, uma das características do grande orador é ser um grande ouvinte. Portanto, nunca me esqueço de que, independentemente do quão inteligente eu me considere, preciso demonstrar que estou ouvindo, mostrar como cheguei ao objetivo final, senão corro o risco de arruinar a conversa. Então, diminuo o ritmo de propósito para que a sala me acompanhe. Sei como me sinto quando alguém me interrompe, então tenho vergonha de fazer isso com os outros."

Como fazer para que as pessoas deem sua contribuição e defendam seus pontos de vista nas reuniões, para assegurar que o debate seja vibrante e evitar os silêncios constrangedores em que se pede que as pessoas opinem? Segundo o depoimento de diversos CEOs, um elemento categórico de sua cultura é contar com a opinião das pessoas.

"Quero que nas reuniões aconteça uma autêntica e proveitosa troca de ideias", disse Jenny Ming, da Charlotte Russe. "Nós recebemos estagiários neste verão, e, no começo, eles estavam com medo de falar. No entanto, eles são nossos clientes – literalmente, quero dizer –, porque têm vinte e um, vinte e dois anos, aqueles para os quais nós vendemos. Então, no começo eles não diziam como estavam se sentindo. De modo que eu disse: 'Me digam o que vocês amam e o que não amam. Vocês têm de ter uma opinião, porque, na realidade, eu pago por sua opinião. Eu pago para vocês terem um ponto de vista, bom ou ruim.' E quando chegou o final do verão, eles mal podiam esperar para me dizer o que pensavam. A maioria das pessoas mal pode esperar para dizer o que pensam, mas não sabem que podem.

"Eu sempre agi assim, mesmo quando estava na Old Navy e na Gap, porque acho que esse tipo de ambiente é muito importante. Provavelmente conseguimos as opiniões mais adequadas e tomamos as decisões mais acertadas quando o ambiente é um pouquinho mais democrático. Eu não tenho de concordar com eles sempre, mas certamente devo ouvi-los, porque eles representam mais o cliente-alvo do que eu. Acho que todo mundo tem que ter um ponto de vista. Se a pessoa não tem um ponto de vista, não deveria estar sentada em volta da mesa, porque estamos falando de vestuário. Nós acreditamos nisto? Gostamos disto? Devemos ir atrás disto? Como é possível não ter um ponto de vista?"

Romil Bahl, CEO da PRGX, uma empresa de produção e auditoria de dados, também é franco com seus funcionários quanto à expectativa de que eles defendam seus pontos de vista nas reuniões.

"Quando ingressei na PRGX, o lugar era cheio de panelinhas e meio desagradável; por isso, tive de dar um fim nesse tipo de coisa", disse ele. "De modo que dei ênfase à colaboração e ao trabalho em equipe. Enfatizei que a força da informação está em compartilhá-la e não em acumulá-la. Nas reuniões de diretoria, peço que a equipe faça o que eu procuro fazer, ou seja, dar o exemplo. E acrescento: 'Vocês têm de começar me desafiando e desafiando uns aos outros nesta sala. Ao sairmos daqui, retomamos nosso jeito de fazer as coisas, mas, aqui, vamos deixar isso de lado; e peço que estimulem seu pessoal a fazer o mesmo.' Temos de aplicar o que há de melhor na empresa em tudo que fazemos. E a melhor ideia tem de prevalecer. Não é sinal de fraqueza pedir ajuda ou a participação dos outros. É sinal de força.

"As pessoas estão costumadas comigo dizendo coisas como: 'Muito bem, faz vinte e cinco minutos que não ouço nada de você. O que está acontecendo? Você está com a gente? Está olhando para o seu *Blackberry* [celular]? O que está acontecendo?' Isso é um pouquinho provocativo, também, e você precisa ter cuidado com o número de vezes que faz isso. Mas eu faço isso porque parto do princípio de que estou rodeado de gente bem-sucedida e generosa, pessoas que têm um motivo para estar ali e que têm algo inteligente para dizer. Pelo menos no que diz respeito às coisas mais importantes que vamos realizar, continuarei estimulando as pessoas até sentir que realmente chegamos à ideia perfeita."

Alan Trefler, CEO da empresa de tecnologia de negócios Pegasystems, disse que um dos principais valores de sua empresa foi pensado para fazer com que todos compartilhem suas opiniões.

"Quando me perguntam como é a empresa, respondo que a cultura que procuramos estimular é da 'liderança de pensamento'", disse ele. "Você ouve essa expressão a torto e direito por aí, mas, para nós, liderança de pensamento significa algumas coisas bem específicas. Nós focamos em cada uma das palavras. Assim, você tem um pensamento quando tem uma opinião sobre alguma coisa. Na verdade, você precisa ter uma opinião que, espera-se, seja original ou complementar à opinião de outros. Como disse William Wrigley Jr: 'Quando dois homens de negócio estão sempre de acordo, um dos dois é desnecessário.'

"Eu acho que ter opinião é importante, mas não basta ter uma opinião – ela tem de ser bem fundamentada. Então, o conteúdo realmente importa; além disso, você precisa conhecer o contexto daquilo sobre o que está opinando. A outra palavra da expressão 'liderança de pensamento' envolve o conceito de: 'O que significa ser líder?' E, basicamente, você só é líder se houver alguém disposto a segui-lo. E, nesse contexto, o traço de liderança no qual nos concentramos é a capacidade de persuasão. Nossa empresa não confia na autoridade formal. Eu costumo dizer que, se alguém mencionar meu nome como motivo para fazer algo, deve ser expulso da sala. Quando quero que uma pessoa faça alguma coisa, eu lhe digo pessoalmente. E, exceto nesses casos, as pessoas devem fazer as coisas porque estão convencidas daquilo ou porque acabaram partilhando a opinião de alguém que acha certo fazer aquilo. As pessoas que conhecem as coisas é que devem tomar as decisões."

Estimular a participação das pessoas não somente enriquece a discussão, em razão de uma quantidade maior de pontos de vista, como também evita uma dinâmica comum e traiçoeira em que alguns se arriscam e compartilham suas opiniões enquanto outros simplesmente sentam e criticam. Julie Greenwald, do Atlantic Records Group, tem uma tolerância extremamente baixa com gente que tenta se esconder.

"Eu sempre falo nas reuniões que precisamos ser vulneráveis, de modo que não é justo que, nesse tipo de situação, algumas pessoas fiquem sentadas ou encostadas na parede sem participar. Se você não participa, então isso quer dizer que está tirando proveito do resto do grupo", disse ela.

"Costumo lançar ideias. Algumas são péssimas, eu deixo que me bombardeiem de todos os lados e me digam que se trata da ideia mais maluca do planeta; mas a gente segue em frente. Eles não vão ser demitidos. Daí eu digo para os outros: 'Muito bem, e você, que ideia você propõe?' É importante que todos compreendam que somos uma empresa em que é necessário correr riscos.

"Sei que às vezes não é fácil. Odeio falar em público. Odeio, odeio, odeio. A única forma de superar isso foi me colocar em situações difíceis o tempo todo. Para liderar, é preciso saber falar em público, e, para ser chefe de departamento, é preciso ser capaz de dirigir uma reunião e de se certificar de que todos entendam que você é o chefe do departamento porque sabe conduzir. Não é o tipo de gente que se senta no fundo da sala."

Kathy Savitt, da Lockerz, sintetizou essa dinâmica numa frase memorável.

"Como muita gente, eu já trabalhei em empresas que têm uma cultura que eu chamo de 'detonar quem se arrisca'", disse ela. "É uma cultura muito perniciosa. 'Detonar quem se arrisca' é quando o CEO ou um dirigente lança uma pergunta e alguém dá uma resposta. No entanto, embora ninguém mais tenha tido coragem de responder, todos criticam a única resposta dada. Ou, então, você faz algo criativo e depois todo mundo aponta as mudanças que fariam, embora não tenham feito nenhum esforço profissional ou pessoal para criar algo realmente de valor. Como líder, você não é apenas uma combinação das melhores práticas que conheceu, mas também uma combinação das coisas que você detestou em outras organizações."

Repense a reunião

Alguns líderes evitam as armadilhas habituais das reuniões adotando uma abordagem diferente. Tim Bucher, da TastingRoom.com, acha que fazer uma refeição semanal com sua equipe executiva é uma forma mais eficaz de fazer as pessoas compartilharem suas ideias.

"Reuniões com a equipe são importantes", disse ele. "Mas elas geralmente são táticas: 'O que aconteceu na semana passada que não queremos que se repita nesta semana, e o que vai acontecer nela?' Porém, nesse tipo de reunião de equipe você só consegue enxergar dois meses à frente, se tanto. Conheço empresas que, além das reuniões de equipe, promovem uma reunião de cúpula fora da empresa ou uma reunião de diretoria todo trimestre ou uma vez por ano. Não é incrível como são importantes essas reuniões externas, e como surgem tantas ideias? Então você volta para o trabalho e ninguém dá continuidade ao que foi tratado nas reuniões. É um momento de confraternização para a equipe, e todos ficam entusiasmados; daí voltam para o mundo real e é como se nada tivesse acontecido.

"É por isso que, embora as reuniões táticas da empresa sejam conduzidas pelo diretor geral de operações, eu levo minha equipe de oito pessoas para jantar toda segunda-feira. Faço isso porque as questões táticas são tratadas nas reuniões de equipe, enquanto no jantar só tratamos de questões estratégicas. Penso que nesse tipo de ambiente se pode falar mais abertamente sobre assuntos como novos produtos e novas oportunidades, além de mudanças estruturais na organização. As conversas acabam sendo bem interessantes. Não que eu considere que as reuniões de equipe tradicionais sejam inúteis. O que eu acho é que, na maioria das vezes, não é possível tratar de nenhum assunto estratégico nelas. Mesmo que você fique reunido com sua equipe durante quatro horas, não vai entrar nas questões estratégicas. Afinal, a reunião acontece durante o dia, as pessoas estão escrevendo mensagens e mandando *e-mails* e, além do mais, hoje em dia todo mundo traz o computador para a reunião de equipe e o deixa ligado. No jantar ninguém leva computador, e ninguém é interrompido; e as pessoas são muito mais sinceras. Outra coisa: é como fazer uma reunião externa semanal."

Amy Astley, editora-chefe de *Teen Vogue*, disse que prefere grupos pequenos em vez de reuniões com muita gente.

"Procuro criar uma cultura que seja muito receptiva às ideias de toda a equipe", disse ela. "Porém, tem uma coisa que eu aprendi, por tentativa e erro, a respeito das reuniões. Eu costumava fazer longas reuniões com a equipe, com todo mundo sentado na sala de conferência. Depois de fazer essas reuniões durante seis meses mais ou menos, percebi que aquilo estava se transformando rapidamente numa cantina do colégio. Entre as moças que se destacam, duas são as melhores amigas uma da outra. Elas falam e não deixam ninguém mais falar. Os outros não dão um pio – parece que emudeceram – e não aparece nenhuma ideia nova. Por isso, minhas reuniões são bem planejadas. Adoto uma política de portas abertas. Passo a maior parte do dia em reunião com a equipe, uma ou duas pessoas de cada vez. É um entra e sai o dia inteiro. Conversamos a respeito de ideias, e ninguém se sente ameaçado.

"Acho que as reuniões muitas vezes tendem a ser repetitivas. E, quando tem gente demais na sala, nem sempre fica claro quem é o responsável pela tarefa. Quando a reunião é individual, a pessoa sabe que a responsável é ela. Porque isso foi discutido e eu disse que queria que ela se encarregasse do assunto. Ela diz como acha que aquilo deve ser feito e depois vai e faz. Fica muito evidente quando não cumprem o que foi combinado. Com vinte pessoas na sala, é muito fácil ignorar o assunto. Reuniões com menos gente também são melhores porque as pessoas são mais francas e põem as coisas para fora, e surgem mais ideias, porque a reunião individual é muito pessoal."

Seja objetivo

Nada tira a energia mais rapidamente de uma reunião do que a pessoa que se lança numa explicação prolixa. As pessoas que têm de ficar sentadas ouvindo esse tipo de discurso podem começar a repetir silenciosamente o velho ditado que diz: 'Perguntei as horas, não como o relógio funciona.'

Quando pedir para as pessoas opinarem, o truque é sinalizar para a sala que se espera que elas sejam breves. Para isso, use frases como esta: "Resuma em dez palavras o que você acha disso." Catherine Winder, ex-presidente do estúdio de animação Rainmaker Entertainment, deixa muito claro que as pessoas precisam ser breves quando apresentam uma ideia.

"Como queremos que todos imaginem que são contadores de histórias, temos uma política de portas abertas na empresa em que qualquer um pode lançar suas ideias", disse ela. "Nossa principal iniciativa é estimular a equipe a desenvolver ideias de histórias usando os personagens que criamos como mascotes da empresa, e expô-las entre quinze e trinta segundos. Quando o núcleo da ideia nos agrada, trabalhamos com a pessoa no desenvolvimento da história para que se possa produzir um curta. Se você puder ser conciso e apresentar sua ideia com bastante clareza, isso significa que tem algo a dizer. Segundo minha experiência, quando você deixa a pessoa falar um minuto, ela acaba falando cinco."

Joel Babbit, CEO do *site* Mother Nature Network, sempre faz reuniões curtas e objetivas.

"Eu, provavelmente, sou a pessoa que dirige as reuniões mais curtas. Às vezes eu me limito a responder sim ou não e já saio da sala", disse ele. "Como já participei de algumas reuniões torturantes, é provável que as minhas sejam curtas demais. Ao mesmo tempo, porém, creio que a maioria das reuniões poderia ter seu tempo reduzido a um terço e render muito mais. A partir de um determinado momento, as pessoas se desligam, pouco se importando com o que está sendo dito. Se você entra em uma reunião em que alguém fala por mais de quinze minutos, noventa por cento das pessoas vão ficar consultando o *Blackberry* [celular] em vez de prestar atenção.

"Descobri também que, quanto mais alto o cargo da pessoa na organização, mais curtas são as reuniões que você tem com ela. Assim, se a reunião for com o assistente do vice-presidente, dura duas horas. Se for com o vice-presidente, dura uma hora. Com o diretor financeiro, meia hora. Com o CEO, dez minutos. É assim que funciona."

13.

ACABE COM AS PANELINHAS

> *Acredito firmemente que as panelinhas acabam destruindo a empresa.*
>
> – Chauncey C. Mayfield, CEO
> da MayfieldGentry Realty Advisors

À medida que as empresas crescem, é inevitável que o comportamento tribal acabe dando o ar da graça, e as pessoas comecem a formar grupos menores. Começam a falar em "nós" – referindo-se ao grupo do qual participam – e "eles", referindo-se aos outros grupos que existem na empresa. É um fenômeno que Mark Fuller, da WET Design, descreve como "os feudos que tendem a se calcificar cada vez mais com o passar do tempo nas empresas em que as pessoas dizem: 'Oh, no quinto andar fica a engenharia. Você precisa de uma autorização por escrito para entrar lá.'"

Como discutimos anteriormente, compartilhar objetivos é uma forma eficaz de estimular os funcionários a enxergar mais gente como parte de sua "rede de relacionamentos". Não obstante, muitos CEOs tomam medidas complementares para acabar com as panelinhas que surgem naturalmente em qualquer organização. Fuller adotou uma abordagem não convencional: trouxe um professor de improvisação teatral para estimular os funcionários da empresa a se ouvirem com mais atenção. Ele explicou assim sua filosofia:

"Temos três turmas e um diretor de currículo em tempo integral que dá aula o tempo todo e que também traz professores de fora. Uma das aulas que é muito divertida é a de improvisação. Quando ensinada de forma correta, a improvisação lida com a capacidade de ouvir o outro, porque não existe roteiro: o que importa é a resposta. Eu estava notando que não tínhamos uma boa comunicação entre nossos funcionários.

"Quando você pensa nisso – quando discute com sua mulher ou com seu marido –, percebe que na maior parte do tempo a pessoa está só esperando o outro acabar de falar para dizer o que estava esperando para dizer. Portanto, o que normalmente acontece é uma sequência de monólogos parecidos com rajadas de metralhadora, e muito pouca vontade de ouvir. Isso não funciona na improvisação. Quando estamos no palco, como desconheço o comentário bobo que você vai fazer, não posso planejar nada. Preciso realmente ouvir o que você diz para poder dar uma resposta inteligente – bem-humorada ou não.

"Então eu tive a ideia maluca de trazer alguém para dar aula de improvisação. No começo todo mundo dava uma desculpa, porque dá um pouco de medo ficar de pé e fazer isso na frente dos outros. Mas agora tem até lista de espera, porque todo mundo ficou sabendo que é o máximo. Você está num ambiente emocionalmente desprotegido; é como se fôssemos todos iguais. Todos podemos parecer estúpidos. E, além de desenvolver todas aquelas técnicas de comunicação, existe um vínculo afetivo incrível. Parece que você está numa zona cinzenta de indecisão. A maioria de nós não gosta de ficar indeciso – sabe como é, a maioria de nós gosta de pensar no que vai dizer em seguida. Você leva a mente para um espaço em que diz: 'Agrada-me muito não saber o que ele vai me perguntar em seguida, e eu vou ficar disponível, vou ouvi-lo e vou responder.' Participam *designers* gráficos, ilustradores, engenheiros ópticos, doutores em química, gente dos efeitos especiais, cenógrafos, *designers* têxteis. Como você conta com todas essas disciplinas diferentes, que normalmente jamais encontraria sob o mesmo teto – até fazendo um filme –, tem de descobrir constantemente formas de fazer com que as pessoas se relacionem. Portanto, fazemos coisas como improvisação, e eu acho que elas realmente desenvolveram nossa cultura."

Naturalmente, aulas de improvisação podem não ser a escolha certa para muitas organizações. Mas os CEOs sabem que têm que fazer o que for possível para acabar com as panelinhas.

Crie incentivos

Os sistemas de compensação e recompensa são implantados para estimular determinados comportamentos, e os dirigentes podem usar seus gráficos organizacionais para transmitir poderosas mensagens que desestimulem as panelinhas.

Chauncey Mayfield, da MayfieldGentry Realty Advisors, implementou um sistema de avaliação de desempenho que reflete o trabalho dos funcionários no conjunto da organização, não apenas o que eles fazem para seu supervisor imediato.

"O que estamos descobrindo – e que eu já havia descoberto em outras empresas – é que as pessoas começam a formar panelinhas, e a única coisa realmente importante para elas passa a ser o que acontece na panelinha", disse ele. "Então esta panelinha não está querendo trabalhar com aquela panelinha, e agora você tem facções quase antagônicas dentro da empresa. Elas não têm a mínima vontade de trabalhar juntas, porque não existe nenhuma penalidade por não fazê-lo e nenhum incentivo para fazê-lo. Assim, com o crescimento da empresa, procurei impedir o surgimento dessas panelinhas, porque acredito firmemente que elas acabam destruindo a empresa. Esse é provavelmente um dos maiores desafios que eu tenho enfrentado – como impedir o surgimento de panelinhas.

"Reformulamos um pouquinho nossa abordagem, passando a chamá-la de abordagem de atendimento ao cliente. Uma coisa é satisfazer o chefe, outra é manter os colegas com quem você trabalha – seus clientes internos da empresa – satisfeitos. As pessoas têm a tendência de administrar pensando nos superiores hierárquicos, mas é preciso pensar também horizontalmente. E isso estimula o trabalho em conjunto. Isso ajuda a promover uma abordagem de equipe, sabendo que aquele sujeito ali também tem a dizer para que eu tenha o meu bônus, não apenas uma pessoa."

Muitas empresas avaliam o desempenho em nível individual e em nível departamental. Martha Samuelson, do Analysis Group, fez algo diferente.

"Nós temos um demonstrativo de lucros e perdas [P&L, na sigla em inglês] da empresa toda, apesar de termos dez departamentos", explicou. "Não existe um demonstrativo de lucros e perdas por área de atuação nem por departamento. Os sócios sequer têm participação nas vendas. O pagamento dos sócios é definido por meio de um sistema baseado na confiança, e parte do princípio de que somos parceiros num empreendimento de longo prazo.

"Antes de vir para o Analysis Group, eu estava em uma outra organização que fazia demonstrativos de lucros e perdas por departamento, e havia ocasiões em que um departamento estava trabalhando a mil enquanto o pessoal de outro departamento estava sem fazer nada. Aquilo me marcou profundamente. Eu achava aquilo horrível. Se você eliminar tantos desincentivos para colaborar quantos você puder, até mesmo aqueles que parecem ser incentivos, descobre que todos se tornam muito mais cooperativos. Dito isso, esse modelo não serve para todo mundo. Existem formas diferentes de dirigir uma empresa. Existem grupos de pessoas que se preocupam mais com certas coisas do que outros; na minha organização, as pessoas estão preocupadas em se relacionar bem entre si e no trabalho de equipe."

Samuelson disse saber que havia um certo risco de as pessoas acharem que não estavam sendo plenamente recompensadas por suas contribuições. No entanto, disse ela, esse sistema também atraía determinados tipos de funcionários.

"Acho que aqui as pessoas estão dispostas a relevar o fato de que pode haver um erro de avaliação", disse ela. "Pode acontecer, portanto, que neste ano, com a melhor das intenções do mundo, alguém ganhe um pouquinho menos do que ganharia se o sistema avaliasse cada coisa individualmente. Porém, como estaremos aqui por muito tempo, as pessoas gostam mais do nosso sistema. Aqui não tem estrelismo nem pretendemos abrir o capital da empresa. As pessoas que permaneceram e que foram bem-sucedidas são aquelas para quem a questão da colaboração é tão importante que elas estão dispostas a abrir mão de um pouco de dinheiro por causa dela. É o meu caso. O trabalho é algo realmente importante para mim, e, como tenho a impressão de que só passamos pela Terra uma única vez, prefiro fazê-lo de uma determinada maneira. Acho que, em última análise, dinheiro nunca é demais. Mas não vale a pena trocar um excelente ambiente de trabalho por dinheiro."

Kathleen Flanagan, da Abt Associates, refez o organograma da organização quando assumiu o controle da sua empresa de consultoria.

"Com o crescimento da empresa, foram criadas mais unidades de negócio, o que levou ao crescimento do número de panelinhas", disse ela. "Meu objetivo era acabar com elas, então reorganizei a empresa. Ela estava organizada em torno de linhas de negócios – internacionais, baseados nos EUA e de coleta de dados – e havia vice-presidentes seniores à frente de cada uma dessas áreas imensas. Despedi os vice-presidentes seniores e contratei um vice-presidente executivo para a empresa toda que compartilhava minha visão do que eu chamo de Uma Abt Global.

"Isso significa, basicamente, derrubar as barreiras para que as pessoas tenham mais liberdade de colaborar para podermos alavancar a Abt como um todo. Assim, pedimos que as pessoas não se preocupem apenas com seu projeto de trabalho ou com as prioridades de sua divisão, mas que levem em conta o conjunto da empresa. Hoje em dia eu exijo que meus gerentes usem dois chapéus. Cada um deles ocupa uma posição no quadro geral da empresa, mas todos eles têm de usar um chapéu da Abt. É realmente fácil, considerando a pressão do tempo e o ritmo do nosso trabalho, colocar viseiras e ficar concentrado no próprio projeto. É mais difícil dar um passo atrás e perguntar: 'Como isso se aplica à empresa como um todo?'"

Junte todos

Inúmeras empresas promovem reuniões gerais regulares, unindo a empresa toda fisicamente ou – quando estão presentes em localidades remotas – por meio de videoconferências e audioconferências. Elas são especialmente eficazes para combater um problema que Geoff Vuleta, da Fahrenheit 212, abordou anteriormente no livro. Vale a pena repetir aqui o seu argumento: "Um dos lugares-comuns a respeito da vida diz que a natureza humana reage de forma negativa quando se trabalha no ar por qualquer período de tempo. A pessoa fica com medo e começa a acreditar que o que está faltando provavelmente é ruim. Nunca deixe as pessoas no ar, porque elas, instintivamente, vão pensar que algo está errado."

Jeremy Allaire, CEO da plataforma de vídeo *online* Brightcove, reconheceu que era necessário promover reuniões gerais durante o período em que a empresa estava crescendo de forma particularmente rápida.

"Crescemos tanto que me senti distanciado de todos, o que me deixou um pouco temeroso. Passamos de cento e oitenta funcionários para quase duzentos e oitenta em menos de um ano, o que significa uma mudança e tanto", disse ele. "Inspirei-me, na verdade, em um dos rituais que os fundadores do Google implantaram: toda sexta-feira eles convidam alguém da empresa, de qualquer parte do mundo, para participar de uma reunião geral e contar algo que esteja acontecendo na empresa.

"Então, toda sexta-feira às 10 da manhã dizemos às pessoas que elas dispõem de uma hora para conversar sobre qualquer assunto. A pauta é livre, e nós também propomos alguns tópicos. Não existem segredos, e as pessoas podem fazer qualquer pergunta difícil. Nem todos comparecem, porque as pessoas vivem ocupadas. No entanto, isso faz com que elas sintam que têm acesso a tudo que acontece na empresa em termos estratégicos. É algo realmente útil."

Certa ocasião, Laura Yecies, da SugarSync, percebeu como era importante incluir as famílias dos funcionários nas reuniões gerais.

"Uma coisa que aprendi em meu primeiro ano na SugarSync – quando a situação econômica era difícil, as pessoas estavam nervosas e não dispúnhamos de muitos recursos – foi que tinha que "vender" para as famílias, não apenas para os funcionários. É claro que os funcionários estavam mais bem informados, porque eu conversava frequentemente com eles e eles sabiam quando um determinado produto despertava nosso entusiasmo. Eles podiam ter uma percepção do mercado, mas seus cônjuges ou pais – ou outras pessoas importantes para eles – não dispunham de tanta informação. Começamos, então, a nos esforçar mais para nos comunicarmos com essas pessoas. Na verdade, houve uma noite na SugarSync em que pedimos que os funcionários trouxessem os cônjuges e os filhos. Contratamos uma babá, passamos vídeos e oferecemos pizza, e, além de fazermos uma demonstração para os cônjuges e para as outras pessoas importantes para os funcionários – qualquer um que eles quiseram trazer –, mostrei-lhes como era uma apresentação para os investidores. Acabou sendo um ótimo evento."

Susan Credle, diretora de criação da agência de publicidade Leo Burnett USA, costumava fazer um discurso inaugural interessante, lembrando aos funcionários novos que o lugar da concorrência era do lado de fora do prédio, não entre os membros da equipe.

"Deem uma olhada no seu cartão de apresentação", ela dizia à equipe. "Esse cartão será mais valorizado se qualquer um de vocês for bem-sucedido na empresa, mesmo que não faça nem remotamente parte desse sucesso. Vocês não estão competindo entre si aqui. Se pensam que saem ganhando quando sua ideia derrota a do colega, saibam que esse ganho é muito pequeno. Na verdade, eu sugeriria que ajudem o colega a aperfeiçoar as ideias dele.

"Eu também sugeriria que, quando olharem algo e lhes ocorrer uma ideia melhor, ofereçam generosamente sua ideia ao autor e aperfeiçoem a proposta dele. Porque, se todos agirmos assim, todos saímos ganhando. No momento em que você for a única coisa boa que existe na empresa, então acabou. E, então, você é capaz de agir assim? Consegue ser tão generoso? Generosidade tem muito a ver com confiança. Se tiver confiança em quem você é, você será generoso. Se for uma pessoa medrosa, nervosa, se pensar que é um impostor, não será generoso."

Pausas diárias também podem ajudar a desfazer as panelinhas.

"As coisas pequenas são importantes", disse Doreen Lorenzo, da Frog Design. Temos inúmeros rituais. Um é chamado de hora do café: todo dia, às quatro da tarde, em cada um dos nossos estúdios no mundo inteiro, todos param o que estão fazendo e vão confraternizar na cozinha. Podem jogar pingue-pongue, *videogame*, sinuca e pebolim. Cada estúdio tem um tipo de jogo. É um ritual aceito por todos; esse é o nosso jeito.

"Estas são pessoas cheias de energia. É o momento em que podem fazer uma pausa, conversar com gente que não trabalha com elas e falar de outros assuntos. Acontece todo dia, de segunda a sexta-feira. A gente costuma brincar que, se um dia tirassem a hora do café, todo mundo iria embora. E existem ainda as reuniões de segunda-feira às dez da manhã em todos os estúdios, em que falamos de datas comemorativas, de aniversários e de projetos, além de compartilhamos projetos realizados por outros estúdios. Isso é algo realmente importante para as pessoas. Cada estúdio também traz um pouquinho de sua própria cultura para inspirar a criatividade. Podem fazer excursões no campo. Tem um estúdio que toda terça-feira ao meio-dia promove uma 'maratona de desenho', quando as pessoas se juntam para exercitar técnicas de desenho. Mas nós aceitamos tudo; faz parte da cultura."

Lugar marcado

Sim, esse conceito nos remete à escola primária. No entanto, ao obrigar as pessoas a se reunir e trabalhar com os outros, em vez de ficarem enfurnadas sozinhas em seus escritórios e cubículos, evitamos que se formem panelinhas.

Sheila Lirio Marcelo, da Care.com, fez da alternância de cargos uma tradição na empresa dela.

"Uma vez por ano, todo mundo troca de cargo. E as pessoas não têm a chance de escolher onde se sentarão; a rotação fica por nossa conta. O motivo disso, em parte, é para que se aceite a mudança e se eliminem os círculos de influência, evitando que as pessoas continuem batendo papo e convivendo só com os amigos. Como passam a conviver com pessoas de outras equipes, elas acabam conhecendo o trabalho dos novos colegas. O que fazem? Sobre o que conversam ao telefone? Como se comportam? O que interessa, também, é conhecer gente diferente, para que se possa formar uma equipe realmente de peso.

E nós fazemos isso todo ano. E isso agora virou algo estimulante que as pessoas aceitam."

F. Mark Gumz, ex-CEO da Olympus Corporation of the Americas, baixou a seguinte norma durante o tempo em que ocupou esse cargo: ninguém podia almoçar em sua mesa, todos tinham de ir ao refeitório. "Queria que as pessoas fizessem uma pausa e conversassem com os outros colegas da empresa", disse ele.

Ele também criou maneiras de apresentar as pessoas aos colegas dos outros setores da empresa, para criar um senso de comunidade.

"É preciso que o modelo de administração seja aberto", disse ele. "Desse modo, nossas reuniões gerais trimestrais na câmara municipal são fundamentais. Nos bons e nos maus momentos, você diz o que está acontecendo – as pessoas conseguem dar conta da informação. Você toma café e almoça com as pessoas; entra no refeitório e passa de mesa em mesa. Estimula seus assessores diretos a fazerem o mesmo. Participa de reuniões de diretoria; participa de discussões em que diz às pessoas onde devem se sentar – longe dos colegas de trabalho, porque o que se pretende é que eles conheçam gente nova.

"Também fazemos trabalho voluntário e pedimos que nossos funcionários se envolvam com a comunidade. Montamos equipes sem que se saiba quem vai trabalhar com quem. E é incrível o que acontece quando os funcionários começam a conversar com outros funcionários dentro da empresa. Estamos começando a ver as pessoas mudando de lugar dentro da empresa – é assim que desenvolvemos suas carreiras. Penso que é assim que a empresa se torna cada vez mais forte e é assim que o entusiasmo cresce. Não é ruim proporcionar às pessoas a experiência de sair da zona de conforto. E, se isso for feito com regularidade, elas se sentirão à vontade tentando novas ideias."

Os próprios espaços de reunião podem influenciar bastante as discussões. Quando um pequeno grupo é distribuído ao redor de uma mesa grande, as pessoas podem se sentir distantes umas das outras – literal e metaforicamente. Julia Greenwald, do Atlantic Record Group, sempre reúne as pessoas em espaços pequenos.

"Não tenho medo de convocar uma reunião e espremer dezessete pessoas numa sala minúscula. A gente fica parecendo aquela atração de circo em que um monte de gente é socada num carro pequeno. Mas sabe de uma coisa? Isso não é problema, porque é aí que a gente se sente um grupo muito unido. Por isso, comecei a usar minha sala para fazer uma série de outras reuniões, parecidas com as que a SWAT faz, e, por algum motivo, elas ficaram cada vez maiores", disse ela.

"Às vezes eu olho ao redor e penso: 'Será que sou uma idiota por socar cinquenta pessoas na minha sala?' No entanto, a gente fica tão apertado, um amontoado por cima do outro, que sente que 'Somos nós contra o mundo, cara'. Não estamos num auditório; e, como está um por cima do outro, não existe um organograma de cadeiras. Surge, de repente, um novo espaço de atuação em que não existe hierarquia. Todo mundo passa a ficar no mesmo nível. É uma espécie de vale-tudo."

Aposte no *design*

Para estimular as pessoas a interagir mais não basta apenas lhes atribuir lugares marcados ou mudá-las de sala. O *layout* da sala também pode ter um grande impacto no modo como as pessoas trabalham juntas. Michael Lebowitz, da Big Spaceship, fez algumas mudanças ao perceber que algo não estava muito bom.

"Quando mudamos para o espaço que ocupamos agora", ele recorda, "passamos por todo aquele processo de explicar aos arquitetos como gostaríamos que o espaço ficasse, e eles desenharam estas realmente incríveis mesas monolíticas brancas gigantes. Acho que no total havia umas sete delas, e cada uma com espaço para cerca de dez pessoas em volta. Após alguns anos, porém, comecei a perceber que a ideia de território estava ganhando corpo: 'Ah, não fomos nós que fizemos isso; foi o pessoal do departamento técnico.' Então eu disse que era preciso cortar o mal pela raiz. Nós estávamos sentados de acordo com a disciplina. Se estão sentadas juntas, é um departamento.

"Então trabalhei com a minha equipe principal para criar um *layout* diferente, no qual equipes interdisciplinares se sentassem juntas. Desse modo, modificamos o *layout* para que elas ficassem viradas para fora em vez de ficar uma de frente para a outra. Isso permite que elas se concentrem no que estão fazendo; porém, no momento em que algo tem de ser discutido, basta girar a cadeira e começar a reunião. É incrível como é eficaz! Temos equipes que nem sempre se reúnem na sala de conferências e são muito, muito organizadas."

É comum que funcionários de escritórios diferentes se sintam distantes dos outros grupos. A simples distância entre os escritórios pode criar panelinhas. Alguns CEOs de empresas de tecnologia começaram a tirar proveito da queda do preço das enormes telas de TV para criar "paredes visuais". Phil Libin, da Evernote, explica como elas funcionam:

"Nossa sede fica em Redwood City [Califórnia] e montamos um estúdio em Austin, no Texas. Queríamos evitar, especificamente, a sensação de que, se você não trabalha na sede, então está num escritório de segunda linha. Portanto, em duas áreas bem movimentadas de cada escritório, instalamos uma gigantesca TV de setenta polegadas com uma câmera de última geração acoplada, que funciona, basicamente, como uma janela. Desse modo, as pessoas estão sempre conectadas em tempo real. A ideia é que, se você consegue ver alguém, então a pessoa também consegue ver você, para não ficar com aquela sensação de que está sendo vigiado. O que importa de fato é o contato. Você pode ver a pessoa que está do outro lado e conversar com ela. Mas não é para fazer reunião – é simplesmente para unir os espaços. E as pessoas podem simplesmente bater papo, o que às vezes provoca o surgimento de ideias."

Dennis Crowley, da Foursquare, que implantou um tipo de conexão parecida, disse que o retorno foi imediato.

"Comecei a me sentir um pouco desligado do nosso escritório de São Francisco", disse ele, "por isso instalamos duas enormes telas com câmeras, uma lá e outra aqui em Nova Iorque." As telas ficam ligadas o dia inteiro, então basta você ficar diante da tela e dizer: 'Oi, Pete, tudo bem? Pode me chamar o Ben?' Funciona que é uma maravilha."

Brent Saunders, da Bausch & Lomb, tomou uma medida muito mais drástica quando assumiu o cargo: pediu que os arquitetos mudassem as salas dos executivos de um tradicional edifício-sede.

"Penso que, para mudar uma cultura, são necessárias múltiplas ações, e elas falam mais alto que as palavras. Por isso, você pode falar sobre cultura o quanto quiser, mas isso leva um tempo para ser absorvido, porque o importante mesmo é o que você faz", disse ele. "Nós éramos proprietários de um arranha-céu em Rochester, mas, a alguns quilômetros dali, possuíamos uma área de cerca de cem mil metros quadrados, onde ficava a fábrica, o departamento de R&D, o atendimento ao cliente, o departamento de vendas e de *marketing*, tudo debaixo do mesmo teto. No entanto, todos os executivos ficavam naquela torre extravagante, enquanto os verdadeiros responsáveis pelo trabalho estavam alojados nessa outra instalação.

"Então, após quatro semanas na estrada, eu entrei e vi minha enorme sala, com vista panorâmica, localizada no último andar do edifício e disse: 'Isso não vai funcionar. Se queremos criar uma única empresa, uma única cultura e uma única mentalidade de equipe, então precisamos estar todos no mesmo lugar.' E, assim, transferimos todos os executivos da grande torre para o outro prédio. Foi um gesto simbólico importante que mostrou que não haveria duas culturas: uma das pessoas sentadas na enorme torre e outra das pessoas realmente trabalhando. Estamos todos no mesmo barco, portanto vamos ficar juntos."

Monte um espetáculo

No desgaste do dia a dia, corre-se o risco de começar a não dar o devido valor ao talento e às habilidades dos colegas. Alguns CEOs criam ocasiões para que os funcionários possam relaxar e admirar o trabalho da organização e das pessoas que trabalham ali.

Susan Credle, da Leo Burnett USA, estabeleceu na agência a tradição de fazer um espetáculo de premiação interna todo ano. Toda a equipe pode, assim, apreciar o trabalho que seus colegas fizeram.

"Nós reproduzimos o cenário de Cannes. Convidamos todos os funcionários a estarem presentes e votarem nos trabalhos", disse ela. "Este ano eles tiveram três dias para votar, e mais de mil funcionários votaram. É uma grande experiência, porque metade de nossos funcionários não conheciam tudo que nós fazemos. Porém, assim que se deram conta, começaram a mostrar um pouco mais de orgulho. Eu lhes disse: 'Vocês fazem parte disso. Porque, ao dizerem algo inspirador no elevador, ao serem simplesmente simpáticos ou ao trazerem um pouco de energia positiva para a sala, estão nos ajudando a realizar esse trabalho.'

"Isso começou no meu primeiro ano na empresa, porque se esperava que eu apresentasse um balanço do trabalho e não me sentia motivada. Pensei: 'Se eu chegar e disser aqui está o que você realizou este ano, então na verdade estaria aceitando aquilo e dizendo que estava ótimo.' Por isso decidi que, se todos votassem nos trabalhos, então é como se estivessem dizendo: 'Aqui está o que foi realizado este ano, e este é o melhor trabalho de todos.' Então tudo aquilo saiu das minhas costas, transformando-se num processo de análise crítica do nosso trabalho que contava com a participação de todos os funcionários da empresa. Percebemos que o ganho foi fantástico. Além disso, ampliamos o número de categorias concorrentes ao prêmio. Tradicionalmente, costuma-se premiar o redator e o diretor de arte, e possivelmente o diretor de criação. Nós, porém, premiamos todos os membros da equipe, inclusive os responsáveis pelo orçamento e pelo financiamento: todos fazem parte da lista."

Embora o circo possa parecer uma opção um pouco forçada para empresas mais tradicionais, existem lições para serem aprendidas com Kenneth Feld, CEO da Feld Entertainment, que produz espetáculos como os dos Ringling Brothers e Barnum & Bailey Circus e Disney on Ice.

"Todo ano, quando apresentamos um novo espetáculo", disse ele, "trazemos para a Flórida cento e trinta artistas que, em sua maioria, não se conhecem. Transcorridos dez dias do período de ensaios, acontece a Noite da Encenação, na qual todos apresentam sua cena – sem cortes e sem nenhuma modificação feita por nós – para os outros artistas.

"Esse é o verdadeiro teste do respeito. Independentemente do que se pense da pessoa, quando ela apresenta uma cena inacreditável e que desafia a morte, o nível de respeito vai às alturas. Ela ganhou respeito unicamente por aquilo que fez – algo extremamente autêntico. É uma lição definitiva sobre como ganhar respeito. Respeito não vem de título. Vem do que você faz e como faz, e de como trabalha com as pessoas, mas acho que as pessoas têm dificuldade de entender isso."

14.

O BRILHO DA INOVAÇÃO

Como administrador, você tem de ser capaz de levar em conta o caos. Caso contrário, nunca você nunca vai chegar perto do processo criativo.

– CHARLOTTE BEERS, EX-CEO DA
OGILVY & MATHER WORLWIDE

Ronald M. Shaich, diretor do conselho e coCEO da Panera Bread, criou um modelo simples para refletir sobre o modo como as empresas funcionam. Segundo ele, as organizações possuem dois músculos: o "músculo da produção", para realizar o trabalho, e o "músculo da descoberta", para procurar inovar. Porém, como ele explicou, muitas organizações adotam uma abordagem desequilibrada:

"Não fomos atingidos por algo que acontece em tantas empresas de grande porte: permitir que o 'músculo da produção' prevaleça de forma absoluta sobre o 'músculo da descoberta'. Naturalmente, o músculo da produção parece racional, as pessoas sentem-se muito mais seguras com ele e, além do mais, ele pode ser analisado. Ele é movido pelas pesquisas de mercado, que me dizem com o que eu posso contar, e é bastante adequado para mudanças graduais. Porém, quando nos referimos a empresas que descobrem novos padrões, que são inovadoras, trata-se de um ato de fé. Trata-se de confiar em si próprio. Trata-se de inovar. Trata-se de acreditar que você é capaz de descobrir para onde o mundo está indo e que você vai chegar lá, e depois dizer que vamos para a esquerda e não para a direita. As decisões não são necessariamente racionais ou fáceis de defender. Mesmo assim, é preciso adotar essa abordagem."

Todos os líderes empresariais querem que suas empresas sejam mais inovadoras. Eles consideram que a inovação é fundamental para aumentar a receita, principalmente enquanto a economia continua patinando. Eles reconhecem que os concorrentes estão se esforçando bastante para inovar e que podem ser facilmente passados para trás se não desenvolverem novos produtos e serviços que atendam aos desejos e às necessidades dos clientes. A inovação também pode cortar custos, quando se descobrem formas de produção mais eficazes. As empresas não podem se dar ao luxo de debilitar o músculo da descoberta.

Mas existe uma notícia boa. Em todas as organizações, as pessoas muitas vezes têm uma quantidade enorme de ideias. Elas estão na linha de frente, percebendo as coisas que funcionam e as que não funcionam e como fazer para que funcionem melhor. Ouvem clientes expondo problemas que eles gostariam de resolver e percebem pontos de atrito e de ineficiência no interior da empresa. O papel do líder corporativo é criar uma cultura que transforme essas ideias e essa energia em soluções importantes. Porque essa é a diferença entre invenção e inovação – as pessoas podem inventar todo tipo de coisa, mas isso só é considerado inovação se o resultado for um produto ou serviço pelo qual o cliente esteja disposto a pagar.

Contratado para realizar uma transformação radical na Bausch & Lomb, Brent Saunders descobriu que os funcionários da empresa – que estava enfrentando dificuldades – tinham muitas ideias criativas. O desafio era concentrar essa energia de uma forma que gerasse mais inovação.

"Uma das coisas que descobri logo no início foi que durante quatro décadas não havíamos apresentado um volume significativo de inovação para o mercado", disse ele. "Havia um pouco de inovação, mas não o tipo de inovação que fosse realmente importante para a vida ou os hábitos das pessoas. Analisei nossa estrutura de P&D e percebi que os membros do grupo eram extremamente talentosos. Ficou claro para mim que aquelas pessoas extremamente talentosas estavam preocupadas em obter patentes, publicar ensaios e criar processos relacionados ao fluxo de produção, e não em pôr o produto no mercado. Assim, quando comecei a conversar com elas, descobri que o que realmente queriam era o que todos nós queríamos, ou seja, criar algo em seus laboratórios que ajudasse alguém e que também ajudasse a empresa.

"Penso que a incompreensão tinha origem na falta de clareza do que significa o sucesso. Sucesso não tem a ver com a quantidade de patentes obtidas ou de ensaios publicados. Sucesso tinha de ser definido como a criação de produtos que os pacientes e clientes considerassem importantes. Assim, uma das formas de fazê-lo foi mudando semanticamente 'P&D' para 'D&P', para mostrar às pessoas que, embora continuássemos investindo em pesquisa, iríamos priorizar o lado do desenvolvimento.

"No começo, muitos cientistas e engenheiros não gostaram da mudança. Mas acabaram adorando a decisão, porque, mesmo com todas aquelas ideias, patentes e ensaios maravilhosos, se você não consegue tirá-los do laboratório e transformá-los em produto, não ajudará ninguém nem a empresa."

Para caracterizar de forma ainda mais radical a diferença entre invenção e inovação, Steve Case, da Revolution, gosta de citar uma frase que ele atribui a Thomas Edison: "Visão sem execução é alucinação."

"Acredito realmente na visão", disse Case. "Acredito realmente nas grandes ideias. Acredito realmente em resolver problemas complexos, enfrentar batalhas que merecem ser enfrentadas e, no meu caso, tentar criar empresas ou dar suporte a elas. A visão é algo muito importante, mas a execução também é muito importante. Não basta ter uma boa ideia. É preciso imaginar uma maneira de equilibrar e complementar isso com uma execução impecável, que, em última análise, tem a ver com gente, prioridades, esse tipo de coisa. É preciso descobrir o equilíbrio certo. Se você tem essas coisas juntas, acho que tudo é possível. Se você não tem essas duas coisas trabalhando juntas de forma complementar e coesa, você não será bem-sucedido."

Dê um biscoito para o monstro

Terry Tietzen, CEO da Edatanetworks, empresa que desenvolve *software* de fidelização de clientes, utiliza um sistema simples para dividir a inovação em etapas mais administráveis, evitando assim algumas dinâmicas conflituosas no interior dos grupos que possam perturbar e ameaçar o progresso.

"Nas reuniões abertas à participação de todos, é preciso tomar cuidado ao pedir a opinião das pessoas", disse ele. "O aspecto negativo da opinião é que todo mundo tem uma. Corre-se o risco de abrir uma Caixa de Pandora. Às vezes se destrói a inovação quando se pede uma quantidade muito grande de opiniões, porque as pessoas desanimam e baixam a cabeça quando sua ideia não é aceita imediatamente.

"A forma de evitar isso é dizer o seguinte: 'Ouçam, acabei de ter uma ideia, e gostaria de compartilhar com vocês como eu acho que ela vai funcionar. Vocês me fariam um favor? Reflitam sobre ela e me digam o que pensam no final do dia.' Ao pedir que reflitam sobre a ideia, eu consigo a adesão do grupo, o que não aconteceria se perguntasse sua opinião logo de cara. Caso contrário, toda vez é aquele cabo de guerra. Eles então passam a me informar diariamente o que fizeram naquele dia e o que farão no dia seguinte. E, ao planejar o dia seguinte, eles apresentam a inovação importante antes de opinar. Porque as opiniões podem causar tensão – as pessoas têm a tendência de competir para saber qual é a melhor opinião –, e você nunca chega a lugar nenhum. Você pode realmente refletir sobre uma verdadeira inovação.

"Numa pequena equipe de inovação, a gente avança aos poucos todo dia e aprende enquanto trabalha. Portanto, parte da inovação resume-se simplesmente a perguntar um monte de vezes: 'O que conseguimos terminar?' É por isso que cada membro da equipe tem de me manter atualizado diariamente. Não importa o lugar do mundo em que me encontre, eu recebo atualização com termos simples sobre assuntos de alto nível. O que começaram a fazer hoje e o que planejam fazer amanhã. Desse modo, eles podem sentir o progresso. Parte do progresso é conseguir incluí-los no processo, não se sentindo isolados. Deve ser como uma onda: sobe e desce, e nunca é perfeita. Ao enviar-me três ou quatro torpedos por dia – o que eu fiz hoje, o que vou fazer amanhã –, eles percebem com muito mais facilidade os objetivos de curto prazo, em vez de se sentirem sobrecarregados por um objetivo que possa parecer difícil de alcançar. Para inovar é preciso ter objetivos de curto prazo.

"Um grande amigo do Vale do Silício ensinou-me a seguinte expressão: Você precisa 'alimentar o monstro com biscoito'. Eis o que isso significa. Digamos que eu tive uma grande ideia que você acha absurda e, por isso, tem dificuldade de perceber como vamos realizá-la. Então, eu começo devagar. Na minha cabeça você é um monstro, e eu tenho de lhe dar um biscoito para que comece a gostar da ideia e não se sinta tão pressionado. Então, é preciso dividi-la em etapas menores. Eu tive de perceber que parte de ter uma visão é ser capaz de traduzir para as pessoas para onde você quer ir e como vai chegar lá, mas com o método de dar um biscoito para o monstro. É preciso convencer as pessoas. Deixe-as experimentar um pedacinho que logo, logo elas chegam lá."

Fracasse logo

É impossível ser bem-sucedido sem falhas, mas é fundamental encontrar o equilíbrio certo.

"Para ser uma empresa inovadora, é muito importante não penalizar as falhas", disse Andrew Thompson, da Proteus Digital Health. "Numa empresa inovadora, e principalmente numa *start-up*, é necessário correr riscos. Por isso, é preciso haver uma forte predisposição para agir a partir de análises lógicas, para aprender com os erros e seguir em frente. É o que eu chamo de cultura de liderança, em oposição à cultura administrativa. Isso é estranho para muitas pessoas oriundas de grandes organizações onde falhas são punidas sem dó.

"Quero deixar isso muito claro: não é que a falha deva ser recompensada; você não a penaliza. O foco está muito mais em correr riscos e na predisposição para agir. Portanto, o verdadeiro pecado de uma pequena empresa não é errar, é ficar parada. Isso nem sempre significa que você está na direção certa. Porém, se você descobre que está indo na direção errada, muda de direção. É relativamente fácil ver e recompensar pessoas que têm esses instintos."

Joseph Jimenez, da Novartis, discorreu sobre a importância de estimular o risco ao mesmo tempo em que se minimiza o custo de correr riscos. É uma mudança cultural que ele procurou estimular quando assumiu a empresa.

"Bem lá no fundo, a empresa nem sempre teve a cultura de correr riscos, porque ela tem sido muito bem-sucedida", observou. "Historicamente, se você tentava fazer algo e não era bem-sucedido, o fato de ter tentado não lhe trazia muitos benefícios. Por isso, quando comecei a dirigir a divisão farmacêutica, tive de criar uma situação em que as pessoas perdessem o medo de falhar. Então eu disse: 'Olhem. Existe um jeito certo e um jeito errado de falhar. Se vocês conseguirem evitar o jeito errado, então podem falhar à vontade. Quero descobrir o que vocês estão aprendendo.' Era um modo de pensar completamente diferente. Além disso, quando se é cuidadoso com o volume de recursos investidos, existem inúmeras formas de evitar os aspectos negativos. Não é algo difícil de fazer; mas é preciso que as pessoas tenham a permissão de tentar. Essa é a primeira etapa. A questão, portanto, era procurar quebrar a resistência de tentar e, possivelmente, falhar. Permitimos que as pessoas agissem assim dizendo: 'Olhem, desde que não criem um problema enorme para a empresa, podem tentar um bocado de coisas; depois a gente constrói algo a partir do que for apresentado.'"

Jen-Hsun Huang, CEO da produtora de *chips* gráficos Nvidia, disse que a atitude de arriscar e de aprender com os erros passou a fazer parte dos valores básicos da empresa.

"Permita-me mencionar os dois elementos que eu mais prezo entre os nossos valores básicos e que passei muito tempo estimulando. Um é a simpatia com quem assume riscos e a capacidade de aprender com o fracasso. A capacidade de comemorar o fracasso, por assim dizer, tem de ser um elemento importante de qualquer empresa que atua num mundo em rápida transformação. O segundo valor básico é integridade intelectual – a capacidade de dar nome aos bois, de reconhecer o mais rapidamente possível que se cometeu um erro, que estávamos no caminho errado, que aprendemos com isso e que nos adaptamos rapidamente", disse ele.

"Acho que 'cultura' é um termo imponente que significa 'natureza da corporação'. É a personalidade da empresa, e a personalidade da nossa empresa simplesmente diz o seguinte: se pensamos que algo vale realmente a pena e temos uma grande ideia – e, apesar de aquilo nunca ter sido feito antes, acreditamos naquilo –, então não há problema em arriscar. Tudo bem tentar, e, se não der certo, aprender com aquilo, fazer os ajustes necessários e seguir em frente fracassando. E se você simplesmente segue em frente fracassando o tempo todo – aprende, fracassa, aprende, fracassa, aprende, fracassa –, mas cada vez se sai um pouco melhor, quando menos esperar terá virado uma grande empresa. Erros e fracassos são uma espécie de espaço negativo que fica em volta do sucesso, não é? Se pudermos fazer um número suficiente de tentativas para alcançá-lo, vamos descobrir qual é a cara do sucesso. Mas é preciso ser intelectualmente íntegro, porque não é possível compreender uma cultura que esteja disposta a tolerar o fracasso porque as pessoas se apegam demais a uma ideia que será provavelmente ruim ou que não está funcionando, e creem que sua reputação está ligada a ela. Elas não conseguem aceitar o fracasso. Você acaba investindo demais numa ideia ruim e põe em risco a empresa toda."

Brent Saunders também estimulou os funcionários da Bausch & Lomb a abortar os projetos que tinham pouca chance de sucesso.

"O P&D pode representar às vezes um buraco negro nos gastos nas empresas de saúde", disse ele, "então queríamos também criar incentivos para que os cientistas deixassem de perseguir sonhos que tivessem pouca probabilidade de sucesso. Assim, uma das coisas que fizemos foi deixar claro que elogiaríamos e premiaríamos os cientistas que cedo eliminassem coisas também. Porque muitas vezes, em empresas de biociência ou de saúde, esses projetos viram um filho para o cientista. É no que trabalham. Eles temem que, caso se livrem dele, deixem de ser necessários na organização; por isso, continuam gastando e imaginando formas de mantê-lo vivo, ainda que as probabilidades de sucesso sejam muito baixas.

"Culturalmente, penso que o jeito de acabar com isso é dizer que, assim como você deve comemorar seus sucessos, deve comemorar igualmente sua firmeza para eliminar os projetos inviáveis. Todos nós falhamos. A questão é falhar de maneira inteligente e falhar rápido, para não desperdiçar dinheiro indo atrás de algo que nunca vai sair da prancheta e chegar até as mãos do consumidor."

Símbolos também podem ajudar a recompensar quem assume riscos. Essa é a abordagem utilizada por Kyle Zimmer, da First Book.

"De vez em quando, oferecemos o Prêmio Muro de Tijolo para uma ideia que tinha tudo para dar certo, mas que acabou se espatifando num muro de tijolo", disse ela. "É uma maneira de dizer: 'Tudo bem, você teve a ideia, fez o que pôde por ela e ela virou pó – mas sua atitude foi louvável.'"

Contribuição *online*

As intranetes corporativas tornaram mais fácil aproveitar o conhecimento coletivo dos funcionários para propor, refinar e, finalmente, escolher as ideias nas quais vale a pena investir. John Donovan, da AT&T, descreve o processo que ele utilizou para estimular a inovação na empresa de telecomunicações.

"Comecei procurando meus subordinados imediatos e dizendo que queria as dezesseis pessoas mais inteligentes do setor de tecnologia", disse ele. "Não estava interessado em títulos. Não queria diplomatas nem gente da área de processos. Chamei-os de Conselho Técnico. Faço um rodízio das pessoas e dedico ao grupo várias horas por mês. Sua regra básica é a seguinte: os membros do grupo não podem contar a seus superiores o que acontece nas reuniões – o que é dito ali, fica ali.

"Começamos então com uma lista de todas as coisas falidas, estúpidas, idiotas, que estavam matando a inovação, feita por dezesseis pessoas extremamente brilhantes que estavam dispostas e capazes de dizer a verdade. E se você for olhar algumas coisas que fizemos em nosso programa de inovação, verá que muitas das sementes nasceram naquela sala. Assim, construímos um perfil que começou com uma verdade desagradável, mas foi mais ou menos daí que tivemos de começar. Quando cheguei, fui levado a acreditar que teríamos dificuldade de inovar. Descobri muito rapidamente que tínhamos, sim, dificuldade de inovar, mas não tínhamos dificuldade de inventar – e isso é uma diferença importante. Se você vai construir um carro, mas não tem projeto nem fábrica, é uma coisa; outra coisa é entrar na garagem, acender a luz e encontrar tudo de que precisa para construir uma Ferrari. Só falta montar as peças. Esse é um mundo muito diferente. Então, logo comecei a dizer às pessoas que estamos perto: temos invenções, o que a maioria das empresas não tem. Inovação para mim é uma invenção com um cliente do outro lado. Quando a invenção se torna um relacionamento que termina numa transação comercial, então temos a inovação. Parte das adoções foi onde não fomos bem. Mas a invenção estava lá.

"Então eu fiz um diagnóstico. As dezesseis pessoas que estavam comigo apresentaram um milhão de razões para explicar por que era simplesmente impossível inovar. Assim, ficamos horas e horas dividindo o problema em partes menores e mais fáceis de compreender. Então dissemos: 'Vamos começar um programa de inovação nesta sala.' E começamos ali nosso projeto de 'contribuição'. Em primeiro lugar, como somos uma organização em que existe um respeito excessivo, ninguém se levanta e diz: 'Suas ideias são péssimas.' Temos uma cultura feita de gente muito legal, o que é estimulante. E existe um lugar cômodo para pôr a culpa quando não se quer dizer à pessoa que sua ideia não vale nada – no pessoal lá de cima, dizendo que eles não gostaram da ideia.

"Então eu disse: 'Vamos começar fazendo alguns exercícios na mesa.' Cada um trouxe seis ideias para a sala, o que dava noventa e seis ideias. Todos apresentaram suas ideias, votaram e escolheram as duas melhores, que seriam financiadas. Em seguida, afastamos todas os obstáculos e chegamos a um formato final e a um método de financiamento das ideias. Hoje, aquela ideia se transformou num *site online* que conta com mais de cem mil pessoas participando do canal de inovação, como nós o chamamos. Isso gera milhares de ideias. As pessoas então votam nelas, como numa mídia social – gostei, não gostei –, e ninguém conhece a identidade de quem votou. Por quê? Porque, por uma questão cultural, ninguém gosta de desafiar ninguém. Em seguida, vai-se para a fase de colaboração, na qual os comentários são necessários – e comentários cuja autoria é conhecida. Após pensar no assunto, decidimos que as pessoas tinham de ser responsáveis pelo que diziam. Assim, não se tem mais a impressão de estar numa empresa grande. Alguém pode dizer que tal ideia é impraticável porque seria muito cara; mas daí um outro diz: 'Espere um pouco, e se a gente tentar desse jeito?' Aí o grupo se reúne e resolve o problema.

"Se você prestar atenção no processo, verá que ele foi concebido em torno da ideia de capital de risco, porque minha experiência sobre financiamento de projetos vinha desse universo. Ele também utiliza a mídia social para resolver algo que é visto como um problema, ou seja, que existe um mecanismo corporativo que elimina as ideias. Agora os responsáveis são os colegas, e as boas ideias acabam sendo financiadas com dinheiro de verdade."

Para os funcionários da Red Hat, cuja atividade é desenvolver tecnologia de *software* livre, utilizar um sistema de contribuição para inovar foi um passo natural. O CEO Jim Whitehurst explicou como a empresa utiliza um programa chamado Memo List [Lista de Comentários] para compartilhar e aperfeiçoar ideias:

"Desde nossa fundação nos anos 1990, que se baseou na ideia de fortalecer as comunidades de *software* livre, adotamos naturalmente essa abordagem em nossa cultura, muito antes do surgimento dos Facebooks da vida. Portanto, estamos na vanguarda daquilo que muitas empresas vão enfrentar por causa do advento da nova geração do milênio, que simplesmente abomina a ideia de hierarquia.

"Se você realmente deseja que a inovação aconteça, é preciso encará-la quase como um ecossistema. Muitas empresas acreditam que para serem mais inovadores precisam reunir um monte de gente criativa. No entanto, a maioria das ideias criativas vem de pessoas da linha de frente que descobrem um modo diferente de fazer o trabalho do dia a dia. É preciso criar canais para que essas ideias sejam ouvidas. Portanto, a pergunta é: como fazer para que isso aconteça? Como envolver seus funcionários? Nossa resposta é: utilize internamente as mídias sociais.

"Muita gente acredita que utilizar as mídias sociais para envolver as pessoas significa criar, de alguma forma, uma democracia, ou ao menos o consenso. No entanto, nossa cultura é meritocrática, não democrática. E a diferença entre meritocracia e democracia é absoluta. Nós permitimos o debate, que as pessoas discutam até cansar e que ambos os lados apresentem seus pontos de vista. Depois dizemos: 'Ouvimos e levamos em conta tudo que foi dito, e isto é o que vamos fazer.' Mesmo o mais ardente opositor da decisão final, no mínimo, pensará: 'Tive a chance de dizer o que penso. Fui ouvido e você me disse por que tomou essa decisão.' Não tem de ser democrático. E é assim que as coisas têm se passado na Red Hat desde muito antes de minha chegada.

"Muitos dos problemas que as empresas enfrentam atualmente decorrem do seguinte raciocínio: 'Não posso permitir que meus funcionários tenham voz.' Mas a questão não é ter voz quanto à decisão, e sim poder opinar e ter certeza de que as opiniões serão ouvidas. Contanto que estejam envolvidos, nossos funcionários aceitam praticamente qualquer decisão. Eles podem dizer: 'Não gostamos disso e continuamos não concordando com isso.' Eu então dou uma resposta muito bem fundamentada que atende às suas expectativas. Acho que a grande maioria das empresas vai ter de lidar com essa questão ao longo dos próximos vinte anos.

"Nosso fórum interno chama-se Lista de Comentários e recebe em média algumas centenas de *posts* por dia. Eu o consulto diariamente, sem falta. Diria que provavelmente três quartos das pessoas o acessam diariamente, lendo ou fazendo comentários. Embora isso possa tomar tempo, penso o seguinte: quando incluímos as pessoas no processo de tomada de decisão, pode-se levar uma eternidade para se chegar a uma decisão; porém, uma vez decidido, a execução é impecável, porque todos estão envolvidos. Eles sabem o que você está fazendo e por que está fazendo aquilo. É um modelo muito diferente do que existe na maioria das empresas, em que um pequeno grupo de diretores toma as decisões, e a execução é problemática. Não estou dizendo, de modo algum, que somos perfeitos, mas no momento em que chegamos a um acordo quanto ao objetivo, já é meio caminho andado."

Daniel T. Hendrix, CEO da empresa de pisos Interface, disse que sua empresa desenvolveu uma plataforma de inovação *online* que também ajuda a trazer ideias de gente que não trabalha na empresa.

"No mundo de hoje, é preciso se reinventar o tempo todo", disse ele. "Como os concorrentes são rápidos em copiar ideias novas, é preciso descobrir uma maneira de criar um ambiente inovador; e, para tal, o elemento-chave é a colaboração. É preciso envolver do empregado mais humilde à alta direção da empresa. Para conseguir inovar, é preciso promover, alimentar e estimular a colaboração e o envolvimento das pessoas; além disso, é preciso atuar interna e externamente.

"Criamos um instrumento chamado Fazenda da Inovação. Trata-se de uma plataforma da qual todos os funcionários podem participar, além de poder ser levada para fora da empresa. Fazemos perguntas como esta: 'Como você resolveria este problema?' E todos se envolvem na busca de uma solução para o problema. Ou fazemos simplesmente uma pergunta aberta: 'Do que precisamos, do ponto de vista da inovação?' Em seguida acontece a votação, e as melhores ideias vão se destacando à medida que as pessoas votam e começam a tuitar e a falar sobre elas. Isso realmente fez com que as pessoas se envolvessem com esse modelo de sistema inteiramente aberto.

"Nós procuramos abandonar o modo tradicional de pensar. Não queríamos um sistema fechado, porque acho que em parte ele já existia. Queríamos criar um modelo de sistema aberto para qualquer pessoa da empresa e mesmo de fora dela. Nós então colocamos perguntas na rede: 'Como você resolveria este problema?' Desse modo, quando surge algo realmente interessante, encerramos a troca de ideias e passamos a discussão para um fórum menor."

A inovação colaborativa não exige necessariamente plataformas de intranet sofisticadas. Vineet Nayar, CEO da empresa de consultoria HCL Technologies, disse que ele simplesmente lança algumas ideias e problemas em seu blogue interno, e os funcionários oferecem suas colaborações.

"Eu costumava escrever no meu *blogue* toda semana porque achava que as pessoas queriam saber o que estava passando pela minha cabeça. No entanto, um funcionário me disse: 'Na verdade, nós queremos participar da solução do problema.' Portanto, o *blogue* se converteu numa pergunta feita por mim: 'Estou enfrentando tal problema. Como posso resolvê-lo?' Esse é um dos exemplos de que começamos indo numa direção e depois mudamos completamente de rumo."

Colaboração *offline*

Para canalizar os *insights* e as opiniões de todos os funcionários não é preciso, necessariamente, usar tecnologia. Um pouco de fita adesiva e alguns percevejos são suficientes para fixar uma proposta na parede; depois, é só estimular a participação de todos visando ao aperfeiçoamento do que foi proposto. Para isso, é preciso haver uma cultura em que as críticas não sejam necessariamente encaradas como censura.

"Colaboração é uma palavra que já foi usada demais, mas nós fazemos questão de praticá-la de fato", disse Christine Fruechte, CEO da agência de publicidade Colle + McVoy. "Nossas salas são totalmente acessíveis, e todos os nossos trabalhos ficam pendurados na parede. Portanto, se o seu ego é muito grande, é melhor deixá-lo em casa, porque a atividade criativa é extremamente vulnerável. Nós expomos todas as nossas ideias, sejam elas estratégicas, digitais ou de mídia, para que todos possam ver e dar *feedback*.

"É preciso ter um bocado de confiança no conceito de que a melhor ideia é a que resulta do final do processo. Ela não tem a ver com o fato de você ter ou não boa aparência ou ser a pessoa mais inteligente da sala. Cada ideia e cada projeto em que trabalhamos fica totalmente exposto na parede. Portanto, quando volto após uma semana de viagem, basta caminhar, literalmente, ao longo da parede para ficar a par de quase tudo que estamos fazendo. As pessoas reescrevem títulos, ou dizem que precisamos de sugestões sobre isso ou aquilo. E vai tudo para a parede. Desse modo, ninguém sabe quem são os autores das ideias; a gente simplesmente põe em circulação as ideias que consideramos úteis para alcançar nossos objetivos."

Mark Fuller, da WET Design, disse que ele também gosta que seus funcionários exponham os trabalhos na parede para que os outros vejam.

"Se fizer um desenho, você pode prendê-lo com ímãs. O importante é fazer com que as pessoas exponham suas coisas para que os outros possam examinar", disse ele. "Não queremos uma cultura em que as pessoas digam: 'Essa ideia é minha; não quero que ninguém a veja, pois podem encontrar algum defeito.' Tive um professor que certa vez disse: 'Pessoal, sempre que vocês estiverem sentados aqui e perceberem que cometeram um erro, quero que fiquem orgulhosos.' Ele prosseguiu: 'Essa atitude terá alguns resultados positivos. Antes de mais nada, em vez de dizerem: 'Ah, cometi um erro; também, nunca vou aprender esse negócio mesmo', vocês têm de se recompensar por terem percebido o erro antes de mim.' Embora tenhamos feito uma expressão de enfado, nunca esquecemos o que ele disse. Por isso, uma das coisas que costumo fazer é iniciar algumas reuniões dizendo: 'Queria dizer onde foi que eu errei.' Isso dá o tom da reunião, fazendo com que todos pensem: 'Temos que mostrar nossos erros.' Não chamam isso de 'aprender por tentativa e acerto'? Porque se aprende por tentativa e erro."

Faça reuniões menores

Parece que a quantidade atrapalha a inovação. Quanto maior o número de participantes numa reunião de *brainstoming*, quanto maior o número de pessoas designadas para um projeto, maior a probabilidade de ele atrasar. John Nottingham e John Spirk, copresidentes da empresa de consultoria em inovação Nottingham Spirk, veem essa dinâmica acontecer todo dia.

"Vou lhe dizer uma coisa: não existe nada mais frustrante do que participar de uma audioconferência com, digamos, três pessoas do nosso lado e quinze ou dezesseis do lado de lá. Quanto maior a empresa, maior a tendência de que haja um grande número de pessoas na conferência. Logo que percebemos isso, pedimos uma conversa com a empresa, porque isso não é maneira de inovar. Ela simplesmente não acontece com dezesseis pessoas em uma audioconferência semanal.

"Nós dizemos que é preciso enxugar a equipe e envolver apenas as pessoas importantes, as que são responsáveis pelo projeto. Não quem apenas acompanha o projeto, mas quem é responsável por ele. E o que geralmente acontece é que os verdadeiros responsáveis não passam de dois ou três."

Nottingham acrescentou este ponto de vista: "A analogia que utilizamos é que você está num Jeep SUV de um dos lados de um lago de areia movediça, e lá longe, do outro lado, encontra-se o lugar em que você quer chegar. Esse é o objetivo. Então você começa a aumentar a velocidade do veículo, tentando vencer o lago traiçoeiro. Se parar um pouco para pensar na situação, começa a afundar na areia movediça e, de repente, desaparece.

"Quanto maior o número de participantes de uma reunião, maior a probabilidade de haver gente do contra dizendo:

'Espere um pouco, e se isso não funcionar? E se o que a gente está esperando não acontecer?' Imediatamente a dinâmica perde fôlego. Para ser eficaz, a reunião de *brainstorming* tem de ter entre oito e doze participantes. Se você puser gente demais na sala, o processo não fica suficientemente colaborativo; se for muito pouca gente, não surge uma quantidade suficiente de boas ideias. Não obstante, conheci empresas que fazem parte da lista das cinquenta mais admiradas da *Fortune*, em que havia reuniões de criatividade com cerca de cem pessoas numa sala. Fica impossível de administrar. O que acontece, então, é que as pessoas acabam se desligando."

Lily Kanter, da Serena & Lily, disse que as *start-ups* precisam se certificar de que as necessidades operacionais não sufoquem o brilho empreendedor da empresa; equipes pequenas podem representar uma forma eficaz de se proteger dessa dinâmica.

"É sempre útil contar com indivíduos empreendedores capazes de usar uma centena de chapéus para sempre", disse ela. "Como são pessoas fantásticas, basta encontrar o lugar certo para elas. É o tipo de gente que resolve as coisas. Então você contrata pessoas voltadas para processos, gente com uma enorme experiência num setor específico do negócio. Para construir uma organização, é preciso que haja um equilíbrio entre os dois perfis. Mas você tem de ser cuidadoso, porque, quanto maior o número de processos, mais lenta, mais burocrática e menos ágil se torna a empresa. As coisas começam a empacar. Você quer dar início a uma nova atividade, e, quando vê, tem quinze pessoas reunidas na sala para discuti-la. Penso que manter viva a capacidade empreendedora da empresa é algo realmente importante.

"A gente então dá um tapa na mesa e diz a todo mundo que o próximo projeto de inovação ficará a cargo de uma equipe pequena. Acho que é preciso ser contestador. Também acho que os empreendedores podem causar muitos problemas a certas organizações se passarem o tempo todo contestando os processos. É claro que você precisa de processos. Você precisa de calendários. Você precisa de pessoas sabendo exatamente o que fazer diariamente para conseguir realizar o projeto. Então, é importante que, quando houver projetos contestadores e inovadores, que eles não tenham lugar, literalmente, no interior da organização, para que a situação atual da organização não vire de cabeça para baixo por causa deles.

"O ideal, portanto, é ter no máximo quatro pessoas tocando um projeto. Depende muito do projeto, mas alguém tem de ser o responsável. De duas a quatro pessoas num projeto de inovação é mais do que suficiente. Afinal de contas, quantas empresas começam com uma equipe maior do que essa? Creio que grupos de trabalho pequenos são extremamente eficientes. O que importa é deixar claro que as pessoas saibam onde as decisões são tomadas."

Jen Guzman, CEO da empresa de ração para animais de estimação Stella & Chewy's, utiliza uma abordagem parecida, dividindo reuniões de *brainstorming* maiores em grupos menores.

"Nossa reunião geralmente conta com cerca de quatro pessoas – aquelas que de fato vão participar ativamente e propor ideias –, em vez de reunir um grupo muito maior. Penso que, para uma pequena empresa que precisa ter muita agilidade, esse é um modo verdadeiramente adequado de funcionar", disse ela.

"Porém, em outras reuniões cujo objetivo principal é fazer *brainstorming*, o grupo pode ser bem maior. Participei recentemente de uma reunião em que havia cerca de doze a quinze pessoas. Basicamente o que eu fiz foi informar, em termos bem gerais, qual era nosso objetivo; não dei muitos detalhes, porque não queria influenciá-los. O que eu queria era ouvir a opinião deles. Numa situação como essa, nós formamos quatro grupos com três ou quatro pessoas cada um e os colocamos em salas diferentes para que cada grupo possa apresentar suas próprias ideias. Depois juntamos todos os grupos e escolhemos as melhores ideias de cada um.

"Penso que é muito difícil – quase impossível de administrar, talvez – que uma sessão de *brainstorming* com quinze participantes produza ideias elaboradas. Do jeito que eu costumo fazer, todos participam, porque, ao dividir a turma em grupos menores, diversas discussões significativas acontecem. Em seguida, quando todos os grupos se juntam novamente, temos outra discussão significativa sobre o que de melhor cada grupo apresentou. Gosto de acompanhar os raciocínios até o fim. Reuniões com muita gente podem se tornar às vezes um pouco superficiais e não facilitar tanto o diálogo. Quando o grupo é grande e todo mundo quer participar, a profusão de ideias não é acompanhada, no mesmo ritmo, pela reflexão."

A abordagem que privilegia os pequenos grupos não se aplica unicamente às reuniões, mas também aos departamentos existentes na empresa. Andy Mills, da Medline, disse que sua empresa cria constantemente novos departamentos para poder avançar rapidamente.

"Criar departamentos menores dá um ótimo resultado", disse ele. "Nós selecionamos áreas que, segundo nossa avaliação, estão ficando inchadas. Assim, pode ser que um setor de uma divisão maior não esteja recebendo muita atenção. Nós então o separamos da divisão e atribuímos a ele uma identidade própria. Como procuramos trabalhar com unidades de negócio que são provavelmente menores que as existentes em muitas empresas, temos vinte e uma divisões de produto razoavelmente independentes. E, teoricamente, esse número deverá aumentar bastante à medida que formos crescendo. Muitas dessas decisões são tomadas com base na percepção que temos a respeito da capacidade do supervisor ou do gerente de cada divisão. Será que ele é capaz de dar conta de tudo que acontece em sua divisão?"

Experimente esta elegante brincadeira com cartas

Muitas reuniões têm uma dinâmica previsível. As pessoas apresentam suas ideias e dão suas opiniões, mas a atenção de todos está voltada para o principal dirigente da sala. Se o chefe diz que, entre as cinco opções apresentadas, ele prefere a segunda, sabe o que acontece? Existe uma enorme probabilidade de que muitas das pessoas ao redor da mesa irão concordar que a segunda opção é – sem a menor sombra de dúvida, de longe – a melhor.

John Nottingham, da Nottingham Spirk, recomendou uma estratégia para evitar o clima de que o chefe sempre tem razão:

"Usamos uma técnica bastante simples. A primeira etapa é gerar um monte de ideias. As pessoas em geral se saem muito bem. Percebi que a frustração aparece quando elas dizem: 'Faz seis semanas que tivemos aquela reunião de criatividade.

Que fim levou aquilo?' Embora exista um caderno cheio de ideias, nenhuma foi implementada.

"Passamos então para a segunda etapa. Digamos que foram apresentadas cem ideias, mas que a empresa só vai desenvolver um ou dois produtos. Essa é a parte que a maioria das pessoas não entende. Uma das técnicas empregadas envolve o uso de cartas. Todos recebem três cartas de 7 cm por 12 cm. Numa está escrito 'Uau', na outra, 'Razoável', e na terceira, 'Não me diz nada'. Todos se sentam ao redor da mesa com as cartas viradas para baixo.

"Imediatamente, alguém passa a defender uma das ideias que estão expostas na parede, dizendo por que ela é boa. Terminada a exposição, todos – ao mesmo tempo – têm de erguer uma carta. Então, você dá uma olhada ao redor da sala. Se após a apresentação todos disserem 'Uau', uma expressão de empolgação, a ideia é mantida. Nesse caso é fácil, só que isso não acontece muito. Então outra ideia é apresentada, e digamos que todos ergam a carta com as palavras 'Não me diz nada'. Você então pega esse produto e o tira da mesa. Isto não vai funcionar.

"Adivinhe qual é a coisa mais difícil? 'Razoável'. Ou seja, o gerente de produto chega, fala sobre o produto e todo mundo diz: 'É, é razoável.' Quer saber de uma coisa? Razoável é a resposta mais difícil, porque alguém fabricará um produto razoável que terá vendas razoáveis, mas que não irá mudar nada. Fabrica-se, com uma frequência excessiva, uma quantidade excessiva de produtos razoáveis. Nessas reuniões, é muito importante que todos mostrem sua carta ao mesmo tempo, para que ninguém influencie ninguém. Você não sai perguntando: 'O que você acha, Harry? O que você acha, George?' Ora, se Harry for o diretor, todo mundo vai começar a responder igual a ele."

Promova uma maratona

Para manter o fluxo de criatividade, muitos dirigentes promovem variações de "maratonas", nas quais reservam tempo para se concentrar intensamente em criar, fazer *brainstorming* e desenvolver novas ideias. Não existe nenhuma fórmula além de assegurar que as pessoas saiam da rotina. O Google é famoso por permitir que seus engenheiros usem vinte por cento do tempo para realizar tarefas relacionadas à empresa que os interessam pessoalmente. Andrew Thompson, da Proteus Digital Health, adotou uma ideia inteligente que está sendo copiada em muitas organizações: "Dias FedEx." O nome foi tirado do compromisso da empresa de entregar o produto de um dia para o outro.

"Praticamente qualquer pessoa ou grupo de pessoas pode se candidatar ao Dia FedEx", disse Thompson. "O combinado é que a pessoa pode ficar fora o dia inteiro fazendo alguma coisa, só que é igual ao FedEx, certo? Portanto, no dia seguinte, impreterivelmente, ela tem de apresentar o que foi feito. Mas a tarefa pode ser dividida em etapas, porque talvez você queira quatro Dias FedEx; não obstante, todo dia você tem de apresentar algo. Isso também é fantástico porque abrange tudo, de coisas extremamente simples – como melhorar a distribuição das mesas no recinto – até assuntos razoavelmente importantes."

Alguns CEOs acreditam até que influenciar radicalmente os padrões normais de sono dos funcionários pode gerar algumas ideias boas. Aaron Levie, CEO da empresa de armazenamento de dados *online* Box, descreveu a estrutura simples de sua maratona:

"A equipe de engenheiros varou a noite, das oito da noite até o meio-dia do dia seguinte, em projetos que não faziam parte de suas tarefas diárias. Organizamos então um painel de avaliação na hora do almoço, e a empresa inteira veio assistir à apresentação de algumas inovações incríveis que os engenheiros criaram. Foi divertido, e as pessoas deixaram de lado o trabalho, mas também foi muito inspirador, e acho que favoreceu a união do grupo."

Jarrod Moses, do United Entertainment Group, disse que usa um ônibus de turismo e "dias de papo furado" para gerar novas ideias.

"Uma das primeiras coisas que adquirimos foi um ônibus de turismo. Nós o utilizamos em lugar do avião. Pelo menos vinte e cinco vezes por ano nós pegamos o ônibus para participar de reuniões por todo o país. É incrível o tipo de cultura que se cria dentro do ônibus. As pessoas descobrem muita coisa umas das outras, além de demonstrarem uma franqueza e uma confiança que o ambiente do escritório não permite. Os fluxos de criatividade circulam vinte e quatro horas por dia. Podem ter origem numa piada, ou simplesmente porque alguém está exausto. Nunca se sabe. A questão é que não existe nenhuma barreira que impeça a entrada de ideias. Todos estão usando camisetas e *shorts*. Não existe CEO no ônibus. É igual a uma banda. Existe um quê de magia.

"Algumas vezes por ano nós também bagunçamos o dia da equipe. Eles chegam às quatro da tarde e trabalham até as quatro ou cinco da manhã; quando a gente mexe no relógio biológico de alguém, algumas ideias interessantes aparecem. É como se a mente ficasse mais arejada."

Michael Lebowitz, da Big Spaceship, separa um espaço de tempo para que as pessoas se dediquem a projetos que não estejam necessariamente ligados a um cliente específico.

"Trabalhamos bastante para nós mesmos, criando produtos e amostras de conteúdo. Eu invisto meio pesado nisto, em organizar o tempo", disse ele. "Houve um verão em que fizemos uma coisa chamada Sextas-feiras da PI [propriedade intelectual]. Pegamos a tradicional sexta-feira de verão em que as empresas dispensam os funcionários às duas da tarde, mas, como havia muito trabalho, não liberamos os funcionários. Eles ficaram revoltados. Preparamos, então, um grande almoço para todos na sexta-feira às duas da tarde, paramos de atender aos clientes e ficamos das duas às sete trabalhando em nossos próprios projetos internos. E as ideias para aqueles vêm de todos os setores da empresa.

"Nosso *blogue* interno tem um pequeno formulário com algumas perguntas simples; depois, alguns de nós avaliamos as ideias apresentadas. Como queremos agir com rapidez, elas têm de ser simples. Desse modo, tornamos público algo que criamos para nós mesmos, o que deixa todo mundo entusiasmado."

Mantenha os empreendedores na empresa

Como tirar proveito do espírito empreendedor que tantos funcionários possuem para que, ao apresentarem uma grande ideia, eles sintam que podem levá-la adiante, em vez de pensar em pedir demissão? Este é o sistema que Robert LoCascio implantou na LivePerson:

"Nos últimos dois anos, foram criados, do nada, quatro ou cinco novos produtos. Criamos uma estrutura de inovação de produtos inteiramente nova, com a qual qualquer funcionário da empresa pode criar. Os novos produtos vieram de pessoas que você não esperaria que fossem capazes de concebê-los – mas que eram próximas dos clientes. Elas imaginaram um produto; nós então lhes dissemos que não seguiríamos um processo formal, mas que elas assumiriam o papel de empreendedoras internas. Isso quer dizer que teriam de se virar para conseguir o que precisavam. Teriam de conseguir pessoas que acreditassem nelas. Então, quando tivessem alguns clientes satisfeitos com o produto, elas teriam de procurar a diretoria – que é composta por cerca de vinte e cinco pessoas –, apresentar-nos o plano de negócio, e nós o financiaríamos. Então, financiamos os planos de negócios, e os produtos foram para o mercado. Passamos de uma empresa que tinha um único produto para uma empresa com cinco produtos, em menos de um ano, e atualmente quinze por cento de nossas reservas são dos novos produtos.

"Além disso, existe um programa de compensação que prevê que esses produtos serão avaliados daqui a cinco anos e que seus criadores serão remunerados como empreendedores. Porque eu descobri que esses caras geralmente saem da empresa e conseguem financiamento em outro lugar. Então eu disse: 'Fiquem com a gente. Vamos pegar o fluxo de renda que vocês apresentaram, aplicar um multiplicador e dar a vocês dez por cento do total.' Portanto, pagamos para que eles fiquem."

Quando as empresas deixam de ser *start-ups* e se tornam empresas maduras, é fundamental criar *start-ups* em seu interior para conservar a cultura do empreendedorismo, disse Jeremy Allaire, da Brightcove.

"É preciso fazer com que todos sintam que fazem parte de uma missão mais ampla", explicou. "Nas fases iniciais da empresa, a missão é: 'Será que vamos sobreviver? Temos um produto? Ele funciona? Será que alguém vai se interessar por ele? Será que existe mercado para ele?' Embora pareçam questões existenciais para a empresa, penso que esses princípios essenciais da missão continuam importantes durante a fase de crescimento. Como as pessoas podem criar um vínculo com eles, para elas não se trata de um simples trabalho. É por isso que procuro apresentar a mesma narrativa inúmeras vezes, mesmo quando nossos marcos de referência continuam mudando.

"O outro elemento é conservar a sensação de ser uma *start-up*, algo que está profundamente relacionado ao modo como se passa para a etapa seguinte de crescimento. Empresas que descobrem como alcançar uma escala realmente significativa se reinventam e criam produtos completamente novos. Só para dar um exemplo, há pouco mais de um ano criamos uma *start-up* dentro da empresa para criar novos produtos. A experiência foi tão animadora e estimulante que acabou se espalhando por toda a empresa. As pessoas diziam: 'Acabou aquela mesmice de sempre – estamos nos reinventando.'"

Lynn Blodgett, CEO da ACS – empresa de serviços de informática que foi adquirida pela Xerox em 2010 –, implantou, assim que chegou na empresa, a filosofia de reduzir constantemente os níveis de responsabilização e criar os incentivos adequados, a fim de tirar proveito do espírito empreendedor dos funcionários.

"Creio que um princípio de administração realmente importante é que, se você mantiver os incentivos alinhados, motivará as pessoas muito mais do que qualquer coisa que você possa fazer", disse ele. "Mas, não nos esqueçamos, é preciso oferecer os incentivos adequados. Não é só uma questão de dinheiro. É ser capaz de sentir que elas têm um grau de controle sobre seu destino, que o que elas fazem é valorizado, que estão sendo bem-sucedidas e que estão contribuindo. Essas coisas hoje em dia são provavelmente mais importantes do que o dinheiro. Mas também não se pode esquecer do aspecto financeiro.

"É fundamental alinhar os interesses de todos, inclusive os dos clientes. Porque não é assim que as coisas geralmente acontecem. Os clientes têm seus objetivos, e os funcionários, os deles. E você está ali, tentando agradar todo mundo. Penso que quanto mais direta for a responsabilidade, maior o desempenho.

"Eu me lembro como era quando começamos. Tínhamos um investidor e éramos bem pequenininhos. A empresa faturava cerca de trinta mil dólares por mês. A ACS tem um faturamento anual de quase oito bilhões de dólares, então ela é um pouco mais complexa. Mas, sabe de uma coisa? O princípio é o mesmo. Quando eu era responsável por aquela pequena empresa, eu tinha gráficos de barras que coloria diariamente. Era assim que eu me mantinha informado e sabia que, se não cumprisse a previsão, a responsabilidade era minha. Bem, o que fizemos foi dizer o seguinte: 'Muito bem, como podemos criar um impulso empreendedor no núcleo de uma grande organização? Como é que se faz isso?'

"Uma das formas utilizadas por nós é fazer com que o L&P penetre em todos os níveis da organização. Existe um L&P no nível do cliente, o que é obrigatório; temos de poder verificar nosso desempenho com cada cliente. Inúmeras empresas não conseguem fazer isso. Na nossa empresa, levamos o L&P

até as pessoas que realmente realizam o trabalho. Portanto, se pudermos fazer um L&P para um projeto de dez milhões de dólares, daremos o L&P ao sujeito e ele será responsável pelo lucro, pelo faturamento e pela satisfação do cliente. E, à medida que ele cresce, ganha mais dinheiro. Na minha opinião, o resultado disso é um melhor desempenho.

"Desse modo, você passa o controle para as pessoas, torna-as responsáveis, dá a elas o controle de seus próprios recursos e monitora o que elas fazem. E, agindo assim, você se beneficia do impulso mais valioso da empresa – o impulso empreendedor. Quero que a ACS se pareça a um monte de propriedades particulares. Porque, se for assim, as pessoas vão pensar: 'Se o dinheiro fosse meu, se fosse eu que estivesse fazendo isso, será que o gastaria? Tenho que comprar aquele computador imediatamente ou posso me virar com um que tem dois anos de idade?'"

A disputa por recursos entre as divisões também pode estimular a inovação. Andy Mills explicou o modelo da Medline:

"Costumo me referir a ele como um modelo darwinista, mas também é um modelo bem democrático. Um dos principais trunfos da empresa é a nossa força de vendas. São quase mil e trezentas pessoas, e a filosofia da empresa tem sido deixar que essa equipe e seus principais diretores decidam em quais produtos vamos investir e promover. Nós comercializamos trezentos e cinquenta mil produtos, mas, ao longo do ano, fazemos promoções de determinados produtos importantes ou de linhas mais extensas de produtos, e não é a direção da empresa que os escolhe. Chamamos dez ou doze representantes de vendas, que compõem uma espécie de comitê itinerante, e alguns gerentes de vendas. Então, temos vinte e uma divisões de produto presentes, e eles, basicamente, têm de explicar por que nossa equipe deve investir tempo, treinamento e esforço de venda extras em seus produtos.

"Eu tenho direito a um voto, mas quem decide basicamente é o comitê. Nós chamamos esse modelo de 'sobrevivência do mais apto', porque as divisões de produto competem entre si pelo equivalente, em nosso mundo, ao espaço de gôndola. Isso se tornou, de fato, parte da nossa cultura, o que é muito bom, porque os que não são escolhidos recebem uma explicação, além de serem mandados de volta para a prancheta. E quando se apresentam novamente no trimestre seguinte, espera-se que os problemas tenham sido solucionados. Assim, estamos sempre aumentando o nível de exigência.

"Desenvolvemos esse modelo porque, quando meu pai e meu tio fundaram a empresa, eles não eram apenas vendedores, mas também faziam outras coisas. Como a empresa era pequena, eles desempenhavam vários papéis. Eles então pensaram que era justo que as decisões fossem tomadas em conjunto com outros vendedores iguais a eles. Nós sempre achamos que quem está em contato constante com os clientes tem mais discernimento do que quem trabalha no departamento de *marketing* ou na divisão de produto. Estamos muito atentos ao mercado, e, para nós, o mercado abrange nossos clientes e nossos vendedores."

Inverta o Princípio de Peter

No sistema tradicional, pegamos os profissionais de destaque – gente que realmente se supera numa determinada tarefa – e os transferimos para um cargo de direção. O raciocínio, naturalmente, é que eles ajudarão a fazer com que um grupo maior de pessoas execute aquela tarefa tão bem como eles. Isso faz sentido na teoria, mas frequentemente não funciona na prática, e a empresa perde o brilho que tinha quando deixava essas estrelas simplesmente fazerem o trabalho que fazem melhor. Tracy Dolgin, CEO da YES Network, adotou o "Reverso do Princípio de Peter" como um antídoto a essa dinâmica.

"Vamos começar com o Princípio de Peter", disse ele. "A maior parte das pessoas começa a carreira realizando coisas – como profissional de *marketing*, de recursos humanos, de finanças, do setor de produção. E, quando ganham mais experiência, passam a ter um alto nível de desempenho naquilo que fazem. A razão por que são promovidas não é porque alguém percebeu que dariam ótimas administradoras. São promovidas porque são grandes executoras. Essa mesma pessoa poderá ser uma excelente administradora? Talvez sim, talvez não. Segundo o Princípio de Peter, à medida que as pessoas vão sendo promovidas, elas passam a realizar menos e a administrar mais, até chegarem a um ponto em que param de ser promovidas porque seu desempenho no novo cargo já não é tão bom. Segundo o Princípio de Peter, você acaba no cargo para o qual está menos preparado.

"Então eu disse: vamos experimentar o Reverso do Princípio de Peter. A empresa era muito pequena; então, se eu encontrasse os melhores executores de cada função crítica e os convencesse a vir para a YES Network para administrar menos e realizar mais, para criar uma organização estável onde eles seriam os melhores executores do mundo, poderíamos criar algo realmente fantástico. Isso nos permitiria concorrer com os peixes graúdos e maximizar o negócio superando-os. Para poder concorrer com eles, bastava mudar as regras; isso me permitiria superá-los, uma vez que eu contaria com os executores mais competentes de todos, que, além do mais, passariam noventa por cento do tempo executando e não administrando.

"Então quando eu fui a campo para recrutar as pessoas, eu disse-lhes basicamente qual era minha teoria e que todos nós, inclusive eu, passaríamos de administradores a executores. Eu estava procurando as pessoas mais competentes para cada função. Eram pessoas cheias de entusiasmo? Acreditavam que daquela maneira poderíamos vencer? Essas eram algumas das perguntas que eu fazia. Achavam que a ideia era boa ou ruim? Antes mesmo de explicar o que eu pensava, minha primeira pergunta era: 'Quando está trabalhando, o que você gosta de fazer?' Eu procurava pessoas que me falassem sobre realização, não sobre administração.

"Também estava atrás de gente que tivesse feito de tudo, que tivesse experiência. E elas me diziam: 'Sinceramente, estou disposto a arregaçar as mangas de novo. Cansei de passar noventa por cento do dia lidando com problemas administrativos – o que normalmente quer dizer lidar com problemas pessoais, problemas que não têm nada a ver com o trabalho – e com conflitos internos. Se eu pelo menos pudesse empregar minha energia fazendo isto...' Portanto, eu tinha de encontrar indivíduos que fossem os melhores executores, que estivessem dispostos a abrir mão de parte das funções administrativas e que achassem que aquilo poderia dar certo. Queríamos que isso fosse mais parecido com o ambiente de uma *start-up*, exceto que não tínhamos o produto de uma *start-up*.

"O Reverso do Princípio de Peter também é fantástico porque posso pagar a alguém um salário de gerente para que ele faça o trabalho de um executor, já que tenho um número muito menor de funcionários: nada de hierarquia e uma organização horizontal. O melhor executor com muita experiência pode fazer mais coisas do que cinco ou seis novos executores. Então, não tivemos de nos transformar numa empresa grande. Eu podia remunerar muito bem um pequeno grupo de pessoas – no mesmo nível das grandes empresas de mídia – para que fossem executores.

"Tem gente para quem esse sistema representou um completo fracasso. Já ouvimos essa história um milhão de vezes: a única forma de fracassar é não fracassar, porque, caso contrário, você não arrisca. Não se aperfeiçoa. Só faz aquilo que sabe que vai dar certo. Agora, a diferença é que estamos realmente interessados em gente que aprenda com os próprios erros. Não há muita vantagem em repetir o mesmo erro duas ou três ou quatro vezes."

Perguntei a Dolgin se ele achava que as lições do Reverso do Princípio de Peter podiam ser aplicadas em outras empresas.

"Toda empresa de um determinado porte tem um Steve Jobs em miniatura em cada posição", disse ele. "Como fazer para descobrir onde eles estão e garantir que não se desgastem tentando ser, ao mesmo tempo, executores, administradores e políticos? Como criar uma espécie de laboratório – um espaço no interior da grande empresa em que se promova a inovação e se recompense os responsáveis por ela? Não é possível administrar a empresa toda desse jeito, mas existem lições que podem ser de grande valia. Às vezes os melhores funcionários, ainda que ocupem os cargos mais elevados, têm de se tornar executores novamente para dar conta de tarefas essenciais para a missão da empresa. Existem empresas com vinte níveis hierárquicos – não é à toa que são chamadas de pirâmides.

"Penso que você tem de ser capaz de selecionar, em cada nível hierárquico da pirâmide, algumas pessoas que se saíam muito bem no que faziam antes de se tornarem administradoras – o elemento executor do seu trabalho – e liberá-las para que passem metade do tempo realizando coisas e não administrando. Essa é a lição que a grande empresa pode aproveitar."

Essa filosofia também foi adotada por outras empresas.

"Gosto de contratar gente confiante, gente que se sente à vontade independentemente do cargo ou da estrutura da empresa", disse Selina Lo, CEO da Ruckus Wireless. "Preciso de pessoas que não ligam quando seus subordinados ganham mais do que elas. Eu deixei isto claro desde o início – que os diretores da empresa nunca deveriam supor que seus subordinados ganham menos do que eles ou tenham menos opções para a compra de ações da empresa. Na verdade, eu preciso continuar batendo nessa tecla porque temos novos diretores.

"Trouxe esse modelo da Hewlett Packard. Se não tenho paciência para ser gerente, e ainda dou uma grande contribuição para a empresa, por que deveria ficar limitado por um plano de carreira convencional que diz que eu tenho de aprender a gerenciar pessoas para ser bem-sucedido? Portanto, existe uma regra na empresa que todos os novos gerentes têm de conhecer – seus subordinados não ganham necessariamente menos do que eles. Isso faz parte do processo de se tornar um administrador: você tem de sentir mais prazer em capacitar as pessoas do que em fazer o trabalho em si. Desse modo, quero que as pessoas que são boas administradoras sejam administradoras; não quero que se tornem administradoras só porque sentem que precisam.

"Também não quero que a empresa atribua uma importância exagerada aos processos nem seja excessivamente hierarquizada. Os processos e as estruturas não podem se transformar em obstáculos para a realização das coisas. Se alguém pode ajudar num projeto, mesmo que aquilo não faça parte de suas responsabilidades, não tenho nenhuma dificuldade em falar diretamente com a pessoa para envolvê-la no projeto. Isso às vezes aborrece minha equipe, mas eles compreendem. E, sendo uma *start-up*, nunca temos recursos suficientes para montar uma equipe exclusiva para cada atividade; portanto, é preciso manter os limites de atuação um pouco flexíveis.

"Percebi também que os empreendedores não gostam de ser limitados. Eles gostam, realmente, de ir além do que se espera deles, usam seu tempo pessoal e colocam o coração no que fazem. Se você lhes dá a oportunidade de ir além, os funcionários gostam. Eu gosto disso. Só preciso que as pessoas envolvidas nisso se certifiquem de que nada saia de controle."

Tolere "um pouquinho de caos"

Faz parte do trabalho dos líderes diminuir o caos e criar estruturas que reduzam as ineficiências e agilizem a fluidez dos processos e do trabalho. Pode ser contrário ao bom senso, então, relaxar e permitir um pouco de anarquia. No entanto, um grande número de líderes disse ter chegado à conclusão de que esse é um elemento imprescindível para poder criar uma cultura de inovação.

"Esta é uma forma de arte, mas você tem de entender que quanto mais diferentes as pessoas são e quanto mais inquietante elas o deixam, maior a probabilidade de que vocês venham a criar algo novo juntos", disse Charlotte Beers, ex-diretora do conselho e CEO da Ogilvy & Mather Worldwide. "Manter uma certa quantidade de inquietação é ferramenta muito importante no gerenciamento. Na era digital, as pessoas valorizam demais o lógico, dados, fatos. Mas toda a emoção e a inovação estão no ilógico, e na interpretação desses dados por alguém que ainda está quebrando as regras. Como administrador você tem de ser capaz de lidar com o caos. Caso contrário, você nunca chegará perto do processo de criação. Preocupa-me que cada vez mais hoje nos inclinemos para o que pode ser provado, quando toda a emoção está no que é difícil de provar."

Michael Lebowitz, da Big Spaceship, disse que separa uma verba para estimular um pouco de anarquia.

"Acho que é muito bom ter um pouco de caos, desde que as pessoas possam se concentrar no que têm de fazer", disse ele. "De certo modo, eu simplesmente procuro deixar que as coisas aconteçam, sem saber muito bem qual vai ser o resultado. Damos a cada setor uma verba mensal, um tipo de verba que se não for usada é devolvida. Você poderá gastar com o que quiser, desde que o gasto esteja relacionado com coisas de seu interesse. Os *designers* compram material de arte para fazer objetos de papel, que depois são filmados e montados no computador. Os estrategistas compram livros e vão a conferências e coisas assim.

"Não se trata de criar uma utopia. Quero dizer, somos uma empresa com fins lucrativos. Mas eu quero um pouco de caos como parte natural da empresa. Embora isso dificulte um pouco as coisas, isso não nos torna necessariamente menos eficazes. Penso que se trata de uma suposição procedente do período industrial, quando a eficiência era a definição da coisa. Mas não é a definição para o que fazemos. E o que encontramos é que é mais eficiente para nós fazer as coisas que parecem menos eficientes em outro setor."

Para os líderes, pode levar algum tempo para um crescimento confortável com uma certa quantidade de caos – uma lição que Marjorie Kaplan, das redes de TV a cabo Animal Planet e Science diz ter aprendido ao longo do tempo.

"Penso que as organizações têm a tendência de se autocensurar, sempre seguindo em frente e tomando decisões sem tolerar a confusão, que considero ser necessária para que haja criatividade. A organização não precisa viver numa eterna confusão; mas também não tem de andar na linha o tempo todo. Creio, portanto, que a verdadeira criatividade nasce da capacidade de tolerar a confusão e de ser capaz de, no momento certo, tomar uma decisão e seguir em frente sem voltar atrás", disse ela.

"Acho que minha capacidade de tolerar a confusão aumentou. Isso traz desafios administrativos, porque nem todos são capazes de tolerá-la. E organizações não podem ser confusas. Em outros setores, passei a confiar mais, diferentemente de antes, em minha antiga equipe. Algumas pessoas lidam muito bem com ordem e organização, e eu confio que elas vão assumir essa função e me apoiar nisso. E eu estou aberta a esse respeito.

"Compreender a dose certa de caos vem com a experiência. Quer dizer, outras pessoas podem lhe dizer se eu me saio suficientemente bem ou não. Penso, porém, que a criatividade é assustadora e confusa. Você não vai conseguir ter uma ideia revolucionária se continuar tentando fazer o que sempre fez, só que um pouquinho melhor. E por isso você deve encontrar uma maneira de tentar ideias que não pareçam fazer sentido, para que as pessoas saiam fora de órbita por um tempo, pois é o jeito de pensar delas. Depois, decidir qual é a hora de trazê-las de volta à realidade."

Olhe para frente e para trás

Dois CEOs deram opiniões ponderadas e inteligentes sobre disciplina: a disciplina para se concentrar no trabalho que foi iniciado e a disciplina para sempre olhar em frente para que as empresas não se acomodem.

Geoffrey Canada, da Harlem Children's Zone, afirmou que a inovação tem prazo de validade.

"A inovação dura cerca de dezoito meses", disse ele. "Vamos dizer, então, que você pôs em prática um grande programa de inovação. Escolheu as pessoas certas e organizou tudo; então, se durante dezoito meses você não dá as caras nem faz nada, a eficácia do programa cai pela metade. Começa, simplesmente, a decair.

"Além disso, penso que um dos desafios em nosso negócio, na administração como um todo, é que ninguém gosta de ficar voltando e fazendo a mesma coisa várias vezes. Todo mundo quer ter uma ideia absolutamente nova e tocá-la para a frente, em vez de dar atenção a outras coisas fundamentais para o nosso negócio. Se você não volta e verifica as coisas regularmente, elas começam a decair, e você acaba tendo de reinventar constantemente algo que já fez. Um dos verdadeiros desafios é reunir uma equipe que compreenda realmente o quanto é fundamental manter a excelência."

Carl Bass, da Autodesk, disse o que pensava sobre a maneira de promover constantemente a inovação:

"Tem algo que me fascina hoje em dia: a ideia de manter o espírito empreendedor, inovador e de vanguarda das empresas.

Estou muito preocupado com a forma como as empresas se avaliam. A analogia é com o fato de que é possível enxergar a luz de uma estrela que desapareceu há muito tempo – ela está a cem anos-luz de distância e morreu há três anos.

"Acontece a mesma coisa nas empresas. Nós nos avaliamos levando em conta faturamento, lucros e instrumentos financeiros de avaliação que continuam aparecendo muito depois de o brilho ter desaparecido. Existe um curioso mecanismo de *feedback* por meio do qual obtemos agora os resultados de algo que aconteceu há um certo tempo. É possível que aquilo que é responsável pelo faturamento tenha sido uma grande ideia que surgiu num dormitório. Embora tenha acontecido muita coisa desde então, você sabe se teve outra ideia brilhante?

"Então, por ter ficado um pouquinho mais velho e ter passado a refletir mais sobre o modo de administrar uma grande organização, dedico grande parte do meu tempo hoje em dia tentando identificar se existem coisas concretas sendo feitas. Tenho passado muito mais tempo tentando quantificar ou descobrir se estamos agindo corretamente ou se estamos simplesmente comemorando o resultado de coisas que aconteceram há um certo tempo. Penso que é muito cômodo para o dirigente confundir os resultados de hoje com as ações que aconteceram há um certo tempo, porque então ele simplesmente começa a relaxar."

Conte até vinte e quatro

Um último comentário a respeito de inovação: qualquer líder que deseje estimulá-la deveria ter em mente a "regra dos vinte e quatro", explicada aqui por Tony Tjan, CEO da empresa de capital de risco Cue Ball.

"Um dos meus mentores foi Jay Chiat, um dos fundadores da agência de publicidade Chiat/Day", disse Tjan. "Ele tinha uma capacidade incrível de ser otimista, especialmente quando estava aconselhando alguém; tinha a capacidade impressionante de considerar todos os motivos que poderiam contribuir para o êxito de uma ideia antes de criticá-la e de considerar os possíveis motivos de seu fracasso. Quando assumimos o papel de mentor, precisamos perceber que as pessoas muitas vezes estão compartilhando seus sonhos. Contudo, o espírito crítico faz parte da natureza humana; somos céticos. À medida que envelhecemos e ficamos mais experientes, nos tornamos mais sábios; no entanto, também é preciso tomar cuidado para não impor automaticamente nossos valores e modelos.

"Transformei isso numa regra que procuro fazer com que as pessoas sigam, mas ainda estou trabalhando nisso. Quando alguém lhe apresentar uma ideia, tente esperar apenas vinte e quatro segundos antes de criticá-la. Se for capaz de fazer isso, espere vinte e quatro minutos. Em seguida, caso tenha se tornado um mestre Zen do otimismo, espere um dia; e passe esse tempo refletindo nos motivos pelos quais a ideia poderia realmente dar certo. No setor de capital de risco, nos encontramos no cruzamento entre o capital humano e suas grandes ideias, seus sonhos. Minha citação favorita é de Eleanor Roosevelt: 'O futuro pertence àqueles que acreditam na beleza de seus sonhos.'"

15.

QUE TAL UM POUCO DE DIVERSÃO?

Para mim, o melhor fortificante é o humor.

— Andy Lansing, CEO da Levy Restaurants

Poucas pessoas expuseram tão bem o lado sombrio da cultura corporativa como Ricky Gervais e Steve Carell, que interpretaram o papel do gerente de escritório nas versões inglesa e americana da série cômica de TV *The Office*. Momentos constrangedores eram mostrados semana após semana no programa. "Juro que se um dia eu estiver andando pela sala como gerente", disse o personagem de Carell, Michael Scott, num episódio, "todos vão rir ao me ver chegar e me aplaudir quando eu for embora."

Numa entrevista concedida em 2009, Carell disse o seguinte de Scott: "Penso que é uma pessoa que não tem consciência clara de si mesma. E eu sempre disse que, se ele tivesse a mínima ideia de quem é, sua cabeça explodiria. Como disse Ricky a respeito do seu personagem, e acho que isso se aplica também a Michael Scott: 'Se você não conhece um Michael Scott, é um Michael Scott.'"

Mesmo que seja inconsciente, esse medo – de alguém resmungar com um colega porque tem a sensação de estar participando de um episódio de *The Office* – provavelmente faz com que muitos dirigentes resistam em tentar fazer algo engraçado no ambiente de trabalho, preocupados que o possível fracasso de sua iniciativa os deixe como um humorista de *stand-up* no palco diante do silêncio absoluto da plateia. O procedimento mais seguro para os dirigentes é simplesmente manter todo mundo concentrado no trabalho.

É uma pena, porque nada como uma piada engraçada e original e umas boas risadas para aproximar as pessoas e fortalecer a união da equipe. Como disse o humorista musical Victor Borge, "a risada é a distância mais curta entre duas pessoas".

Quais são então os segredos para se divertir no trabalho?

De certa forma, tentar responder à pergunta é como tentar explicar uma piada: você pode tentar analisar por que algo é engraçado, mas, no final das contas, o humor está no *timing* e no jeito de contar a piada. Algumas empresas têm o dia do pijama ou as sextas-feiras dançantes (pausas breves em que todos dançam no corredor). Além disso, tendo em vista o número de CEOs que me relataram o quanto seus funcionários se envolvem com as fantasias e a decoração do escritório, o Halloween parece ser o dia mais sagrado das empresas americanas.

Por que esse tipo de evento funciona em algumas empresas? É difícil dizer, mas uma estratégia óbvia para evitar o "problema Michael Scott" é simplesmente deixar que os funcionários apresentem suas próprias propostas para elevar o moral. Pode ser que eles precisem, digamos, de tempo e verba para decorar o escritório com motivos do Halloween. A tarefa do dirigente é atender às solicitações, não fazer o papel de conselheiro de acampamento.

Permita que o chefe seja motivo de piada

Uma tradição na First Book é o dia do dinossauro, quando a equipe veste camisetas ilustradas com dinossauros. O objetivo, explica a CEO Kyle Zimmer, é zombar dela.

"Isso começou porque, quando eu explico o que é a First Book, dou o seguinte exemplo: 'Se você for uma professora – se você for a sra. McGillicuddy – e quiser dar uma aula sobre dinossauros aos alunos da terceira série, e disser que março é o mês do dinossauro...' Não me dei conta, é claro, que tinha dito a mesma coisa milhares de vezes. Por isso é que existe hoje um evento anual chamado dia do dinossauro: para recordar o fato de que, basicamente, meu discurso não é muito criativo. Fazemos um grande almoço no qual sou humilhada por todos. É muito divertido. E sempre aparece alguém vestido de sra. McGillicuddy."

Naturalmente, o CEO tem de ser capaz de rir de si próprio, e os funcionários têm de perceber, instintivamente, que o chefe vai gostar da paródia. Chris Barbin, da Appirio, explicou no capítulo 3 que um dos três principais valores da empresa era se divertir. Um funcionário esperto, tomando isso ao pé da letra, pregou uma peça em Barbin e no outro fundador da empresa, Narinder Singh.

"Alguém teve a excelente ideia de fazer uma brincadeira com Narinder", lembra Barbin. "Ela sugeriu que providenciássemos bonequinhos com a cara dele e distribuíssemos a todos os funcionários. Então eu paguei, com meu próprio dinheiro, para que fossem feitas quatrocentas unidades, e não ficou barato. Achei que aquela foi a melhor ideia de todos os tempos. O engraçado da história é que, como ela combinou a mesma coisa com Narinder, todos agora têm bonequinhos dos dois."

Mesmo quando está fora, Phil Libin, da Evernote, consegue se deslocar pelo escritório e conversar com as pessoas, usando um robô que circula pela sala em cima de uma espécie de veículo motorizado de duas rodas, dotado de uma tela por meio da qual as pessoas se comunicam.

"Quando não estou no escritório, posso me conectar por meio de um *browser* e conduzir o robô em todas as direções", explicou ele. "Ele equilibra-se em duas rodas e tem dois metros de altura. Posso ver e ouvir através de seus olhos e ouvidos; além disso, ele tem uma tela, para que as pessoas possam me ver, o que me permite conversar informalmente com alguém através do robô. Como ele tem uma caneta *laser*, é possível emitir sinais de *laser*, uma invenção realmente fantástica. Não se deve construir um robô que não tenha *laser*. É uma coisa muito nerde, mas, sabe como é, nós somos nerdes. Está no DNA. O humor está no DNA."

Seth Besmertnik, da Conductor, também é motivo de piada durante as reuniões gerais semanais.

"Toda sexta-feira reunimos os funcionários da empresa para repassar o que aconteceu durante a semana", disse ele. "As reuniões duram de dez a quarenta minutos, dependendo do que aconteceu durante aquela semana. Também analisamos todas as novas contratações; nessa ocasião, deixo os novos funcionários envergonhados ao lhes pedir para discursar na frente de todos. Pedimos que falem de temas aleatórios, como o motivo que os levou a entrar na empresa; além disso, eu às vezes peço que contem algo engraçado, por exemplo, que falem de um parente do qual sentem vergonha ou algo assim. Também temos uma grande roda da fortuna, que é girada pelo "Líder da Semana". Os nomes são escolhidos de maneira aleatória por um programa de computador. É um motivo de orgulho ser escolhido, mas o objetivo é fazer com que todos se conheçam melhor. Eles giram a grande roda ao lado da minha mesa e têm de fazer o que está indicado na casa em que a roda para.

"Por exemplo, se for um programa de calouros, eles têm de apresentar um pequeno programa de calouros diante de todos os funcionários, naquele exato momento. Esse tipo de iniciativa deixa o diálogo mais descontraído. À medida que a empresa cresce, isso ajuda todos os funcionários a se conhecerem um pouquinho melhor. Caso contrário, é bem possível que você nunca dirija a palavra aos colegas que trabalham do outro lado da sala. A roda também tem a casa da coroa; quando a roda para nessa casa, a pessoa tem de usar uma coroa no escritório durante o dia todo. Tem o Dia de Folga de Ferris Bueller [inspirado no personagem de *Curtindo a vida adoidado* vivido por Matthew Broderick], no qual a pessoa é dispensada mais cedo. Tem uma casa que mostra minha cabeça com as veias saltadas, e então eu tenho de fazer essa falsa cara de bravo diante de todos."

Estimule a competição

Laura Ching, da TinyPrints.com, disse que sua empresa prefere contratar gente que seja particularmente competitiva. E o jeito brincalhão delas reflete essa cultura.

"Embora estejamos interessados nas habilidades do candidato, prefiro muito mais contratar alguém que não suporte perder", disse ela. "Portanto, faço um monte de perguntas, tentando descobrir sua natureza competitiva. Já praticaram esportes competitivos? Tocam algum instrumento? E os grupos de discussão na escola? Que importância eles tinham? Nossa empresa é muito competitiva. Em outubro, fazemos o concurso Iron Chef de abóbora, quando todos têm de fazer algo no escritório usando a abóbora como ingrediente. As pessoas piram. Elas trazem um maçarico para fazer *crème brulée*. Ou organizam concursos de escultura em abóbora. Acho que isso também diz algo sobre as pessoas que se empenham ao máximo nessas tarefas. Nós gostamos de nos divertir. Quer dizer, nossa postura é a seguinte: se vamos trabalhar muitas horas, temos certeza de que nossos funcionários estarão ansiosos para começar o trabalho."

Andy Lansing, CEO da Levy Restaurants, fez da competição um dos elementos das visitas regulares que faz às filiais de todo o país.

"Como não sou o tipo de pessoa que gosta de dar conselhos, nem gosto de fazer relatórios muito formais sobre a empresa, organizamos uma coisa muito divertida chamada 'Na Estrada com Andy'. Levo minha Flipcam sempre que vou visitar uma das filiais. Lá chegando, gravo um vídeo, seja de um funcionário excepcional que queremos destacar ou de um prato incrível feito por uma determinada filial que eu quero que o resto da empresa conheça. É irreverente e divertido, e nós postamos o vídeo para que toda a empresa veja", disse ele.

"Acabou de chegar ao fim uma atração realmente maravilhosa na qual a empresa toda participou de um concurso. Nós o chamamos de Loucuras de Março. Todo mundo vivia dizendo: 'Andy, queremos que você venha visitar nossa filial, temos algo para lhe mostrar.' Então, todas as cento e uma filiais inscreveram vídeos de um minuto no qual apresentavam os motivos pelos quais eu deveria visitá-las e o que elas queriam nos mostrar. E a empresa toda utilizou cartazes, como Loucuras de Março, para votar *online* nos dois vídeos de sua preferência. Uma filial conseguiu que alguns atletas profissionais gravassem a seguinte mensagem: 'Vamos, Andy, você precisa passar por aqui e ver isto.' Outras puseram mascotes fazendo alguma coisa. Para mim, é esse tipo de coisa divertida e humana que ajuda a definir a cultura.

"Eu não gosto da ideia de ser um CEO corporativo que se comunica formalmente. Não gosto das assembleias em que é preciso fazer fila para usar o microfone. Não sou esse tipo de pessoa. Por isso, quanto mais informal for o ambiente e quanto mais houver humor, melhor. Não é preciso ser comediante, mas, para mim, o humor é o melhor tônico do mundo. A gente faz das tripas coração em matéria de hospitalidade, mas se, além disso, pudermos rir e passar bons momentos no trabalho, aí é perfeito."

Cathy Choi, da Bulbrite, disse que os funcionários não precisavam ir muito longe para encontrar uma prática de trabalho em equipe durante o período de festas.

"Todo Natal fazemos um concurso de iluminação. Depois de se dividirem em duplas, as pessoas têm meia hora para fazer a decoração; em seguida, nós penduramos cada decoração na árvore e distribuímos prêmios como 'Bom para ser reciclado', que, basicamente, quer dizer o mais feio de todos. Virou algo muito competitivo."

Na Angie's List, a empresa usa o estacionamento para fazer um concurso anual.

"Na sexta-feira anterior ao fim de semana do Memorial Day, promovemos uma corrida de carros feitos de caixa de sabão, dividindo a empresa em equipes compostas por funcionários de todos os departamentos", disse Angie Hicks. "Portanto, acabamos conhecendo gente com quem normalmente não trabalhamos. Então, naquela manhã você acaba construindo um carro de corrida feito de caixa de sabão com os setenta dólares que cada equipe recebeu para comprar a matéria-prima. A corrida acontece à tarde no estacionamento, que tem um leve declive. Alguns dos nossos vendedores chegam até a pegar avião para participar."

Richard Fain, CEO da Royal Caribbean Cruises, disse que criar grupos de discussão foi tão divertido quanto produtivo:

"Estávamos discutindo um pouco sobre prioridades, se precisávamos melhorar os sistemas de computador ou melhorar as políticas empresariais. Teve um ano em que fizemos algo extremamente divertido: montamos duas equipes com seis pessoas cada, vindas de diversos departamentos e de todas as nossas companhias de cruzeiro marítimo, para conduzir um debate. Dissemos que cada equipe deveria defender uma posição. Eles então ficaram cerca de dois meses se preparando para o debate.

"Cinco de nós eram juízes, e havia quarenta pessoas assistindo ao debate. Foi emocionante, simplesmente emocionante. Quer dizer, quanto entusiasmo! E, a propósito, apesar de uma das participantes ser diretora de vendas da Royal Caribbean, ela apresentou argumentos contrários à posição que normalmente teria. O desempenho deles foi brilhante.

"Há muito tempo que não tínhamos uma iniciativa tão boa. Antes de mais nada, eu já tinha ouvido inúmeras vezes os motivos para tomar esta ou aquela decisão. E eis que ambas aparecem competindo entre si, fazendo com que, de repente, fosse possível enxergar elementos que ninguém havia levantado, revelando, assim, os pontos fracos de ambos os lados. Aquilo transformou o debate. Eles expuseram coisas que eu nem de longe imaginava que fossem relevantes ou que estivessem acontecendo. Acabamos decidindo que, em vez de fazer dois projetos, nos concentraríamos em um. E, não fosse pelo debate, certamente teríamos feito dois projetos medíocres em vez de um projeto transformador.

"Aprendi que as pessoas gostam de ser desafiadas. Se o desafio for razoável, ou mesmo um pouco exagerado, elas gostam e respondem à altura. Não há dúvida nenhuma: as pessoas gostam de ser desafiadas e gostam de exibir suas habilidades e seus talentos."

Transforme a improvisação em uma arte

Andrew Cosslett, ex-CEO do International Hotels Group, compartilhou uma história memorável que demonstra como é importante a capacidade de improvisar e, de quebra, se divertir um pouco.

"Assim que cheguei, criamos o grupo dos duzentos funcionários mais graduados da empresa", disse ele. "Eu disse: 'Olhem, não vamos fazer o que tem de ser feito na velocidade adequada se usarmos a cadeia de comando tradicional.' Consigo conhecer duzentas pessoas com bastante rapidez porque me interesso por elas, além de ter uma excelente memória; portanto, não vou esquecer quem são nem o que fazem. Fundamos um grupo chamado Cavaleiros da Távola Redonda. Reunimos todos os elementos simbólicos em torno dele, além de instituirmos uma comenda anual, a comenda dos cavaleiros, que premia a colaboração – não o que a pessoa conquista, mas a ajuda que ela dá às conquistas dos outros. Estabelecemos, então, um código de honra, de comportamentos e de valores que esperamos do grupo.

Eu disse a Cosslett que "Cavaleiros da Távola Redonda" parecia brega.

"Pode parecer brega, mas funciona", disse ele. "A propósito, sou muito sensível ao brega. Embora o grupo passe essa impressão, o modo como ele foi fundado fez com que seus membros o aceitassem e o apoiassem. Eu sugiro algumas ideias, mas eles precisam adotá-las; se você os obriga a aceitar, não funciona.

"Quando reuni aquelas duzentas pessoas, estava em busca de um estratagema ou algo assim. Acontece que a sala de reunião do hotel em que estávamos hospedados se chamava Sala da Corte do Rei Artur; além disso, ela estava cheia de cavaleiros, armaduras, brasões antigos e portas de carvalho. E calhou de ter sido ali o local escolhido para a conferência. Eu entrei e disse: 'Nossa!', porque era um local sombrio. Daí eu pensei: 'Por que não tirar partido disso? Cavaleiros. Cavaleiros. Ah, Cavaleiros da Távola Redonda: taí, podia ser esse o nome do grupo.' Eu meio que inventei o nome na hora. É claro que ficou a impressão de que tudo aquilo fora planejado com antecedência, que é o acaso feliz com o qual às vezes o líder se depara. A maneira de improvisar é muito importante.

"Por ser a primeira vez que se reuniam como grupo, eles gostaram da identidade. Comecei a chamá-los de Sir Leslie, Sir Harold e Sir Adam. Achamos divertido, e a coisa começou a pegar. Além disso, emitimos alguns certificados, que foram motivo de orgulho para todos. Para mim, o fato de chamá-los de cavaleiros é irrelevante."

O principal *insight* que Cosslett deixa para os dirigentes a respeito das brincadeiras no local de trabalho é este: "Se você for capaz de rir de si mesmo, então estará protegido aconteça o que acontecer. É só manter o equilíbrio adequado. O equilíbrio entre o brega e o criativo."

16.

SOZINHO NO TOPO

Como líder, nunca esperei que as pessoas gostassem de mim, mas é importante contar com o respeito e a confiança delas.

– Sir Terry Leahy, ex-CEO da Tesco

Steve Case lembrou-se de uma lição sobre o papel do líder que ele aprendeu, quando tinha vinte e poucos anos, com Jim Kimsey, seu sócio e cofundador da AOL:

"No início da carreira, eu achava que as aparências eram importantes, que era importante aparentar que você estava trabalhando bastante. Lembro de Jim ter dito certa vez – e, em parte, penso que isso está relacionado com um treinamento militar que ele teve – que o truque é procurar definir as prioridades e montar uma equipe, de tal maneira que você possa acordar de manhã e não ter nada para fazer. Embora isso seja impossível de alcançar, é válido o objetivo de ter as prioridades certas e a equipe certa à disposição, para que ela possa atuar tendo essas prioridades como referência. É quase o oposto da minha abordagem anterior. Seu objetivo não deve ser passar a impressão de que está atarefado, e sim criar um processo que permita que coisas importantes aconteçam de uma forma que lhe permita se envolver menos. Tratava-se, portanto, de uma espécie de processo de perda de controle, o que é difícil para os empresários. Em algum momento, porém, você tem de abrir mão do controle, afastar-se e refletir. Trata-se, basicamente, de confiar nos seus funcionários, mas também de confiar em si mesmo, confiar que você definiu o contexto certo em termos de visão, prioridades e equipe."

É certamente uma ideia sedutora. E se você fosse um líder capaz de criar uma estratégia confiável e montar uma equipe brilhante para executar o projeto? E se fosse capaz de implantar uma cultura cujas questões fundamentais fossem abordadas logo de início – com um projeto simples, valores claros, uma cultura baseada no respeito, na responsabilidade e na sinceridade (mas não na "sinceridade" via *e-mail*)? E se pusesse em prática algumas das ideias apresentadas aqui sobre como formar administradores mais capazes, comunicar-se de forma permanente, trazer os problemas à tona, promover a formação continuada, dirigir reuniões mais produtivas, desfazer panelinhas, inovar de maneira eficaz e se divertir de vez em quando?

Se todos esses objetivos fossem alcançados, qual seria então a tarefa do líder?

Fazer escolhas difíceis

Os líderes precisam considerar seu corpo de assistentes como uma equipe – e quem não desempenha bem suas funções tem de ir embora. Embora possa ser difícil tomar a decisão de mandar alguém embora, o desempenho é importante.

Caryl Stern, do Fundo Americano para o Unicef, emitiu uma diretriz rigorosa para seus administradores assim que tomou posse.

"Como nova CEO, passei meus primeiros seis meses tomando café da manhã com cada um dos membros da minha equipe de assessores", disse ela. "Então eu chamei cada chefe e cada funcionário graduado e disse: 'Quero uma lista com os nomes das pessoas mais brilhantes e capazes que trabalham para vocês. Quem são elas?' Não lhes disse qual deveria ser o tamanho da lista. Após ter recebido as listas, eu disse: 'Muito bem, vou lhes dar um ano. Findo esse período, ou todos os seus subordinados passam a integrar a lista, ou vocês vão me dizer como pretendem fazer isso, ou, então, vão se livrar deles. Se queremos atrair os mais brilhantes e os melhores, então temos de ficar apenas com os mais brilhantes e os melhores.'

"A mudança foi imediata. Algumas pessoas eram realmente competentes, mas era muito difícil trabalhar com elas; foram todas dispensadas. Eu consigo ensinar técnicas para as pessoas; normas de convivência, não."

Julie Greenwald, do Atlantic Records Group, usa um método semelhante com seus principais assessores, para certificar-se de que a empresa não está se acomodando.

"A cada quatro ou seis meses eu pergunto aos meus diretores: 'Seus subordinados são os melhores do mercado? Temos funcionários suficientemente competentes para assumir seu lugar? Se não, vamos nos livrar deles. Tudo bem, porque tem muita gente boa lá fora. Vamos nos certificar de que podemos ter sempre os melhores'", disse ela.

"Portanto, vivo questionando e pressionando meus assessores para me certificar de que eles sentem que contrataram as pessoas certas. Caso tenham cometido um engano, tudo bem, sem problema. Aquilo não reflete quem eles são. Vamos aprender a lição e contratar a pessoa mais adequada para a vaga. No entanto, procuro deixar claro a cada um deles que a situação diz respeito a todos nós e que, se alguém tem um funcionário inadequado, não é justo com o grupo que aquele elo frágil continue existindo. Não paro de questionar e de pressionar, porque não gosto de acomodação."

Geoffrey Canada, da Harlem Children's Zone, disse ter aprendido a difícil lição de que existem limites àquilo que os dirigentes podem fazer para estimular as pessoas a assumir suas responsabilidades.

"Numa escola de Massachusetts em que eu trabalhei", disse ele, "começamos administrando por meio do consenso. Embora pareça fantástico, era uma forma extremamente difícil de administrar, porque era praticamente impossível convencer todo mundo a fazer uma coisa específica, principalmente quando era algo desagradável.

"Havia cerca de vinte e cinco professores e instrutores, além de outras pessoas. Em pouco tempo eu passei de alguém maravilhoso – 'Geoff é tão legal, um ótimo sujeito' – para o oposto: 'Não suporto aquele cara. Ele se considera responsável por tudo, e quer fazer as coisas do seu jeito.' Aquilo serviu realmente para me abrir os olhos, porque eu estava tentando modificar algo com que todo mundo estava satisfeito. Acho que não estávamos nos saindo muito bem com as crianças, e pensei que podíamos melhorar nosso desempenho.

"Percebi pela primeira vez que gostarem de você e você ser um administrador competente são fatos que às vezes não têm nenhuma relação entre si. E eu gosto muito que as pessoas gostem de mim. Sempre fui o tipo de pessoa que gosta de trabalhar em equipe. Descobri então que aquilo funcionava muito bem na teoria, mas que não fazia o menor sentido quando eu tentava realizar coisas difíceis. Ficou difícil administrar nessas condições, porque acho que uma coisa é administrar quando as pessoas torcem por você; é diferente quando isso não acontece e as pessoas querem que seu projeto fracasse para provar que estavam certas e você estava errado.

"Convencer as pessoas a tentar fazer as coisas do seu modo funciona se você neutralizar – e às vezes extirpar – aquelas que são realmente contrárias à mudança. Aquele tipo de pessoa que, se você disser que lá fora está chovendo, elas vão discordar com unhas e dentes. Você as leva lá fora na chuva, e elas dizem: 'Mas cinco segundos atrás não estava chovendo.' Passei um ano tentando convencê-las a mudar e a me dar uma chance. Percebi, então, que tinha sido um ano perdido. Teria sido muito melhor se eu tivesse simplesmente dito: Muito bem, agradeço, nossos pontos de vista são diferentes. Vá procurar outra coisa para fazer na vida. Deixe-me trabalhar com este grupo de pessoas e seguir em frente. E aí você consegue refazer tudo relativamente rápido.

"Hoje eu deixo muito claro para as pessoas que respeitarei a opinião delas e darei atenção a todas as questões que forem apresentadas; porém, uma vez tomada a decisão, e mesmo que a pessoa não esteja de acordo, o papel dela é agir corretamente comigo. É assim que são as coisas. Então, no fim, se ficar comprovado que nos empenhamos ao máximo e que eu estou errado, direi simplesmente: 'Muito bem, então vamos mudar.'"

Amy Astley, da *Teen Vogue*, contou como se acostumou a impor regras e a transmitir notícias desagradáveis.

"No meu primeiro trabalho na *Vogue*, e agora na *Teen Vogue*, eu gerencio gente criativa", comentou. "É muito diferente de lidar com gente que faz um trabalho quantitativo. É tudo qualitativo, e tudo o que você faz é julgar o trabalho das pessoas. E o processo fica muito emocional, particularmente quando você está julgando um escritor. Lembro-me de tirar uma tarefa de um jovem da minha equipe e passá-la para um escritor mais experiente na Vogue. Eu estava procurando fazer com que os produtos sob minha responsabilidade fossem tão especiais quanto possível. Eu deixei um monte de sentimentos machucados, em meu rastro. E eu realmente aprendi com isso.

"Dito isto, também apliquei um pouquinho de disciplina amorosa ao lhes dizer: 'Precisamos que nosso produto seja o melhor possível, mas você precisa trabalhar em sintonia comigo. Você faz parte da equipe. Aqui estão cinco grandes coisas que você realizou. Lamento termos de transferir esta aqui para outra pessoa. Acho que seria instrutivo para você se observasse o que ela vai fazer com isso.' Uma hora ela vai ter de perceber que a contribuição do outro é mais importante. É um pouco desagradável. Mas, se você trabalha nesse tipo de ambiente, tem de aceitar isso.

"Acho que quando a gente envelhece – e eu agora estou mais velha – a coisa fica muito mais fácil. As pessoas aceitam muito mais esse tipo de situação. Mas, para um jovem gerente é realmente difícil, eu acho, que as pessoas aceitem sua autoridade. E agora eu procuro ser amável com as pessoas, embora nem por isso peça desculpas, pois considero, de fato, que, se você está administrando uma empresa, precisa tomar as decisões difíceis. Tudo tem de ser o melhor possível. Se alguém consegue lidar com a tarefa melhor do que você, é assim que tem que ser. Quero que o cavalo mais forte puxe a carroça morro acima. É isso. Meu padrão de excelência é alto. Procuro me rodear de pessoas capazes de acreditar que esse é o nosso objetivo e que é ali que precisamos chegar. Não gosto de trabalhar com gente que se sente incomodada com isso."

Defina o ritmo

Um dos maiores desafios que os líderes enfrentam é descobrir o equilíbrio adequado ao criar um senso de urgência e de mudança. Se a mudança for excessiva e rápida demais, muita gente ficará para trás; se for lenta demais, a empresa será ultrapassada pela concorrência. Muitos líderes mencionaram a importância de ser coerente, de eliminar as arestas e de definir o ritmo certo para a mudança.

"O ritmo é muito importante numa organização", disse Harry West, da Continuum. "Ao liderar, você geralmente procura liderar a mudança. Acho que foi [o cientista] Roy Amara que disse esta frase a respeito da tecnologia: 'Tendemos a superestimar a influência da tecnologia no curto prazo e a subestimá-la no longo prazo.' E eu penso que o mesmo se aplica à mudança no interior de uma organização.

"Eu tinha a tendência de superestimar a quantidade de mudança que consigo realizar no curto prazo e, depois, não avaliar plenamente a mudança que consigo realizar no longo prazo. Aprendi então que é fundamental refletir cuidadosamente sobre o ritmo de mudança, só que aprendi do jeito mais difícil. É importante lidar cuidadosamente com isso, porque não se trata apenas do ritmo de mudança que seja conveniente para certos funcionários da empresa; trata-se do ritmo de mudança que seja conveniente para a empresa como um todo. Você pode pressionar, pressionar e parece que nada acontece; então, subitamente, a coisa decola e você meio que sai correndo atrás."

Carl Bass, da Autodesk, resumiu o *insight* de West com uma imagem memorável a respeito das empresas e da velocidade.

"Em uma empresa pequena, a maioria das pessoas está alinhada. Você pode mudar de rumo a seu bel prazer", disse ele. "De outro lado, uma empresa maior exige mais esforço e orientação. A analogia que eu faço com a empresa pequena é que ela é igual a um martelo de bola: você pode movimentá-lo para frente e para trás com muita rapidez. As empresas grandes se parecem mais com uma marreta. É mais demorado movimentá-las, mas quando isso acontece o impacto realmente pode ser muito grande. Portanto, você começa a perceber que grande parte do seu esforço – que pode não parecer muito satisfatório no curto prazo – é realmente indispensável para que você possa brandir a marreta e obter um impacto maior.

"Outra coisa que me ocorreu quando estive à frente de uma organização maior é que, como CEO, você é aquele que dirige o ônibus. E se você é errático ao dirigir, todo mundo vai ficar bastante enjoado. É muito importante ser o mais claro possível e não acordar um dia e dizer que vamos para cá e no dia seguinte dizer que vamos para lá."

Dennis Crowley, da Foursquare, disse que aprendeu a se certificar de que seus funcionários estejam concentrados nos projetos em andamento, mesmo que ele já esteja enxergando várias etapas à frente.

"Aprendi a me controlar mais quando falo sobre certos assuntos", disse ele. "Tenho sempre um caderninho no bolso onde anoto tudo que poderíamos fazer com o Foursquare. Eu costumava compartilhar essas ideias com todo mundo. 'Assim que terminarmos isto, vamos passar para aquilo, depois aquilo...' Eu fico muito entusiasmado quando toco nesses assuntos, mas descobri que para os responsáveis pelos projetos em andamento isso pode atrapalhar. Eles podem pensar: 'Epa, eu deveria estar tocando este projeto, mas o CEO está muito entusiasmado com o outro projeto! Será que devo trocar este projeto pelo outro?' Descobri, então, a hora de morder a língua e de guardar meu entusiasmo só para mim."

Rob Murray, da iProspect, diz a seus funcionários que eles devem contar com mudanças constantes tanto em suas funções como na estrutura da empresa. Desse modo, eles não ficam surpresos quando isso acontece.

"Estamos evoluindo muito rápido e eu sempre acreditei e pressionei muito no sentido de que você tem de aceitar a mudança e estar disposto a evoluir", disse ele. "A cada dezoito meses mais ou menos a empresa passa por mudanças estruturais importantes. Você não sobreviverá nem aspirará ao sucesso se supor que só existe um modo de fazer as coisas e continuar batendo nessa mesma tecla ao longo do tempo. Então, precisamos contar com uma equipe muito flexível e adaptável, e compreender que a mudança vai acontecer e vamos fazer as coisas de certa forma hoje, mas em dezoito meses teremos de mudar isso."

Katherine Hays, CEO da empresa de tecnologia de efeitos visuais GenArts, foi uma das diversas líderes que discutiu a importância de suavizar os períodos de turbulência nos negócios.

"É importante contextualizar as coisas, quer se trate de uma boa ou de uma má notícia", disse ela. "Tanto uma como outra pode provocar uma grande perturbação na equipe. Tenho uma grande capacidade de contextualizar as coisas e de me concentrar no trabalho imediato. Alguns dos conselhos de administração com os quais trabalhei também desempenham muito bem esse papel. Seja qual for a notícia, eles nunca reagem de maneira exagerada.

"Quando era atleta – pratiquei remo durante quatro anos na universidade –, aprendi que é preciso se concentrar no momento, sem se deixar distrair por algo admirável que acabou de realizar, ou pelo fato de que está um pouquinho atrás na corrida. O foco não pode estar no que acabou de acontecer, porque aquilo não pode ser mudado. Isso não quer dizer que não devamos fazer uma pausa para comemorar; é preciso, porém, equilibrar isso com a manutenção do foco nas etapas seguintes. Quando se é uma atleta, você aprende a dizer: 'Perfeito, ganhamos a corrida, mas o que poderíamos ter feito melhor? Porque na semana que vem tem outra corrida.'"

Joel Babbit, da Mother Nature Network, aprendeu ao longo do tempo a lidar com os problemas sem se deixar abalar.

"No começo, eu era uma pessoa muito mais emotiva em todos os sentidos. Tomava decisões de forma mais emocional. Enfrentava os problemas de forma mais emocional. Reagia a realizações importantes de forma mais emocional", disse ele. "Percebi, no entanto, até certo ponto, que o mundo não acaba quando algo dá errado, e que isso acontece muito. E quando as coisas dão certo, aprendi a não comemorar demais, porque é provável que não estejam tão bem como parecem. Portanto, descobri com o passar do tempo que os altos e baixos nunca são tão altos nem tão baixos como você pensa que são. No entanto, não aprendi cem por cento essa lição; de vez em quando ainda dou uma pirada."

Steve Case disse que aprendeu a desempenhar a função de "amortecedor" ao dirigir a AOL no momento em que a empresa crescia rapidamente.

"Eu era muito tranquilo, um administrador frio", disse ele. "Chegaram a me apelidar internamente de 'O Muro', que é um pouco pejorativo, porque não havia tanta ligação ou empatia com as pessoas como eu provavelmente gostaria. O outro lado da moeda, porém, era que estávamos enfrentando inúmeros desafios, mas tínhamos uma excelente estratégia. Estávamos realmente tentando mudar o mundo, e havia altos e baixos acentuados. Num dia você é a empresa mais talentosa que existe e está prestes a conquistar o mundo; no outro, é a empresa mais despreparada do mundo e vai fechar as portas.

"Como essas flutuações acontecem regularmente ao longo de um período de dez a quinze anos, assumi a função de 'amortecedor' da empresa, principalmente no que diz respeito à equipe de diretores. Minha ideia básica era a seguinte: nunca somos tão bons como dizem que somos quando as coisas vão bem; nem tão ruins como dizem quando passamos por um período difícil. Vou procurar compensar essas oscilações extremamente voláteis. Como resultado disso, quando as coisas iam bem eu continha as comemorações – tudo bem comemorar um pouco, mas sem exagero –, assim como também afastava, deliberadamente, as paranoias.

"Com isso, as pessoas foram basicamente tiradas de sua zona de conforto. Quando achavam que era o momento de sair comemorando, eu dizia: 'Bem, isso é formidável, mas o que me dizem deste aspecto e daquele outro? Não passem tanto tempo comemorando. Temos de nos preparar para a próxima batalha, para o próximo desafio.' De modo inverso, nos momentos difíceis, quando as pessoas estavam perdendo a confiança e a esperança, eu dava uma chacoalhada nelas e lembrava por que estávamos ali, por que valia a pena enfrentar aquela batalha, por que ela era importante e por que nossa posição favorecia a vitória.

"Acredito que algumas empresas fazem sucesso da noite para o dia, mas acho que são poucas. A maioria é bem tumultuada; descobri, no entanto, que é importante reconhecer esse fato e pô-lo num contexto um pouco mais equilibrado."

Como criar confiança

Culturas eficazes baseiam-se na confiança – entre colegas e no corpo de diretores da organização. Para trazer o "melhor de si" para o trabalho, os funcionários têm de confiar que todas as regras da organização – explícitas e implícitas – são para valer, e que os dirigentes vão honrar sua palavra.

Os funcionários sabem que os chefes cometem erros e que podem ter de mudar subitamente de direção por causa de uma estratégia que não deu certo. Mas eles têm de sentir que o dirigente é uma pessoa confiável e íntegra, que respeita seus subordinados – e que toda decisão, mesmo quando não é popular, ao menos visa ao interesse maior da organização.

John Riccitiello, ex-CEO da fábrica de *videogames* Electronic Arts, dava uma atenção especial à importância da confiança para uma liderança eficaz.

"Uma das coisas que eu diria a respeito da liderança, é que é preciso ser absolutamente genuíno", disse ele. "Você precisa saber no que acredita realmente e o que valoriza de fato, e isso tem de ser algo inegavelmente consistente. Há muitos anos, estávamos na situação incomum de constatar que nosso negócio tradicional estava passando por dificuldades. Eu percebia claramente a transformação digital se aproximando das redes sociais e dos celulares. Você não sabe exatamente como vai ganhar dinheiro do lado de lá. Porém, se abrir mão da consistência, então ninguém vai ter confiança para seguir em frente.

"Portanto, enquanto a empresa passava por uma transformação radical, havia duas coisas com as quais todos podiam contar: a certeza de que, embora estivéssemos fazendo cortes, nunca sacrificaríamos a qualidade do nosso produto. A outra era: se a pessoa fosse um elemento chave do processo de introdução de um produto importante no mercado, ela não somente teria nosso apoio como eu assumiria a tarefa de afastar os obstáculos para que o produto pudesse encontrar seu lugar no mercado. Eram essas as duas coisas que eram consistentes. O resto tudo mudou. Se você pede que as pessoas o acompanhem quando quase tudo que elas conhecem a respeito do seu trabalho e da sua empresa – como ela ganha dinheiro, como funciona, como Wall Street vai enxergá-la – vai mudar, você precisa escolher algumas coisas e permanecer fiel a elas. Precisávamos de algo básico.

"É por isso que todo mundo sabe o que eu defendo. Ninguém vai te seguir se não souber o que você defende. Essas mesmas coisas têm de ser o motivo pelo qual você está disposto a despedir alguém. Você não pode ser cínico. E o cinismo aparece quando você permite que os executivos ganhem a vida e prosperem na organização, muito embora tudo o que eles representam seja contrário ao rumo que você procura dar à empresa.

"É claro que as apostas estratégicas nem sempre são vitoriosas. Mas eu queria assegurar que, além das coisas que eu estava pedindo que as pessoas fizessem, as pessoas que eu respeitava continuassem a me respeitar, as pessoas de quem eu gostava continuassem a gostar de mim, e que, no final, fosse mais provável que continuássemos amigos do que não. Como queria ser a pessoa que estaria do lado de lá, precisava definir algo a que eu pudesse me apegar. Como quero poder olhar no espelho quando acordo de manhã, creio que grande parte da mudança começou com aquilo – o que me permitiria fazer coisas tão desagradáveis que significariam a perda do emprego de algumas pessoas e a desconfiança de quase todos. Eu precisava de uma base para mim mesmo."

Sir Terry Leahy, ex-CEO da empresa britânica de gêneros alimentícios Tesco, disse que a confiança tornou-se um elemento fundamental da cultura da Tesco, depois que ele liderou um processo de codificação dos valores da empresa.

"Logo antes de me tornar CEO", disse ele, "dividi o conjunto de funcionários da Tesco em pequenos grupos – levou mais de um ano – e fiz apenas duas perguntas: 'O que você acha que a Tesco defende? E o que gostaria que ela defendesse?' Esta última pergunta foi a mais reveladora, por causa do mandamento de ouro que diz que devemos tratar os outros como queremos que os outros nos tratem. Embora estivessem dispostos a se dedicar ao atendimento, eles queriam que houvesse uma cultura que fosse respeitosa e conferisse dignidade às pessoas. É incrível como aquilo era simples e como se relacionava com aqueles dois pilares: do atendimento e das boas maneiras.

"Se eu tivesse de fazer uma síntese, diria que o importante é ser generoso no trabalho, não egoísta. No entanto, é incrível a quantidade de pessoas que – por ambição, insegurança ou outro motivo qualquer – não consegue deixar de ser essencialmente egoísta, gente que tira em vez de dar. Essa é uma transição que algumas pessoas precisam fazer, mas nem todas conseguem. Às vezes são as pessoas mais brilhantes que acham mais difícil fazer a transição, porque elas sempre foram melhores que as pessoas que as rodeavam. Elas têm dificuldade de confiar que as pessoas que as rodeiam sejam capazes de realizar o trabalho. Elas pensam: 'Bem, eu sei o que é melhor.' De modo que, quando você encontra organizações que enfrentam problemas, geralmente é por falta de confiança nas pessoas. Como os dirigentes não conseguem confiar, então os funcionários não confiam uns nos outros. É preciso criar condições em que as pessoas possam trabalhar juntas porque confiam umas nas outras, e isso fortalece muito a organização.

"Isso também tem muito a ver com o processo de autoestima. A burocracia nas organizações tende a reduzir a autoestima; portanto, ao elogiar deliberadamente as pessoas – para que digam: 'Sou alguém importante nesta empresa, as pessoas me respeitam, acham que eu posso contribuir e confiam que eu vá fazê-lo' –, você consegue o que elas têm de melhor. Como líder, nunca esperei que as pessoas gostassem de mim, mas é importante contar com o respeito e a confiança delas. Acho que isso tem a ver principalmente com um comportamento coerente. Se você não trata todo mundo da mesma forma, ou se cada dia se comporta de um jeito diferente, então a coisa fica difícil, porque as pessoas não sabem o que esperar de você – e elas precisam saber. Além disso, você tem de ser uma pessoa vitoriosa; afinal, é difícil manter a confiança em quem não é bem-sucedido. Você tem de se sair bem o suficiente."

É por isso que o topo da empresa é um lugar solitário. Embora dirigentes de muitas organizações possam ouvir as opiniões dos conselhos de direção ou da equipe de executivos sobre decisões estratégicas importantes, em muitas ocasiões eles só podem contar consigo mesmos para fazer avaliações delicadas – certificar-se de que a equipe seja composta apenas pelos melhores funcionários, ditar o ritmo da organização e tomar decisões que inspirem respeito, segurança e confiança. Tais ocasiões podem deixar algumas pessoas aflitas, enquanto outras são atraídas por elas.

"Quando estou numa sala ou no meio de uma multidão, tenho a tendência de me envolver", disse Arkadi Kuhlmann, da ING Direct. "Geralmente eu gosto, independentemente do problema que esteja em discussão. Gosto de estar na linha de frente; e percebi que tem gente que gosta e tem gente que não gosta disso. Minha tendência natural é ficar próximo da linha de frente. Acho que isso é uma característica que você traz no DNA."

Conclusão

A liderança é um desafio constante por muitos motivos, entre os quais este: os líderes devem se sentir à vontade com situações aparentemente paradoxais – a capacidade de encontrar o ponto de equilíbrio entre duas forças e dois impulsos opostos. Esse ato de equilíbrio pode estar presente, por exemplo, nos valores da organização.

"Estamos criando empresas, então precisamos ser realmente responsáveis", disse Jacqueline Novogratz, CEO do Acumen Fund, fundo de capital de risco global que utiliza modelos empresariais para ajudar regiões assoladas pela pobreza. "Temos de ser rigorosos e, ao mesmo tempo, muito generosos, uma vez que trabalhamos em comunidades nas quais as pessoas ganham um ou dois dólares por dia. Falamos sobre o poder da escuta, justapondo-o à liderança, porque às vezes você já ouviu o suficiente e está na hora de tomar uma decisão.

"Nós pensamos nossos valores em pares e há uma tensão ou equilíbrio entre eles. Falamos em ouvir e liderar; responsabilidade e generosidade; humildade e audácia. Você tem de ter a humildade de ver o mundo tal como ele é – e, em nosso mundo, trabalhar com as comunidades pobres não é fácil –, mas tenha a audácia de saber por que você está tentando fazê-lo diferente, para imaginar o caminho que poderia seguir."

Essa é uma estrutura eficaz quando se pensa em fomentar uma cultura de inovação, porque esse desafio também representa um paradoxo. Afinal de contas, os líderes têm de reduzir o caos dentro das empresas, estabelecendo regras confiáveis e tendo um comportamento confiável para que os funcionários possam reagir melhor às mudanças bruscas que ocorrem no mercado, fora das organizações. Com uma abordagem coerente (mas não exageradamente rígida) do "como" – incluindo a maneira como se espera que os funcionários tratem uns aos outros e trabalhem juntos –, os líderes podem concentrar de modo mais eficaz a atenção de suas equipes no trabalho imediato.

"Creio que a maioria das empresas fracassa por falta de foco", disse Ryan Smith, da Qualtrics. "Ou bem elas se ocupam de outros assuntos do mercado que não são importantes – e ficam se debatendo sem ter um objetivo claro –, ou então se ocupam internamente de temas como disputa de poder e burocracia. Isso não quer dizer que essas empresas não sejam inteligentes nem que não tenham um bom desempenho. O que acontece é que existe muito ruído."

Meu objetivo ao escrever este livro foi ajudar os líderes a diminuir o ruído perturbador em suas organizações para poderem se concentrar na criação de uma cultura de alto desempenho. Espero também que o livro os ajude a administrar o tempo de maneira eficaz, pois, considerando as exigências impostas por sua agenda, esse é um dos maiores desafios que eles têm de enfrentar. Na lista de tarefas diárias, é inevitável que surjam questões mais urgentes – apagar incêndios, preparar relatórios, resolver problemas pessoais, escrever dezenas de *e-mails* – do que as que dizem respeito à cultura organizacional. Afinal de contas, o retorno do tempo investido é muito mais evidente com uma tarefa mais palpável. Quando chega a hora de se concentrar na cultura, por onde começar? O que fazer? Onde iniciar? Considerando a pressão que existe para apresentar resultados imediatos, pode ser mais fácil abandonar de vez a cultura.

No entanto, quando os líderes decidirem avaliar se o seu tempo está sendo empregado de maneira inteligente, este livro pode ser usado como guia, o que os deixará seguros de que o tempo gasto com os funcionários sistematizando os valores da organização – um processo potencialmente desagregador que pode resultar na saída, voluntária ou não, de algumas pessoas – criará, no final das contas, uma cultura mais sólida. Quando os líderes se reunirem semanalmente ou mensalmente com todos os funcionários, e se questionarem se vale a pena repetir pela enésima vez os objetivos estratégicos globais da empresa, perceberão as vantagens de uma comunicação regular e consistente. Quando cruzarem o corredor para ter uma conversa pessoal sobre um assunto delicado – em vez disparar um *e-mail* –, saberão que seu tempo foi bem empregado.

Não existe nenhuma relação incontestável entre qualquer uma dessas estratégias e um impacto significativo no resultado final da empresa. Porém, é possível argumentar de maneira convincente – como os CEOs deste livro demonstraram – que, a longo prazo, os líderes podem encontrar na cultura uma arma secreta para construir suas organizações. Se conseguirem extrair o que há de melhor em seus funcionários e criar uma cultura de inovação, eles irão favorecer um melhor desempenho das pessoas e o tipo de criatividade que as empresas precisam para sobreviver e prosperar.

Para que isso aconteça é preciso aceitar, e ter como objetivo, o paradoxo sintetizado nas primeiras palavras deste livro, de autoria de Dominic Orr, da Aruba Networks: "Nosso sonho é ser a maior pequena empresa do nosso setor."

Nós aspiramos ser a maior pequena empresa em nosso universo.

Para Orr, uma cultura altamente eficaz é fundamental para o sucesso. "Só conseguimos avançar tanto e manter os ganhos de participação de mercado porque somos mais focados e rápidos", explicou. "Digo para todo mundo: 'Se vocês acham que temos mais talento do que nossos concorrentes, podem continuar sonhando, porque eles contam com gente extremamente talentosa, também.' A única coisa que podemos fazer é manter o foco e ser mais rápidos.

"E se existe algo que me permite agir mais rapidamente que meus concorrentes muito maiores é que existem menos disputas internas na minha empresa. Não admito politicagem, e estou plenamente convencido de que os conflitos internos vêm à tona porque as pessoas se aferram a seus cargos por uma questão de ego. Como procuro aumentar minha velocidade ao máximo, afasto uma série de conflitos internos dizendo: 'Você não precisa se aferrar ao seu cargo. Basta ser intelectualmente honesto.' Essa é a ferramenta que eu uso para quebrar os blocos de gelos latentes que, em seguida, poderiam se transformar em *icebergs*."

Regras simples como as sugeridas por Orr podem ter um impacto poderoso na cultura corporativa se os funcionários confiarem que elas serão aplicadas de maneira uniforme e coerente em toda a organização. Às vezes bastam dois valores – como os que existem na LivePerson: "Aja como dono" e "Ajude os outros" – para dar o tom da empresa toda. Tais valores podem ter a mesma função que as regras têm em um esporte como o futebol. Quando elas não existem, ou quando são aplicadas de forma parcial por um árbitro ruim, os jogadores começam a levantar a mão e a balançar a cabeça desacorçoados, podendo recorrer a truques baixos para obter vantagem. Pode ser que eles queiram simplesmente participar de uma boa partida de futebol; no entanto, uma cultura que, em vez de ser planejada, evolui por inércia pode trazer à tona o que os jogadores têm de pior. No local de trabalho esse efeito é amplificado, porque existe muita coisa em jogo – ego, identidade, salário e a perspectiva de futuras promoções.

A mudança dessa dinâmica representa uma enorme oportunidade para os líderes. Ao concentrar-se mais na cultura, eles podem melhorar muito o estado de ânimo das pessoas, na medida em que elas tragam o melhor de si para o ambiente de trabalho. Além disso, a maioria das pessoas gosta, sim, de ser liderada, de fazer parte de uma equipe, de acreditar em algo maior que elas próprias e de conquistar esse objetivo.

"Enfatizamos muito que o trabalho em equipe é uma das mais belas experiências humanas", disse Kip Tindell, da The Container Store. "Além de realizar coisas importantes junto com outros, você volta para casa à noite com uma sensação ótima por tudo que conquistou ao longo do dia. É isso que as pessoas querem, e é isso que líderes inteligentes e sofisticados que sabem o que elas querem ajudam a desenvolver. Todos os chefes medíocres que você ou eu tivemos pensam que as pessoas querem exatamente o oposto disso."

A importância de introduzir um senso de trabalho de equipe não pode ser quantificada em planilhas, sintetizada em diagramas nem destacada na primeira página de um balancete ou de um relatório trimestral. No entanto, à medida que nos transformamos cada vez mais numa economia baseada no conhecimento, pode ser extremamente vantajoso descobrir formas de estimular as pessoas a trabalhar em conjunto de forma mais eficaz.

"Especialmente hoje em dia, você contrata as pessoas para pensar", disse Ryan Smith. "Não podemos controlar o modo como elas pensam. Só podemos controlar – ou influenciar – o ambiente que as rodeia."

As empresas que irão prosperar no longo prazo são aquelas que entenderem que a cultura é um elemento fundamental de sua estratégia – para atrair e conservar os melhores talentos, para estimular os funcionários a trazer o melhor de si para o trabalho e para promover um ambiente no qual todos se sintam motivados a inovar. No momento em que a economia mundial apresenta mais desafios para os líderes, aqueles que criarem uma cultura ágil e inovadora é que sairão vencedores.

Agradecimentos

"Corner Office" começou com uma ideia simples: e se eu sentasse com CEOs sem nunca lhes fazer nenhuma das habituais perguntas de negócios a respeito de estratégias e cenários competitivos, e, em vez disso, perguntasse sobre as lições de liderança que eles haviam aprendido, a cultura que procuram promover em suas empresas e como eles contratam?

Essa ideia inicial cresceu muito além do que eu esperava, e sou profundamente grato à equipe que ajudou a torná-la realidade. O *New York Times* oferece uma plataforma influente para as colunas do meu "Corner Office" e para este livro, e inúmeros colegas da redação defenderam a ideia desde o começo. A editora-executiva Jill Abramson, o gerente editorial Dean Baquet e a assistente de gerente editorial Janet Elder me estimularam a conduzir a coluna por caminhos novos e mais amplos. Contei com a orientação de Larry Ingrassia, um assistente de gerente editorial que era editor de economia quando lançamos "Corner Office" em 2009, bem como com a orientação de Dean Murphy, o atual editor de economia; de David Gillen, editor da seção de negócios; e de Vera Titunik, editora de economia do jornal de domingo. Rick Berke tem sido um grande defensor do trabalho que eu faço em "Corner Office", e aprendi muito sobre liderança com ele quando trabalhei na editoria nacional e nas seções de opinião. Agradecimentos especiais a dois editores da seção de economia do jornal de domingo – Phyllis Korkki, que toda semana edita a coluna, e Dan Cooreman, que, com sua habilidade, escolhe títulos que sintetizam a essência de cada coluna.

Este é meu segundo livro com a Times Books, e tive a sorte de trabalhar novamente com a equipe editorial de Paul Golob, um mestre da edição cujas sugestões criteriosas sempre melhoram o original, e Steve Rubin, Maggie Richards, Pat Eisemann e Emi Ikkanda. Alex Ward, diretor editorial do departamento de livros do *New York Times*, apoiou com a firmeza habitual este projeto; além disso, contei também com a opinião abalizada de meu agente Christy Fletcher e de sua equipe da Fletcher & Company.

Meu pai, Clellen Bryant, durante muito tempo editor da revista *Time* e *Reader's Digest*, lê as primeiras versões dos meus livros antes de qualquer um. Ele tem uma percepção fantástica das nuances e gradações, e eu procurei imitar suas habilidades – não apenas com as palavras, mas também ao extrair o melhor dos autores – em meus próprios papéis de editor na *Newsweek* e no *New York Times*. Agradeço a minha mãe, Julie, pelo apoio constante. E a minha madrasta, Jill, pela atenção que dedicou à leitura do livro.

Foi divertido compartilhar o que aprendi com os líderes entrevistados por mim com minhas filhas, Anna e Sophia, que estão na universidade preparando-se para iniciar suas carreiras. É um marco na vida de qualquer um quando percebemos que nossos filhos têm mais talento do que nós para uma série de coisas, e que essa lista certamente vai ficar maior a cada ano. Embora seja uma pessoa naturalmente competitiva, esse é um jogo que me alegra perder.

Escrever um livro às vezes pode ser igual a escalar uma montanha, com uma pequena corda bamba sobre um desfiladeiro só para aumentar o desafio. Embora um projeto como este seja em grande parte uma empreitada solitária, minha esposa Jeanetta esteve sempre ao meu lado, oferecendo-me orientação e o benefício de uma intuição acurada ao longo de todo o projeto. Sem ela eu não poderia ter escrito este livro.

Índice remissivo

A&E Television Networks, 159
abordagem de atendimento ao cliente, 211
abordagem do "manual de instruções", 147-56
abordagem integradora, 32
Abt Associates, 180, 182, 213
Accenture, 177
acessibilidade, 138
acompanhamento, 80
aconselhamento, 265
ACS, 252-4
administração do tempo, 294-5
administração intermediária, 44
adversidade, aceitar a, 58
agência Hill Holliday, 37, 113-4
ajudar os outros, 46, 297
Allaire, Jeremy, 214, 251
Amara, Roy, 282
ameaças e recompensas sociais, 63
American Idol (programa de TV), 53
Amgen, 166
Analysis Group, 169, 211-2
Angie's List, 141, 272
AOL, 276, 285
 fusão com Time Warner, 13
Aossey, Nancy, 118
Appirio, 51, 268
Appssavvy, 57
aprendizagem, 48-9, 176-7
 criação da cultura da, 187-8
 mudar as pessoas de cargo visando à, 177-81
 treinamento contínuo visando à, 181-7
Archambeau, Shellye, 61, 81, 142
áreas de resultados-chave (ARCs), 25
"arraso", 57
Aruba Networks, 1, 108, 296
Astley, Amy, 204, 280
AT&T, 87, 234

Atlantic Records Group, 112, 178, 202, 219, 278
aulas de aperfeiçoamento, 208-10
"aulas de compartilhamento de informação", 184-5
Autodesk, 191, 263, 283
avaliação, 21, 32-3, 264
 metas e, 32
 sistema MORPC e, 27-8
avaliações de desempenho, 26, 67, 139, 210-3
 dar *feedback* entre, 100
 procedimento e valores e, 50-1

Babbit, Joel, 206, 285
Badgeville, 32, 181
Bahl, Romil, 200-1
Barbin, Chris, 51, 268
Barger, David, 20, 176, 187
Bass, Carl, 191, 263, 283
Batali, Mario, 73
Bausch & Lomb, 102, 221, 226, 233
BE BRITE [SEJA BRILHANTE], 49
Beers, Charlotte, 59, 225, 261
"beijar um monte de sapos", 57
Besmertnik, Seth, 97, 99, 100, 106, 133, 190, 269
Big Spaceship, 83, 220, 250, 261
Biscoitos com Ken, 159
Björk, Lars, 42
Blodgett, Lynn, 252-5
Bock, Laszlo, 136-9
Borge, Victor, 267
Box, 248

brainstorming, 18, 194, 242-5, 248
Brennan, Bob, 60, 67, 70, 142
brigas internas, 44
Brightcove, 214, 251
Bryant, Linda Lausell, 95, 103
Bucher, Tim, 81, 109, 122, 203
Buery, Richard R., Jr., 60-1
Bulbrite, 48-9, 141, 272
burocracia, 17, 44

Calvert Investments, 113, 165
Canada, Geoffrey, 98, 167, 196-7, 263, 279
caos, 260-3, 294
Capital One, 69
Care.com, 192, 217
Carell, Steve, 266
Carol's Daughter, 39, 41, 80, 115, 117, 187
Case, Steve, 13, 228, 276, 285
Catino, Annette, 191
Cavaleiros da Távola Redonda, 274-5
Charlotte Russe, 2, 199
Chegg, 165
Chiat, Jay, 265
Children's Aid Society, 60
Ching, Laura, 88, 97, 100, 270-1
Choi, Cathy, 48, 141, 272
Chuard, Alain, 50
cicatriz, 63, 76-7
cinismo, 39
Citrix, 36-7, 55, 65
City National Bank (Los Angeles), 53-4

clientes, 52, 69, 94, 159
　ajudar, 54
　atrair novos, 25
　conservar os atuais, 25
coerência, 29, 77
Cohen, Lyor, 178-9
Colle + McVoy, 240
"Como", sistema MORPC e, 27-8
compensação e salário, 47, 251
　sócios e, 211
competições, 270-4
componente pessoas, 24-5
comportamento, 294
　gritos e, 70-5
　maus tratos por parte dos chefes e, 37-59
　mudança, 11
　normas de procedimento e, 37-59
　respeito e, 67
　superastro e, 40
　tolerância zero 3, 39-40
　valores e, 49
compromisso, 193
comunicação, 25
　barreiras à, 19
　cadeia de comando e, 32
　clareza e, 36
　conversa pessoal e, 118-22
　conversas de adulto e, 97-100
　dirigentes e, 136-7
　e-mail e, 115-23
　estilos de, 152-3
　estímulo à, 208-9
　individual, 132-3
　inovação e, 19

liderança como, 47, 100-4
　necessidade de contínua, 127-35
　reconhecimento dos desafios e, 134
　repetição e, 127, 130
　reuniões que duram o dia inteiro e, 133-4
　simplicidade e, 130
　valores e, 55
conceito de "horário de expediente", 161-2
concurso de abóbora Iron Chef, 271
concurso de iluminação, 272
Conductor, 97, 99, 100, 106, 133-4, 190, 269
confiabilidade, 82
confiança, 52, 65, 77-82
　compensação e, 211
　construir, 287-91
　neurobiologia da, 35
　trabalho de equipe e, 80-2, 91
conflito. *Ver também* raiva; gritos
　e-mail e, 118-23
　reuniões e, 196-7
Connors, Jack, 114
consciência de custos, 43
Conselho Técnico, 234
Container Store, 46, 297-8
Continuum, 152, 282
contratação
　norma "imbecis não" e, 83-4, 86, 90
　pessoas inteligentes e, 77
　valores e, 51-2, 55

contribuição externa
offline, 240-1
online, 234-40
controles, 139-41
conversas de adulto, 97-100
  como conduzi-las, 104-10
  fofoqueiros e, 110-4
  líderes como exemplos para, 100-4
coragem, 51
correr risco, 18
  fracassar rapidamente e, 230-3
  reuniões e, 202
corrida de carros de caixa de sabão, 272
Cosslett, Andrew, 274-5
Credle, Susan, 215, 222
crescimento
  aceleração, 27
  surgimento de novos negócios prejudicado pelo, 18
Crowley, Dennis, 31, 157-8, 170-1, 221, 283
Cue Ball, 264
cultura da "liderança de ideias", 201
cultura de "detonar quem se arrisca", 203
cultura
  avaliação da, 45-6
  chave para a vitória, 296
  como promotora da rapidez e da agilidade, 1
  comportamento inadequado e, 40
  concentração e, 37, 294-8
  conversas de adulto e, 97-114
  eficaz, elementos da, 4
  empenho dos funcionários e, 14-5
  evite as armadilhas da, 4
  importância da, 9-19, 58-9
  inconsciente, perigo da, 12
  inovação e, 3, 9, 18-9
  insegurança, medo e caos e, 37-8
  liderança e, 9
  planejada, 48-9
  regras simples e, 296-7
  respeito e, 60-77
  superastro e, 40
  valores e, 37, 44-5, 52-3, 58-9
  voltada para o trabalho, 23-4
Cunningham, Chris, 57
curiosidade, 51

DeBuono, Barbara, 165-6
Def Jam, 179
definir o ritmo, 282-7
delegação, 139-41
delegação de poder, 76-7, 138
demitir pessoas, 58, 98-9
democracia, 237
dependência, 78-9
desafios, 42, 134, 151, 174-5
desempenho, 78
  treinamento e, 186-7
desenvolvimento de carreira, 138
desenvolvimento pessoal, 30
Dia do Dinossauro, 268
"dias de papo furado", 249
Dias FedEx, 248
discordância, 172

discurso de apresentação, 215-6
discurso de elevador, 185-6
diversão, 266-75
 como valor, 51-2, 85
 competição e disputas e, 270-4
 improvisação e, 274-5
 piada com o chefe e, 268-70
Dolgin, Tracy, 256-8
Domeniconi, Robin, 64
Donahoe, John, 161
Donovan, John, 88-9, 234
Drucker, Peter, 9, 21
Drugstore.com, 192
Duffy, John, 66
Duggan, Kris, 32-3, 181-2
Duke Blue Devils, 55-6

e-mail, 115-23
 "cc" e, 116, 119
 leitura de, ao telefone, 120
 leitura de, em reuniões, 190
 mal-entendidos e, 117-8, 122
 simples e breve, 129-30
 tom e, 118
eBay, 161
Edatanetworks, 228
Edison, Thomas, 228
educação. *Ver* aprendizagem
Electronic Arts, 287
elementos positivos, comece a reunião com, 193-7
Elting, Liz, 140-1
empresa Serena & Lily, 4, 243
empresas de tecnologia, 2-3, 22
"encha a cesta do outro até a boca", 47-8

entrar em contato com "o melhor de si", 14-6, 18, 287
entusiasmo, 51, 145-7
equipe(s), 78-96
 atitude mental e, 79
 bem-estar dos membros, 138
 comunicação dos gerentes com, 137
 confiança e, 80-2
 desempenhar seu papel na, 78-9
 família vs., 95-6
 fazer o que se diz e, 80-2
 grupo dos incluído vs. grupo dos excluídos e, 34-5
 incluir a todos na, 76
 inovação e tamanho da, 243-6
 panelas e, 210-1
 papeis desempenhados pelos membros da, 95-6
 pôr em primeiro lugar, 86-7
 regra "imbecis não" e, 82-8
 visão clara da, 137
Ernst & Young, 23
erros, definição, 162
Estagiários, 199
Estúdio de Animação DreamWorks, 77
Evernote, 3, 122, 183, 220, 269
 Treinamento de Oficial, 183
Ewing, Russell, 136, 144-5
Excelência, 49

"Faça o bem e aja corretamente com os outros", 51
Fahrenheit 212, 29-31, 127, 135, 214

Fain, Richard D., 273-4
Família
  dos funcionários, 215
  equipe vs., 95-6
Farrington, Deborah, 89-90, 139-40
fazer o que se diz, 41, 80
feedback
  contínuo, 106
  dar, 104-10
  desagradável, dar, 97-104
  direto, dar 146
  fofoqueiros e, 110-4
  humor e, 109-10
  "invadir o campo adversário" e, 105-6
  "momentaneamente tolo" e, 108-9
  obter, 157-75
  pessoas que dão seu próprio, 106
  questionamento e, 144
  respeito e, 67
  reuniões e, 195-6
  reuniões frequentes e, 140-1
  treinamento para dar, 104-5
  volume de, 141
Feld Entertainment, 224
Feld, Kenneth, 224
Fields, Pamela, 168
Fierce Conversation (Scott), 106
First Book, 195-6, 268
Flanagan, Kathleen, 180-2, 213
Flemming, Bill, 93, 143, 193
FM Global, 24-5
foco, 294-6

fofoqueiros, 110-4
Foursquare, 31, 157-8, 170, 221, 283
fracasso, não penalizado, 230-4
franqueza, 68, 101, 196. *Ver também* conversas de adulto
  estímulo, 11, 168
  previsões e, 10-1
Frog Design, 131-2, 216-7
Fruechte, Christine, 240
Fuller, Mark, 111, 177-8, 208-9, 241
funcionários
  apostar nos pontos fortes dos, 75-7
  como acionistas, 133-4
  contribuição externa e, 236-40
  delegação de poder, 76-7, 138
  discurso de apresentação e, 215-6
  diversão e, 269-70
  estímulo, 14-8
  famílias dos, 215
  fazer o que se diz e, 80
  feedback dos, 157-75
  formação continuada e, 176-89
  importar-se com, 138, 145-7
  maus tratos dos, 60-3
  mudança de função, 177-81
  objetivos da empresa e, 27-35
  pesquisas com os, 66
  plano prioritário semanal e, 31
  programa de integração e, 32
  programa dos cem dias e, 29-31
  que sabem ouvir, 208-9
  reconhecimento dos, e de seus valores, 52-4

respeito pelos, 66
sistema MORPC e, 27
Fundação Usher's New Look, 168
Fundo Acumen, 293
Fundo Americano para o Unicef, 91, 127, 277
fusão Time Warner-AOL, 13-4

GenArts, 284
Generosidade, 294
gerentes. *Ver também* liderança
    abordagem do "manual do usuário" e, 147-56
    clássicos, líder como, 94
    como executores, 94-5
    controles regulares pelos, 139-41
    eficazes, comportamento dos, 137
    entusiasmo dos funcionários e, 145-7
    fazer perguntas vs. dar respostas e, 138, 141-5
    mesas-redondas e, 185
    respeito e *feedback* para, 67-70
    treinar melhores, 136-56
Gervais, Ricky, 266
Gilt Group, 161
Goldsmith, Russell, 53-4
Google, 1-2, 101, 136-9, 161, 186, 214, 248
Gordon, Ilene, 185-6
Green, William, D., 176-7
Greenwald, Julie, 112-3, 178-9, 202, 219, 278
gritos, 70-5

Grupo Elle, 64
Guidewire, 58, 129
Gumz, F. Mark, 218
Gutmann, Amy, 128-9, 194-5
Guzman, Jen, 244

habilidades. *Ver também* aprendizagem
    principais e secundárias, 41-2
    técnicas, 138-9
Hadomi, Ori, 119, 162
Hain Celestial Group, 76, 179
Harlem Children's Zone, 98, 167, 196, 263, 279
Harman International Industries, 121
Hart, Al, 54-5
Hays, Katherine, 284
HCL Technologies, 239
Heasley, Linda, 188
Hendrix, Daniel T., 238
Hicks, Angie, 141, 272-3
hierarquia
    contribuição externa e, 237
    feedback e, 159, 172
    gritos e, 70-1
    respeito e, 65, 67-70
Hillview Consulting, 23
Hilton Worldwide, 128
histórias, 184
"História de um Ídolo", 54-5
Holmes, Oliver Wendell, Jr., 20
Hsieh, Tony, 12, 17
Huang, Jen-Hsun, 231
humildade, 37, 51, 294
humilhação, 63

humor, 109-10. *Ver também* diversão

ideias
abertura às, 15, 42, 194-5, 206
fazer as pessoas pôr em prática, 228-30
implementação, 247
inovação e, 226
lâmpada vs. revólver e, 192-3
maratona de, 248-50
truque da cartela para avaliar, 246-7
impacto, como valor, 51
improvisação, 274-5
IMR ("a interpretação mais respeitosa"), 64-5
incentivos. *Ver também* programas de recompensa; competições
concebidos em torno de metas, 25
desestímulo às panelas por meio dos, 210-3
ING Direct, 69, 291
Ingredion, 185
inovação, 4, 225-65
ampliar a liderança em, 27
competição entre divisões e, 254
contribuição *offline*, 240-1
contribuição *online*, 234-40
cultura como força motriz da, 9, 18-9
dar um biscoito para o monstro e, 228-30
desencorajar, por meio do crescimento, 18
e-mail e, 122
ficar menor em prol da, 242-6
fracasso repetido e, 230-4
manter os empreendedores dentro da empresa em prol da, 250-5
maratona e, 248-50
objetivos de curto prazo e, 229
olhar para frente, olhar para trás e, 263-4
paradoxo do encorajamento, 294
permitindo o caos e, 260-3
problema do "chefe tem razão" e, 246-7
regra dos vinte e quatro e, 264-5
reverter o Princípio de Peter em prol da, 255-60
valores e, 48
integridade, 37, 48, 51, 287
Interface, 238
International Hotels Group, 274
International Medical Corps, 118
intervalo do almoço, 218
intervalos, 216-7
intranet, 54, 234-40
intuição, 47-8
Inwood House, 95, 103
iProspect, 184, 284
Iron Mountain, 60, 67, 70, 142-3
jantares, 204
JetBlue, 20, 176, 187-8
Jimenez, Joseph, 10-1, 25-6, 231
jogadas de poder, 15-6

jogo de soma zero, 48
Johnson, Robert L., 18-9, 40, 71-2

Kanter, Lily, 4, 243-4
Kaplan, Marjorie, 14, 184, 262-3
Katzenberg, Jeffrey, 77
Kimpton Hotels and Restaurants, 144
Kimsey, Jim, 276
Kroghrud, Ivar, 69, 153-6, 158
Krumsiek, Barbara J., 113, 165
Krzyzewski, Mike "Treinador K", 55
Kuhlmann, Arkadi, 69, 291

Lansing, Andy, 266, 271-2
layout do escritório, 219-20
Leahy, Terry, 276, 289-90
lealdade, 29, 75-6, 169
Lebowitz, Michael, 83, 220, 250, 261-2
Leo Burnett EUA, 215, 222
Leondakis, Niki, 144
Lepore, Dawn, 192
Lerer, Ben, 56, 62
Levie, Aaron, 248
Levy Restaurants, 266, 271
Liberty Media, 173-5
Libin, Phil, 3-4, 122, 183, 220, 269
liderança centralizada e hierárquica, 3, 67
liderança
abordagem "o melhor de si" e, 14-5
abordagem do "manual do usuário" e, 150-6
atitude equilibrada de, 293-8
banir os gritos e, 70-5
comunicação e, 47, 127-35
construir confiança e, 287-91
criação de metas
compartilhadas por meio da, 35
cultura impulsionada pela, 9, 294-8
definir o ritmo e, 282-7
educação e, 187-9
ensinar por meio da, 187-9
escolhas difíceis e, 277-82
estilos positivos vs. negativos de, 75-7
estrategista ou visionário, 94
fazer perguntas e, 143-4
feedback desagradável dado pela, 100-4
feedback dos funcionários e, 157-75
importar-se com a pessoas e, 146
inovação favorecida pela, 4
manifestos de missão e, 20
papel da, 276-7
projeto simples proporcionado pela, 20-1
repetição e, 127-8
respeito e, 60-1, 77
teatro e, 127
trabalho de equipe e figuras de referência, 88-95
transição e, 48-9
valores e, 50-3, 58
LinkedIn, 55-6, 121

LinkExchange, 12-3, 17
LivePerson, 43-4, 250, 297
Lo, Selina, 259-60
LoCascio, Robert, 43-6, 250
Lockerz, 38, 203
lojas de departamento Saks, 9, 160
Lorenzo, Doreen, 131-2, 216-7
Löscher, Peter, 79
lucratividade, 25
Lucros e Perdas (demonstrativo de lucros e perdas), 211-2, 253-4
Lyne, Susan, 161-2

Maffei, Gregory B., 173-5
manifesto da missão, 21-4, 27-8
mantra "não crie expectativas", 55-6
mantra "próximo lance", 55
maratona, 248-50
Marcelo, Sheila Lirio, 192-3, 217-8
Maritz, Paul, 75, 94-5
Mathieu, Michael, 120
Matura, Tracey, 148-51
May, Karen, 101-2, 186-7
Mayer, Marissa, 161
Mayfield, Chauncey C., 85-6, 151, 210
MayFieldGentry Realty Advisors, 85-6, 151
Mazor Robotics, 119, 162
Medline Industries, 57, 163, 245, 254
medo, 62, 64-5, 169
membro do grupo vs. não membro do grupo, 34-5

menor, ficar, 242-6
mentir, sobre as previsões, 10-1
Mercedes-Benz EUA, 148
meritocracia, 237
Mesa-redonda com Raven, 159
metas, 21-4, 296
 abordagem de integração e, 31-2
 avaliação, 24, 27
 definição correta, 24
 objetivos e, 33
 projetos pessoais dos funcionários e, 27-32
 quantidade e clareza das, 24-7
 trabalho de equipe e, 34
MetricStream, 61, 81, 142
microgerenciamento, 138
Microsoft, 4, 12
Mills, Andy, 57, 163, 245, 254
"mimar" os funcionários, 77
Ming, Jenny, 2, 199
Momento Yammer, 173
Moses, Jarrod, 147, 249
Mother Nature Network, 206, 285
motivação, 64
Murray, Robert J., 184-5, 284

Na Estrada com Andy, 271
Nassetta, Christopher J., 128
Nayar, Vineet, 239
neurociência, 34-5, 63
NeuroLeadership Institute, 34, 63, 106
New York Times, 1
Noite da Encenação, 224

Nottingham, John, 242-3, 246-7
Nottingham Spirk, 242, 246
Novak, David C., 145-6
Novartis, 10, 25-6, 231
Novogratz, Jacqueline, 293-4
Nvidia, 231-2

objetivos
    metas e, 34
    MORPC e, 27, 28
Ogilvy & Mather Worldwide, 59, 225, 261
Old Navy, 2, 199
Olympus Corporation of the Americas, 218
Orbis International, 165-6
organograma, 69
Orr, Dominic, 1, 108-9, 296-7
otimismo, 163, 265
ouvir, estimular a, 208-9

Page, Larry, 1-2
Paliwal, Dinesh C., 121
panelas, destruição, 208-24
    aulas de aperfeiçoamento e, 208-10
    discurso de apresentação e, 215
    incentivos e, 210-3
    junte todos e, 214-7
    layout do escritório e, 219-22
    lugar marcado e, 217-9
    monte um espetáculo e, 222-4
    pausas diárias e, 216-7
    reorganização e, 213
Panera Bread, 225
paredes visuais, 220

pauta, 191
P&D, 227, 233
Pegasystems, 201
perguntas, 141-5
período dos cem dias, 29-30
pessoas com desempenho abaixo do esperado, 16
Pfizer, 197
plataforma Fazenda Inovadora, 238-9
política de tolerância zero
    fofoqueiros e, 112-3
    regras ignoradas e, 39
    respeito e, 66
politicagem, 4-5, 15-8, 76, 90, 121, 296
    tolerância com comportamento inadequado e, 38
pontos fortes, apostar nos, 75-7
postura defensiva, 68, 116, 144
Prêmio Muro de Tijolo, 233-4
PRGX, 200
Princípio de Peter, inversão, 255-60
princípios fundamentais, 46
problemas, descoberta, 157-75
produtividade, 27, 47, 137
profissionalismo, 52
programa Lista de Comentários, 236-8
programas de recompensa, 53, 222-3, 233, 274
Projeto Oxigênio, 136-9
projeto simples, 20-35
    abordagem de integração e, 32
    avaliação de metas e, 24-7

metas dos cem dias e, 29-31
metas semanais e, 31
missão vs., 21-4
proprietário, ser um, 45-6, 297
proteção do território, 16, 34
Proteus Digital Health, 52, 104, 230, 248

QlikTech, 42
QualCare, 191
Qualidade, 52-3
Qualtrics, 33, 294
QuestBack, 69, 153, 158

raciocínio nós-eles, 208-24
Rainmaker Entertainment, 206
Raiva, 71-2. *Ver também* grito
Ransom, Victoria, 49-50, 134
Raven, Abbe, 159
realização vs. descoberta, 225-6
receptividade, 39
reciprocidade, 53
Red Hat, 236, 237
Rede de TV a cabo Animal Planet, 14, 184, 262
Rede de TV a cabo Science, 14, 184, 262
Rees, Ken, 157, 159, 193
regra "imbecis não", 82-8, 90
regra das três vezes, 150
regra dos vinte e quatro, 264-5
regras básicas, 36-59, 294, 296-7
  e-mail e, 119
  "imbecis não" e, 82-8
relacionamentos
  e-mails e, 118

respeito e, 64
valores e, 48, 53
repetição, 127-35, 295
respeito, 37, 60-77, 78, 224
  apostar nos pontos fortes e, 75-7
  banir os gritos e, 70-5
  definir o tom de, 64-9
  hierarquia e, 65
  importância do, 60-3
  mútuo, 53
responsabilidade, 43, 78, 81, 293-4
reuniões individuais, 132-3
reuniões informais, 214, 218
reuniões, 190-207, 295
  aproximar a todos nas, 214-7
  condições de envolvimento com, 191
  descobrir algo positivo nas, 193-97
  desestímulo às panelas e, 214-9
  equipe, 138-41
  fazer com que as pessoas se manifestem durante, 197-203
  gerentes e funcionários, 138-41, 145-7
  informal, 214, 218
  ir ao ponto principal nas, 205-7
  manter o foco durante, 191-3
  passeio de ônibus para fazer, 249
  pequenas, 132-3, 242-6
  pessoais vs. de grupo, 132-3
  quando se manifestar nas, 197-8

que duram o dia todo, 133-4
regulares, para todos os funcionários, 159
repensar, 203-5
tática semanal, 203-5
Revolution, 13, 228
Riccitiello, John, 287-8
Richie, Laurel J., 15, 130-1, 150
RLJ Companies, 18, 40, 71-2
Rock, David, 34, 63, 106-7
Roosevelt, Eleanor, 265
Rosensweig, Da, 165
Royal Caribbean Cruises, 273-4
Ruckus Wireless, 259
Rush Management, 178-9
Ryu, Marcus, 58, 129

Sacks, David, 22, 27-8, 171-2
Sadove, Stephen I., 9, 160-1
Saint-Exupéry, Antoine de, 22
Salem, Enrique, 78, 82-3
Samuelson, Martha S., 169-70, 211-2
Saunders, Brent, 102, 221-2, 226-7, 233
Savitt, Kathy, 38-9, 203
Schmidt, Eric, 1
Schneider, Dan, 74-5
Schulman, Amy, 197-8
Schwalbe, Will, 116
Scott, Susan, 106
Send (Shipley e Schwalbe), 116
Sextas-feiras da PI (Propriedade Intelectual), 250
Shah, Niraj, 86-7
Shaich, Ronald M., 225-6

Sharer, Kevin, 166-7
Sheehan, Mike, 37, 113
Shipley, David, 116
SIB Development and Consulting, 74
Siemens, 79
símbolos
  correr risco recompensado pelos, 233
  respeito e, 68
  valores consolidados pelos, 52-4
Simon, Irwin D., 76, 179
Sinatra, Frank, 54
Singh, Narinder, 268
sistema de "escalada", 163-4
sistema MORPC (Missão, Objetivos, Resultados, Pessoas, Como), 27-8
Skanska USA Building, 93, 143, 193
Skype, 120
Smith, Ryan, 33-4, 294, 298
Spirk, John, 242
start-ups, 1-2, 12, 17-8
  criação, dentro das empresas, 251-2
StarVest Partners, 89, 139
Stella & Chewy, 244
Stern, Caryl M., 91, 127, 277-8
Stetson, 168
Stoute, Steve, 39, 41, 80, 115, 117, 187
Streckenbach, Tracy, 23-4
Subramaniam, Shivan S., 24-5
SugarSync, 111-2, 215

superastros, 39-40, 49-50, 83-4
Symantec, 78, 82

TastingRoom.com, 81, 109, 122, 203
Teen Vogue, 204, 280
telefone, *e-mail* vs., 118-9
Templeton, Mark B., 36-7, 55, 65-6
Tesco, 276, 289
The Corner Office (Bryant), 4
The Limited, 188
The Office (programa de TV), 266-7
The Sims (videogame), 146
Think finance, 157, 159, 193
Thompson, Andrew M., 52, 104-5, 230-1, 248
Thrillist Media Group, 56, 62
Tietzen, Terry, 228-9
Tindell, Kip, 46-7, 297-8
TinyPrints.com, 88, 97, 100, 270
Tjan, Tony, 264-5
tomada de decisão,
  contribuição externa e, 237-8
  métodos de, 90
  reuniões e, 191
  Tipo 1, Tipo 2 e Tipo 3, 192
torneio Loucuras de Março, 271-2
trabalho de equipe
  como valor, 43-4, 48, 50-5, 298
  e-mail e, 117, 122-3
  na cúpula, 88-95
trabalhos voluntários, 218
Translation LLC, 39-41, 80, 115, 117, 187

transparência, 33-4, 47, 117
TransPerfect, 140
Trefler, Alan, 201
treinamento, 139
treinamento, contínuo, 181-7.
  Ver também aprendizagem; habilidades
3Cinteractive, 66

United Entertainment Group, 147, 249
Universidade da Pensilvânia, 128, 194

Vale do Silício, 22
valor "agir rapidamente", 42-3
valor "franco e direto", 43
valores, 37-59. *Ver também* os valores específicos
  criação intencional, 48-9
  ênfase, 38, 41, 49-57
  frases que resumem, 56-7
  pessoais vs. empresariais, 46-7
  respeito como, 66
  responsabilidade e, 55
  simples, 296-7
  sistematização, 37-40, 43-6, 49-50, 295-6
  surgimento vs. imposição de, 58
verdade. *Ver* franqueza
videoconferências, 120, 214
visão
  clara, 137
  comunicar, 133
  realização e, 228

VMware, 75, 93-4
voltado para resultados, 27, 137
Vuleta, Geoff, 29, 127, 135, 214-5

Walmart.com, 100
Wayfair.com, 86
Weiner, Jeff, 55, 121
West, Harry, 152, 282
WET Design, 111, 177-8, 208, 241
Whitehurst, Jim, 236-8
Wildfire, 49-51, 134
Wilson, Shawn H., 168
Winder, Catherine, 206
WNBA, 15, 130-1, 150

Wright, Will, 146-7
Wrigley, William, Jr., 190, 201

Xerox, 252

Yahoo, 161
Yammer, 22, 27, 171-3
Yecies, Laura, 111-2, 215
YES Network, 256
Yum Brands, 145
YuMe, 120

Zappos.com, 12-3
Zimmer, Kyle, 195-6, 233-4, 268-9
"zona em que não se pode torcer a verdade", 168

Sobre o autor

ADAM BRYANT é autor de *The Corner Office: Indispensable and Unexpected Lessons from CEOs on How to Lead and Succeed*, integrante da lista dos mais vendidos do *New York Times*. Ele assina a popular coluna "Corner Office" do *New York Times*, tendo sido editor sênior da seção de artigos assinados do jornal, vice-editor nacional e vice-editor de negócios. Ocupou anteriormente os cargos de redator sênior e editor de negócios da *Newsweek*. Mora com a família na cidade de Nova York.